女仔館興衰：
香港拔萃書室的史前史
（1860-1869）

——

A Brief History of
The "Female Diocesan School", Hong Kong,
1860-1869 And Beyond

A Brief History of

The "Female Diocesan School", Hong Kong, 1860 —— 1869
And Beyond

女仔館興衰
香港拔萃書室㈱史前史
1860 —— 1869

陳煒舜　方頴聰

—— 著 ——

香港中和出版有限公司
www.hkopenpage.com

目次

—— 中編 ——

女仔館餘緒：香港早期女性教育的進程

序
閱讀「女仔館」

　　進入 19 世紀，經過工業革命的洗禮之後，歐美國家日漸
強大，而中國則因清政府顢頇無能，而又狂妄自大，因此經常
受到外國的欺侮和侵略。 1839 年，清朝欽差大臣林則徐繳獲
英商走私鴉片，在廣州虎門加以銷毀。 1840 年，英國發兵攻
打中國，迫使清政府於 1842 年簽訂《南京條約》，割讓香港島。
1860 年，英法兩國又借故進軍北京，迫使清政府簽訂《北京條
約》，其中一項條款是把九龍半島割讓給英國。

　　屈辱激起了國人發憤圖強的決心。 1860 年代，曾國藩、
李鴻章、左宗棠、奕訢等洋務派興起，推行洋務運動（又稱自
強運動），在北京成立同文館（北京大學前身）、在各地設立新
式學堂和派遣學生出國留學。但現代化的學校教育制度則要到
20 世紀初才建立起來。

　　歐洲也是近期才出現我們所認識的現代學校教育。西方社
會譽為現代教育之父的康米紐斯（John Amos Comenius）是捷
克人，生活於 17 世紀。他當過教師、校長和牧師，一生致力教
育。他大力推行學校教育，認為所有人，不論性別，都應接受

12 年的學校教育。他的教育理念包括：學校的課程應該和生活結合，而且清楚易懂；學習要結合觀察和實踐；學生要先學好母語才學外語（指拉丁語）；學習是不可強迫的，一切都要順其自然。

英國雖然早在 14 世紀便已成立了溫徹斯特公學（Winchester College），但因為當時的政府還沒有確立一套教育系統，只靠為數甚少、主要是由教會辦理的私立公學，因此有機會入學的青少年簡直是鳳毛麟角。這些公學的畢業生大部份升讀早年成立的牛津和劍橋兩所大學。工業革命之後，社會日漸富裕，這類私立學校的數目也隨着增加，而政府也在 19 世紀上半頁開始注意到青少年的教育問題，進而逐步建立起一套教育制度。這時，英國的學校教育主要還是由教會提供的。康米紐斯的教育觀在過程中多少也影響了英國教育的發展。與此同時，受到來自歐陸的激進思潮所影響，英人重視女子教育的呼聲也在社會上高唱入雲。

英人佔領香港之後，自然在各方面的管治上都引用祖家的模式，教育也不例外。因此，香港早期的教育事工主要落在基督教（又稱新教，Protestant）和天主教（Catholic）身上。開埠那年，馬理遜學校（Morrison School）便從澳門遷來香港了。次年（1843），英華書院也從馬六甲遷到香港來。聖公會則分別在 1851 年成立（其實 1849 年便已開始收生和授課）聖保羅書院（St. Paul's College）和 1860 年成立「女仔館」（Diocesan Native Female Training School，或譯「拔萃女子訓練學校」），而天主教會也分別在 1854 年和 1860 年成立聖保祿學校和聖心書院。最早的政府學校是中央書院（今皇仁書院），它要到 1862 年才出現。

「女仔館」的成立，其中一個重要原因是為聖保羅書院的畢業生提供賢內助。可惜事與願違，數年下來，因為學校聲譽欠佳，以致員生不足，社會各界的支持也日見委縮。到1868-69年度，知道已無法繼續支撐下去了，便決定停辦。停辦之後，原址改作曰字樓孤子院（Diocesan Home and Orphanage），初期男女兼容，後來會督認為應該只收女生，但代表商界的校董卻堅持如果只收單一性別的學生，則應該只收男生。爭辯的結果是代表商界利益的一方獲勝，孤子院於是逐步由兼收男女宿生變成只收走讀女生，再過渡到完全不收女生。1892年，所有女生都在轉到1886年成立的飛利女校（Fairlea School，今協恩中學）去。1900年，拔萃女書院註冊，重新開辦。隨後數十年，因着形勢的轉變，孤子院曾幾度改名：1892年拔萃書室（Diocesan School and Orphanage），1902年拔萃男書室（Diocesan Boys' School and Orphanage），最終在1930年代確定為拔萃男書院（Diocesan Boys' School）。其實，早在20世紀初，因着拔萃女書院的成立，學校與外界的書信來往，很多時都用上了拔萃男書院這個稱謂。

拔萃男女兩所書院早期的歷史錯綜複雜，甚至可說撲朔迷離。2007年，陳慕華和我應邀編寫拔萃男書院歷史時，我們對它們19世紀的歷史感到有點難以處理，特別是1860-1869那幾年。躊躇之際，幸好很偶然地認識了陳煒舜校友，並且知道他和另一位校友方頴聰正在收集和整理這段歷史的資料。承蒙他們提供這些資料，使到我們的困惑很快就得以解除。

十二年後，欣聞他們在過去的年月裡，精益求精地不斷追蹤「女仔館」的歷史，致力尋求真相和梳理紋路，並寫成〈女仔館始末〉、〈女仔館餘緒〉及〈女仔館記憶〉三編，合為一書。據我所知，此書原始材料搜集以頴聰居功為多，文稿撰寫則以煒舜為主；至於材料的解讀、文字的斟酌，則尤賴二人協作之力。

相信這本書對認識以至研究拔萃男女兩書院的來龍去脈都有很大的幫助。

　　早前煒舜來電，約我寫序。這本書寫的都是與拔萃有關的歷史。身為男拔校友和校史的撰稿人之一，而且在編寫這本校史時借用過他們的資料，豈有不從命之理？

馮以浤.

2019 年香港多事之秋

自序
好古靈魂日字樓

在此處 —— 香港大學馮平山圖書館的香港特藏專區 ——來回顧這一切的開端，對於我來說應當是最合適的。此地到般咸道官立小學（Bonham Road Government Primary School）只需要步行幾分鐘，那裡曾經座落着女仔館（Female Diocesan School），以及其後曰字樓孤子院／拔萃書室（Diocesan Home & Orphanage）的校舍。

距離香港特藏專區更近的是聖保羅書院（St. Paul's College）。該校為從前的飛利樓（Fairlea）舊址所在地，莊思端女士（Ms. M. E. Johnstone）曾將其用作女子教育協會（Female Education Society）傳教所和她的「小型寄宿學校」。女仔館的伊頓女士（Ms. M. A. W. Eaton）和岳士列女士（Ms. M. J. Oxlad）也會偶爾造訪該處。

2005 年的一個晚上，我從煒舜（本書合著者）那裡得聞關於拔萃男書院創校年份爭議的故事。如今回顧過去，這樣的爭論根本不足為奇 —— 幾十年來被視為學校「歷史」的，泰半只是神話、傳說和軼事，世代相傳。

那時，我剛完成數學專業的學位論文（可能只有我的指導教授和口試委員才會費心閱讀），正在琢磨下一步怎麼走。換句話說，我可以自由自在地滿足自己軀體內那個「好古之靈魂」（antiquarian）的求知慾。因此，我開始搜集拔萃男書院（Diocesan Boys' School）的戰前資料。與香港大學 —— 那個我曾擔任助教之處 —— 馮平山圖書館的香港特藏專區相比，還有哪裡能夠算得上是更好的起點呢？

我發現的第一件藏品大概是男拔萃第三任校長費瑟士東（Rev. W. T. Featherstone）主編的拔萃校史影印本，原書出版於 1930 年，係為「六十週年校慶」而編纂。此書足以澄清（有時是確認，更多時候是糾正）幾代拔萃男生關於曰字樓孤子院／拔萃書室口耳相因的傳說。後來，當馮以浤先生的團隊啟動男拔萃校史撰寫計劃後，此書更發揮了很大的功用。

然而意想不到的是，費瑟士東校史還為我打開了另一道門。此書扉頁的完整書名中，副標題是這樣的："with reference to an earlier Institution, called the Diocesan Native Female Training School, founded in 1860."（以一所成立於 1860 年、名為女仔館的前身機構為參照。）我當下的反應就是想探究，為什麼費瑟士東校長要勞神將另一所早已不復存在之學校（姑勿論還是一所女校）的材料納入其書？我的疑問幾乎是立刻便得到了答案。在〈會議紀錄摘要〉中，我們知悉曰字樓孤子院董事會在 1878–79 年作出了的重大決定，其中幾項對該校產生了永久的影響。唯有以女仔館為背景，這些決定方能得以理解。

作為一個獨立的實體，這所「前身機構」使我感到好奇。在這方面，對於像我這樣的一個入門者，費瑟士東校史給出的謎題卻每每多於答案。舉例而言，費史只錄入了女仔館的第一份年度報告（1860–61年度）。至於〈會議紀錄摘要〉中，遺漏的比包納在內的項目更令人印象深刻。緊隨其後的是某些事件的相關報導，篇幅委實不成比例。單憑這些資料，似乎甚難迴避以下結論：女仔館成立時眾望甚殷，而竟以失敗告終。然而當中的本末因由，卻因費史那種「斷爛朝報」般的缺漏而變得難以理解。幸運的是，費瑟士東校史中的材料仍為探索的開展提供了充裕的資訊：這包括了〈會議紀錄摘要〉中各個項目的日期，以及與該機構相關的各個傳教士的姓名。

在香港特藏專區，港府藍皮書（*Government Blue Book*）的影印本就存放在距離費瑟士東校史不遠之處。在費史以外，這是我所覓得關於女仔館的第一筆資料。藍皮書中「教育」一欄的績效部分，提供了女仔館的收生情況和財務狀況，並且收錄了校方在每年年底為該校加以簡介。霎時間，費瑟士東校史中關於女仔館的材料顯得更有意義了。而負責績效匯總的港府官員將女仔館的條目與其他諸機構的條目綰合一處，還令我們明瞭該校如何與其他機構（和個人）互涉互動。

對讀比勘費瑟士東校史資料與藍皮書條目，呼之欲出的是：對於女仔館而言，1865年意味着「危急存亡之秋」（annus horribilis），此後再也沒有恢復元氣；而該校承受的不幸，則是與「向華籍女生講授英文」有關。那幾年也好，此後很長的一段歲月也好，港府所編印之《轅門報》（*Government Gazette*）內教育報告的引述與暗指，都進一步強化了這個猜想。後來我了解到，這個「危急存亡之秋」在香港教育史研究者之間眾所周知的。

不過，還是有一些地方讓人感到「不對勁」。費瑟士東校史中的〈會議紀錄摘要〉似乎暗示着至少有一部分傳教士（例如伊頓女士）很早就意識到某些錯着：並非一切都像女仔館的首份年度報告所呈現的那般，瑰麗而美好。如此說來，該校的失敗真是一個「坐待之斃」（accident waiting to happen）嗎？

更糟糕的是，假如女仔館原本的計劃是註定要失敗的，那麼 1878 年包爾騰會督（Bishop J. S. Burdon）將曰字樓孤子院恢復成原先女仔館的打算，我們又要作何解釋？

又或者，女仔館的所謂「失敗」，只不過是費史的缺漏（加上《轅門報》內教育報告的引述與暗指）所導致的過份簡略的解讀？

因此，我着手去尋找傳教士——特別是那些與該校有直接聯繫的傳教士，在當時或此後的言論紀錄。

這使我接觸到各個宣教社團的檔案庫——或者更確切地說，是此等檔案庫的微縮膠卷版本。這些膠卷都存放在香港特藏專區一個特殊（而且寒涼）的房間裡。自然而然地，我開始搜索女子教育協會的資料，後來又將搜索範圍延伸到英國海外傳道會（Church Missionary Society）的資料。畢竟，與這所學校有關的傳教士都來自這兩個團體。

在接下來的十五年中，搜索工作依然在斷斷續續地進行着。而搜索的範圍也擴大到其他的檔案庫。由於許多有用的檔案庫都已經數位化，能夠在線閱讀，使我得以在家工作。有時，要感謝該範疇的前輩專家們在著作中給予的提示，使搜索變得更有效率。越來越多的史料被發現了。其中有一些直接與女仔館有關，另一些則與未來幾十年「餘緒」有關。

有些材料非常具有揭示性和啟發性，例如柯爾福會督（Bishop C. R. Alford）的 *China and Japan: a Charge*，以及歐德理博士（Dr. E. J. Eitel）關於廣東博羅學校的通函。有些材料令人動容，例如岳士列女士的信件。有些材料會瞬間吸引人們的眼球，例如女教會期刊 *Female Missionary Intelligencer*

中的若干木刻畫。但是，也有些材料內容需要移時之功才能辨識，例如施美夫會督（Bishop G. Smith）和華倫牧師（Rev. C. F. Warren）信件中的筆跡。而二十世紀前期的幾十年留下了為數不少的文件，性質各異，但都讓我們了解到：女仔館的故事是怎樣在反覆講述後逐漸失真，最終導致了拔萃書院創立年份的爭議。這樣一來，我們的探究歷程便在繞一大圈後回到了原點。

2018 年，當搜索、辨識、解讀和討論等工作累積到一個階段，煒舜和我都認同：將這些發現形諸著述的機緣已逐漸成熟，是時候讓我們為女仔館寫下一個具有連貫性的故事了。我們會解釋該校如何、又為何難副創始人之厚望，進而論述此後數十年中，女仔館的使命怎樣由各所學校接力傳承。近日，這本著作終於脫稿。我們過去若干年的工作內容，會在此書中得到全面的呈現，還望各位讀者不吝指正。

方穎聰

2021 年 5 月 21 日

時間簡表

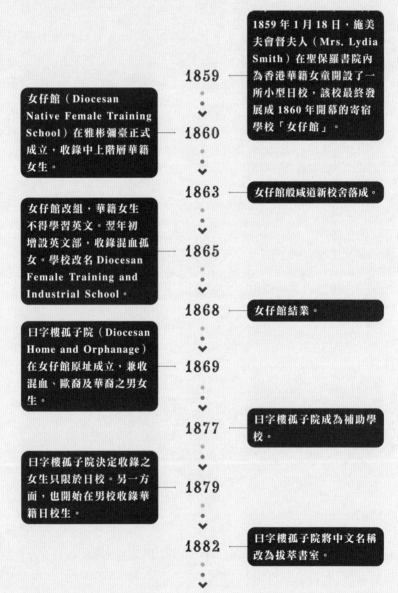

1859 年 1 月 18 日，施美夫會督夫人（Mrs. Lydia Smith）在聖保羅書院內為香港華籍女童開設了一所小型日校，該校最終發展成 1860 年開幕的寄宿學校「女仔館」。

1859

女仔館（Diocesan Native Female Training School）在雅彬彌臺正式成立，收錄中上階層華籍女生。

1860

1863 —— 女仔館般咸道新校舍落成。

女仔館改組，華籍女生不得學習英文。翌年初增設英文部，收錄混血孤女。學校改名 Diocesan Female Training and Industrial School。

1865

1868 —— 女仔館結業。

日字樓孤子院（Diocesan Home and Orphanage）在女仔館原址成立，兼收混血、歐裔及華裔之男女生。

1869

1877 —— 日字樓孤子院成為補助學校。

日字樓孤子院決定收錄之女生只限於日校。另一方面，也開始在男校收錄華籍日校生。

1879

1882 —— 日字樓孤子院將中文名稱改為拔萃書室。

約在本年或翌年，莊思端（Margaret Elizabeth Johnstone）的女子寄宿學校遷往飛利。	**1883** — 飛利女校（Fairlea School）的前身在西尾里開辦，開始為日字樓女生提供住宿。
	1883
拔萃女書室（Diocesan Girls' School and Orphanage）在殷咸道玫瑰行正式開幕。飛利女校將 24 名混血女生轉入女拔萃。	**1891** — 所有日字樓女生轉入飛利，拔萃書室成為男校，英文名稱改為 Diocesan School and Orphanage。
	1900
女拔萃遷往九龍皇囿（King's Park）。	**1902** — 拔萃書室改名拔萃男書室（Diocesan boys' School and Orphanage）。
	1913
	1921 — 女拔萃開始收錄華籍學生。
男拔萃遷往九龍旺角。	**1926**
	1939 — 女拔萃開設中文科。

楔 子

往復於 1860 與 1869

在物質生活充裕的今時今日，香港的中學一般都會為逢十校慶安排活動，成立於 1869 年的老牌名校拔萃男書院也不例外。從 1969 年的百週年校慶至今，幾乎每十年都有大型慶祝活動。而在此以前，由於社會動盪、戰爭頻仍，乃至校方自身的安排，逢十校慶往往沒有活動。以二十世紀上半葉為例：1919 年時值一戰結束、學校更換校長，未有慶祝；1939年因抗戰爆發，香港風雨飄搖，未有慶祝；1949 年因二戰結束、大陸易幟，也未大肆慶祝，只是在校刊中提及而已。比較值得注意的一次，乃是 1929 年的金禧校慶。當時男拔萃剛從逼仄的港島般咸道校舍遷往廣闊的旺角新校，不僅舉行了一連串慶祝活動，還首度編纂了校史。至於戰後，唯一未有活動的一次逢十校慶在 1959 年。現存校方資料、舊生記憶中，沒有任何關於九十週年校慶的資訊。次年，拔萃女書院卻高調舉辦了百年校慶活動，與男拔萃的靜默形成極大反差。

　　當時，男拔萃的校長是來自本地混血社群的施玉麒牧師（Rev. George Zimmern, 1904－1979, 1955－1961 在任）。他於 1914 年至 1921 年間就讀男拔萃，1955 年秋成為首位接任校長的舊生，又長期供職於聖公會，對於校史非常熟悉。正因如此，他在九十週年校慶沒有任何舉措，就更啟人疑竇了。有趣的是當年 10 月 31 日，拔萃男書院第五次舉行年度懇親賣物會（School Fete）。開幕式上，怡和洋行大班巴頓先生暨夫人（Mr. & Mrs. H. D. M. Barton）受邀為主禮嘉賓。施牧致詞道：

> This School was founded in 1860－ for the girls and not for boys. But as girls' school it was a failure, because there were not enough girls to make it pay. The School Committee led by the Bishop decided to close up but on the Committee was the Hon. William Keswick, head of Jardine's, and he took the lead in guaranteeing the funds to carry on.
>
> 　　Mr. Keswick remained to be Hon. Treasurer of the School for nearly 20 years－from 1869-1886－except for those periods when he was on leave in England.
>
> 　　From 1869 when Mr. Keswick saved the School from extinction, until now, the School has grown from strength to strength under the direction of a committee on which sits a member of Jardine's. [1]

1　"Big Gathering at School's Fete: Close association between D.B.S. and Jardine's", *South China Morning Post*, November 1st, 1959.

巴頓夫人（怡和洋行大班之妻）在 1955 年男拔萃首屆賣物會上作開幕致詞。後坐右起第四人為施玉麒校長。

1921 年，男拔萃代理校長史騰牧師（Rev. A. J. Stearn）與部分學生合影於般咸道校舍，後排右二為施玉麒。

這所學校始建於 1860 年——錄取的是女生而非男生。但它作為女校是失敗的，因為錄取不到足夠的女生來支持營運費用。由會督領導的校董會決定結業，但當時怡和大班耆紫薇是校董之一，他率先保證了資金的永續。從 1869 年到 1886 年，耆紫薇先生擔任學校司庫近二十年——除了他休假返英的時段。從 1869 年耆紫薇先生把學校從結業中拯救出來，直到如今，我校在校董會的指導下日益壯大，而校董會裡總會有一位怡和成員。

對於早期校史的敘述，施牧所言大致不虛。如 1869 年時，柯爾福會督（Bishop Charles Richard Alford, 1816－1898, 1867－1874 在位）便對 1860–1868 年間存在過的那所號稱「女仔館」（Female Diocesan School）的女校評價甚低：

> The FEMALE DIOCESAN SCHOOL has, I regret to say, proved an almost total failure in reference to the Chinese Girls. When, with the advice of the leading Gentlemen in the Colony and those most interested in its welfare, I took the School last February under my exclusive superintendence, I found it seriously in debt and in much disfavor. I regarded its resuscitation as an Anglo-Chinese School for Native Girls as neither possible nor desirable. [2]

2　Alford, Bishop C. R., *China and Japan: a Charge, Delivered in the Cathedral Church of St. John, Victoria, HongKong, February 2nd, 1869*, Hong Kong: London: Noronha & Sons; Seeleys, 1869, pp.56-57.

> 我很遺憾地說，女仔館對華籍女童而言幾乎是徹頭徹尾的失敗。基於當地官紳及關心本地發展之人的建議，我於去年二月全權接管該校。當時我便認識到學校深陷債務，且校政不見起色。在我看來，該校若繼續作為一所面向本地女童的中英雙語學校，是既不可能又不被看好的。

四年後，港府視學官史釗域（Frederick Stewart, 1836–1889）對女仔館的情況仍記憶猶新：

> The educating of Chinese girls in English has been one of the most disastrous experiments which the Colony has ever witnessed. [3]

> 向華籍女孩教授英文是殖民地有史以來最災難性的實驗之一。

使用「災難性」一語，比「失敗」更為嚴重。回觀柯督所言「當地官紳及關心本地發展之人」，應包括怡和洋行大班耆紫薇（William W. Keswick，又譯祁士域，1834–1912）在內。1949 年 7 月號的校刊 *Steps* 中，編者的話以 "Our Eightieth Birthday" 為標題，有這樣的文字：

> Our origins were humble, and, for a Boys' School, somewhat peculiar. Mrs. Smith, the wife of the first Bishop of

---

3　Stewart, Frederick, Inspector of Schools' Report for 1873.

Hong Kong, started in 1860 a 'Diocesan Native Female Training School', which by 1868 was a failure because there was not sufficient demand for western education for Chinese girls. So in that year the second Bishop, Alford, took the School 'under his immediate superintendence', and with the help of leading citizens of the Colony, from the Governor downwards, issued an Appeal which was so successful that the Diocesan Home and Orphanage, under a new constitution, was begun in September 1869, with twenty-three boys and girls. [4]

> 我們的起源很不起眼,對於一所男校來說,甚至有點奇怪。香港首任會督之妻施美夫夫人於 1860 年創辦了「女仔館」。1868 年,該校到遭遇失敗,原因是中國女孩對西式教育的需求不足。因此在同一年,第二任會督柯爾福將該校置於他的「直接管理」之下,並在殖民地總督以下的公民領袖協助下發出了呼籲。該呼籲非常成功,以致日字樓孤子院依據新法案於 1869 年 9 月開張,當時男女生共有 23 名。

奇怪的是,這段文字和施牧的致詞,兩者之間其實有一個重大的差異。── 那就是施牧認定男拔萃的創校年份為 1860 年(與女拔萃相同),而非傳統的 1869 年。

1930 年,男拔萃費瑟士東校長(Rev. William Thornton Featherstone, 1886−1944, 1918−1931 在任)首度編纂校史,將 1860 年開辦的學校稱為「第一建校期」(First Foundation)

4　"Editorial: Our Eightieth Birthday", *Steps*, July Issue of 1949, p.1.

的女仔館（Diocesan Native Female Training School），只視作男拔萃的先驅（forerunner）；而 1868 年，女仔館因經營不善結業，會督翌年在原址另建日字樓孤子院（Diocesan Home and Orphanage），是為「第二建校期」或「現行建校期」（Second and Present Foundation），[5] 如此認知在費牧上任以前便已形成，故男拔萃的歷史敘述，一向把創校年份定於「第二建校期」開端的 1869 年。

其實早在上任之初，施牧似乎已經調整了男拔萃的創校年份。最顯著的是學生人手一本的校曆（School Calendar）。1955 年秋季號，封面的創校年份尚為 1869 年；至 1956 年秋季號，則已改為 1860 年。直到 1959 年秋季發行的全年號，又改回 1869 年。是什麼原因促使施牧在任期內兩度調整創校年份，往復於 1860 年與 1869 年之間？十分耐人尋味。筆者以為，這可能涉及兩所拔萃校長間的一次爭論。根據男拔萃舊生會於 2004 年發行的 135 週年晚會場刊所載：

> Canon She was embroiled in a heated debate with Dr. C. J. Symons, the Headmistress of DGS over the founding year of their respective schools. The Bishop intervened and it was finally agreed that DGS would be allowed to use the year 1860 as her founding year. Hence, the year 1869 officially became the year in

---

5　Featherstone, W. T., *The Diocesan Boys School and Orphanage, Hong Kong: The History and Records 1869-1929*, Hong Kong: Ye Olde Printerie Ltd, 1930, pp.126-127. 按：後文一律簡稱 *The History and. Records of DBSO*。

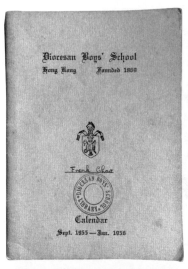

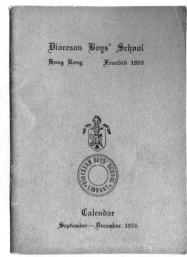

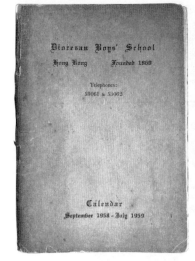

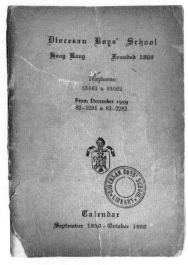

校曆的書影。可見 1955 年至 1959 年間兩度調整創校年份。

施玉麒

1967 年西門士夫人與聖士提反男校校長 Mr. Melluish 合影

which DBS was founded. [6]

> 施牧與女拔萃校長西門士就各自學校的創校年份展開了
> 激烈爭論。會督居中調停後，最終確定女拔萃的創校年
> 份為 1860 年。由此，1869 年正式確定為男拔萃的創校
> 年份。

這段追述文字，已無法道出施牧與西門士夫人（Dr. Catherine Joyce Symons, 1919－2004, 1953－1985 在任）當年爭論的詳情；但爭論最後由何明華會督（Bishop Ronald Owen Hall, 1895－1975, 1932－1966 在任）居中調停，則無疑問。這場爭執應該與男拔萃方面兩度更改創校年份有很大關係。進而言之，如果兩校在何督調停後僅是各自表述、互不干涉，那麼施牧根本毋須在 1959 年時再度更改創校年份。如此更改，可能因為何督調停後的決議之一，乃是兩校不得共享同一創校年份。

那麼，女拔萃與 1860 年成立的女仔館，又存在着怎樣的關聯呢？根據男拔萃校長俾士（George Piercy, 1856－1941, 1878－1918 在任）於 1918 年 1 月 30 日的頒獎日演講所言：

> Coeducation not proving suitable for Hong Kong, in March, 1878, the Committee decided to receive no more boys, but those already admitted should remain; this decision was reversed in July,

6　DSOBA, *DBS 135th Anniversary*, Hong Kong: DSOBA, 2004, p.13.

1878, and no more girls were received as boarders after 1880, though they still remained as day-scholars. All girls left when Fairlea School, under the superintendence of Miss Johnstone, was opened to them in 1892; the Diocesan Girls' School was opened in 1900. [7]

> 1878 年 3 月，校董會認為男女合校在香港不適用，遂決定不再招收男生，但在讀男生仍可就讀；1878 年 7 月，該決策遭到翻轉。1880 年之後，學校不再招收女宿生，但女生仍可走讀。1892 年，所有女生轉去由莊思端女士主持的飛利女校；1900 年，拔萃女書室創立。

換言之，日字樓孤子院由 1869 年一開始的男女兼收，至 1892 年轉型為男校。這段時期，校內女性教育事業逐漸變得次要，至告中斷。八年後的 1900 年，會督才開設女拔萃，以恢復女性教育事業。然而，對於女仔館的認知，女拔萃似乎有一個變化過程。簡而言之，在 1930 年代以前，女拔萃往往會把自身的創校年份定於 1900 年，而以女仔館的後裔（descendent）自居；[8] 此後則直接將女仔館視為本校歷史的一部分。如 1937 年蘇雅校長（H. D. Sawyer, 1884－1965, 1925－1939 在任）在頒獎日致詞道：

> It was founded in 1866 (or about that date) for children of

---

7　Featherstone, W. T., *The History and Records of DBSO*, p48.

8　"Diocesan Girls' School: To Be Opened To-Day", *South China Morning Post*, September 10th, 1913.

mixed parentage, and a certain number of Chinese were eligible for admission provided that they had a sufficient knowledge of English to benefit from the education given. Its full title was the Diocesan Girls' School and Orphanage, and though we have changed and have made progress I hope since the sixties we do still try to uphold some of our traditions. [9]

> 學校創立於 1866 年（或此前後），面向混血兒童招生。華籍兒童亦可申請入學，前提是他們的英語達到了一定水平，可以從課堂上學到知識。學校全名為拔萃女書室。雖然我們做出了改變、取得了進步，但我希望我們仍力圖秉承 1860 年代以來的部分傳統。

蘇雅之言，顯然已將女仔館與女拔萃等同起來。不僅如此，何明華會督的微妙態度似乎顯示了認知已在轉變。1939 年《南華早報》（*South China Morning Post*）報導，何督在女拔萃頒獎日上致詞說該校最早名為 "Diocesan Female Institute"，而「明年即將迎來四十週年校慶」。[10] 而另一份報紙 *Hong Kong Sunday Herald* 的紀錄則較為詳細：

> The Diocesan Girls' School, when 80 years ago it was first organized was called the Diocesan Female Institution. Forty years ago the name was changed to the Diocesan Girls' School and it

往復於 1 8 6 0 與 1 8 6 9

033

---

9 "Diocesan Girls' School: Lady Caldecott Distributes Prizes and Certificates", *South China Morning Post*, January 16th, 1937.

10 "Scholars Receive Prize: D.G.S. and St. Stephen's", *South China Morning Post*, July 10th, 1939.

will celebrate its 40th birthday next year. [11]

> 拔萃女書院，八十年前首度組成時稱為女仔館。四十年
> 前，名字變成了拔萃女書院，明年它將慶祝四十歲生日。

何督之言如果在了解詳情的人聽來，意即 1860 年是「第一
建校期」，1900 年是另一度「建校期」（亦即「現行建校期」），
兩者雖然一脈相承，但若要慶祝校慶，仍應以「現行建校期」
為依歸 —— 這也是他與蘇雅認知不同之處。二戰結束後，
女拔萃的歷史認知進一步傾向於蘇雅的表述。至 1950 年，
女拔萃官方正式慶祝九十週年（而非五十週年）校慶，[12] 顯
然已正式將女仔館視為自身歷史的一部分。1955 年 12 月 2
日，女拔萃舉行頒獎日，西門士校長致詞云：

> At the end of 1955 I feel very privileged to make the first
> appeal for the Centenary building. I ask all who hold the cause of
> Education dear to enable the Diocesan Girls' School to embark
> with confidence on a second hundred years of vigorous life and
> useful service to the Community, and to the glory of God. [13]

> 在 1955 年底，我感到非常榮幸地對百週年紀念大樓
> （的建造）進行首次籲請。我呼籲所有現身教育事業的

11 *Hong Kong Sunday Herald*, July 9th, 1939.

12 *Quest*, 1950-1951, p.25.

13 "Diocesan Girls' School: Mrs L.T. Ride Presents Prizes At Speech Day", *South
China Morning Post*, December 3rd, 1955.

人，使拔萃女書院能夠滿懷信心地踏上第二個世紀的充實生活，為社區和上帝的榮耀服務。

實際上，早在 1940 年代末，「拔萃百週年基金」已經成立（詳本書下編第二章）；而西門士這番致詞，無疑使社會進一步聚焦於女拔萃的百年校慶活動。值得注意的是，何明華會督當時也一如既往地出席了這項活動。百年校慶的敘述，此時顯然已得到他的首肯。

男拔萃長期以來基本上將創校年份定於 1869 年，除了由於該年是招收男生的開端，還有一個重要原因，那就是女仔館與日字樓孤子院的組織者、運作者大不相同。施玉麒牧師在就任男拔萃校長前，長期活躍於舊生會，對於男拔萃的校史敘述十分熟悉。但他既然知道女仔館與日字樓孤子院的性質相異，卻在上任後第二學期將創校年份從 1869 年提前至 1860 年。原因何在？目前尚未發現直接的書面證據。根據記載，施牧戰後曾擔任女拔萃校董，當時女拔萃將創校年份定於 1860 年的傾向日益強烈，並從 1956 年開始策劃百週年校慶、擴建校舍。[14] 校舍的擴建，亟需籌措資金。而施牧更改創校年份，正在 1956 年初，筆者推測是配合女拔萃校史論述的善意之舉──如果女拔萃把創校年份從 1900 年上推至 1860 年，會遇到兩個敘述困境：第一，1869 至 1891 年間，掌管日字樓孤子院的雅瑟（William Monarch Burnside

---

14　"Diocesan Girls' School Centenary: Buildings Officially Opened By Director Of Education Yesterday, Classes Named After Donors", *South China Morning Post*, February 21st, 1959.

Arthur, 1839－1912, 1869－1878 在任）和繼任的俾士一般
都被視為男拔萃校長；第二，所有日字樓女生於 1892 年都
已轉入了飛利女校，而女拔萃要到 1900 年才正式成立，此
間八年並不存在一個「女拔萃」的實體機構。第一個問題比
較容易化解：既然日字樓孤子院時期有男女兩個分部，這
二十二年的女子分部自也可視為女拔萃的歷史。第二個問題
卻較難解釋：1891 年，日字樓將十餘名女生轉入飛利女校；
1900 年，飛利又將二十餘名混血女童轉入新成立的女拔萃。
但飛利是一個相對獨立的團體，後來轉變成協恩中學。因
此女拔萃校史敍述在構築譜系的過程中，1892 至 1900 年的
「空檔期」就不那麼容易填補了。大概在施牧看來，兩所拔
萃既然有着共同的淵源，只要雙方共同在 1960 年慶祝百年
校慶，便可以消解女拔萃校史敍述的困境 ── 或因如此，男
拔萃在 1959 年時竟然毫無九十週年的活動安排。[15]

　　施牧所認知的這種「共同淵源」，固然是十九世紀的歷
史事實，但大抵也源自二十世紀以降人們 ── 尤其是幾個
世代都曾肄業於女仔館及日字樓孤子院（拔萃書室）的混血
社群 ── 的集體記憶。由於十九世紀校史沿革十分繁瑣，
一言難盡，因此人們往往會將歷史簡化。如 1930 年代，一
位署名 Colonial 的作者寫道：

　　　　It will be recalled that in 1890 the Diocesan School (for

15　2020 年 9 月 16 日，承蒙女拔萃校史主筆陳慕華教授分享，筆者得閱 1956 年
　　2 月 4 日西門士覆何明華會督函件，得悉當時兩校確有在 1960 年共同慶祝
　　百週年校慶之打算，也進一步印證了筆者的這番猜測。然因女拔萃校史尚
　　未付梓，筆者不擬在本書中直接引用該函內容，以示尊重。

both girls and boys) was separated into two institutions for the different sexes. [16]

> 人們會記得，拔萃書室（男女合校）在 1890 年被分為兩個單性別的學校。

如此敘述可能失之過簡，甚或會令讀者理解為拔萃書室在 1890 年「切分」成兩所對等的學校——男拔萃和女拔萃。當時費瑟士東校史出版未幾，社會上卻仍有這種理解，如此似乎說明這種理解應屬於當時集體記憶的一部分。再如當女拔萃在 1900 年成立後，人們會以後規前地認為：但凡女性，入讀的自然是女拔萃。如梁雄姬誤以為何福夫人於 1870 年左右入讀的是女拔萃，[17] 西門士夫人也認為其母的表姐們在十九世紀後期入讀的是女拔萃，而非日字樓孤子院或拔萃書室的女生部，[18] 皆是其證。而另一方面，二十世紀初的拔萃男生是怎樣看待女拔萃呢？以 1901 年 1 月 30 日拔萃書室的頒獎日報導為例，霍約瑟會督（Bishop Joseph Charles Hoare, 1851－1906, 1897－1906 在任）對拔萃男生的某些舉動作出了批評：

They would all realize of course that since last they met

16　Colonial, "Old Hongkong: The First Diocesan Orphanage", *South China Morning Post*, December 20th, 1932.

17　梁雄姬：《中西融和：羅何錦姿》，香港：三聯書店，2013，頁 12。

18　Lee, Vicky, *Being Eurasian: Memories Across Racial Divides*, Hong Kong: Hong Kong University Press, 2004, p.52.

there they had a little sister born – the Diocesan Girls' School, which was conducted on much the same principles as that school. He was sure they would all wish God's blessing on the little sister, and hope that she might soon have as good a building as that and that the number attending the new school would be as great. By the way, the boys had really pirated that school, which was built and founded for girls. (Applause.) The boys had simply pushed the girls out and occupied the place themselves. (Applause.) He did not think they ought to cheer for that; he thought they ought to be shamed. (Applause.) [19]

> 當然，他們（按：指拔萃男生）都會意識到，自從上次見面（按：指去年頒獎日）以來，他們有了一個小妹妹——拔萃女書室，該校的辦學宗旨與那所學校（按：指拔萃書室）基本相同。他（按：指霍督）確定他們所有人都希望上帝祝福這個小妹妹，並希望她能很快擁有一棟如自己一樣好的校舍，以及如自己一樣多的學生。順便說一說，男孩們真的是進犯了那所為女孩而建的學校。（掌聲）男生們乾脆把女生們趕了出去，自己佔據了那個地方。（掌聲）他認為他們不應該為此而歡呼。他認為他們應該感到羞恥。（掌聲）

女拔萃新近在玫瑰行（Rose Villas）成立，因此霍督將它比喻為拔萃書室的「小妹妹」，且認為拔萃男生應該愛護它，

19 "The Diocesan School and Orphanage: Annual Prize Distribution – The Bishop Advocates European Schools for Europeans", *HongKong Daily Press*, January 31st, 1901.

而非胡作妄為。不過也由此可知，在二十世紀初拔萃男生的眼中，新成立的女拔萃乃是拔萃書室的「延伸」，才會有這些舉動。假如霍督開導成功，拔萃男生果能以愛護「小妹妹」的態度來對待女拔萃，是不難想像的。根據檔案所見，男女拔萃在 1931 年時已有聯校基金（Joint School Funds），[20] 可見二者「相與為一」的嘗試。1914 年，年方十歲的施牧入讀男拔萃，直到 1921 年畢業。他對女拔萃的最早印象，大抵產生於這樣的背景。如此心態應也促使他在戰後成為女拔萃校董，乃至一度主張男拔萃使用與女拔萃一樣的創校年份——1860 年。

然而，施牧的願望最終未能實現。或許覺得「好心無好報」，施牧因而與西門士發生爭執，驚動何明華會督出面調停。男拔萃於 1959 年秋將創校年份改回 1869 年，正值女拔萃百年校慶前夕，此舉似乎也透露出失望之情。如此看來，施牧在 1959 年的賣物會上邀請與男拔萃淵源深厚的怡和洋行高層為嘉賓，並在致詞中簡單回顧校史，不無對已經無法舉行的校慶（無論是九十週年或百週年）進行呼應乃至補救之意。在致詞中，施牧仍劈頭提到「這所學校始建於 1860 年」，又說「它作為女校是失敗的」，不由令人聯想到他與西門士的爭執——雖然「失敗」一詞並非施牧原創，而是源自關閉女仔館、改建孤子院的柯爾福會督之口。[21]

1961 年，施牧退休，校長一職由青年教師郭慎墀（Sydney James Lowcock, 1930−2012, 1961−1983 在任）接

20　"List of Subscribers to the Joint School Funds", April, 1931. CO129/529/1.

21　Alford, Bishop C. R., *China and Japan: a Charge.*

任。但是，關於創校年份的爭議尚未塵埃落定。實際上，女拔萃已於 1950、1960 年兩度修成簡史，開始較完整地建構自身的歷史記憶。[22] 1969 年 2 月 28 日，女拔萃正式立案，並再度確認以 1860 年為創校之年。

女拔萃於 1900 年由霍督開設時，並未作為獨立法團立案，而是與拔萃書室共用一案。而拔萃書室之立案，則在 1891－92 年度。據當年拔萃書室校董會報告所言：

> As the Trustees of the land on which the original building was erected had been long absent from the Colony, and the Committee was not a legally constituted body, it was found necessary (in order to obtain the Government grant towards building the New Wing, as well as to hold the piece of land kindly presented to the school some years ago by the Hon. Mr. Chater), to obtain an ordinance incorporating the Chairman of the Committee. This Ordinance passed the Legislative Council on the 23rd of May of this year. By the sanction of H. E. the Governor, a slight change was made in the name of the Institution, which will in future be known as 'The Diocesan School and Orphanage'. [23]

> 舊校舍所在地的土地受託人常年不在本地，且校董會本身並非法團。（為獲得政府撥款建造新大樓，同時保有

22　按：此二書目前未得而見，然筆者以為，女拔萃 1977 年版簡史當以此二書為底本。

23　Featherstone, W. T., *The History and Records of DBSO*, p.30.

遮打先生幾年前贈與校方的土地，）校董會認為有必要作為獨立法團立案。立案條例已於今年 5 月 23 日由立法會批准通過。經總督許可，學校的校名略作調整，正式更名為「拔萃書室」。

可見當年變更英文校名，也與法團正式立案有關。至於 1900 年創立時，女拔萃並未獨立立案，蓋因當時霍督以其與拔萃書室有着共同淵源，甚至是拔萃書室之延伸之故。根據殖民地部檔案，1951 年時將佐敦道、加士居道匯合處之土地批給女拔萃的文件，題為 "Grant of Land to Diocesan School & Orphanage"（拔萃書室批地文件），而接受者乃是拔萃書室校董會主席。[24] 可證女拔萃直到 1950 年代都仍在與男拔萃共同使用拔萃書室 1892 年的立案。如此特殊情況自然導致諸多不便。到了 1968 年，兩間拔萃決定就立案問題邀請大律師張奧偉（Sir Oswald Victor Cheung, 1922−2003）作法律諮詢。張氏搜集男拔萃費瑟士東校史及女拔萃 1950、60 年的兩種簡史，詳細考索，寫成 "History Of The Diocesan Boys' School And Diocesan Girls' School And The Question Of Incorporation"（男女拔萃校史及其立案問題）的法律諮詢文件，署日於 1969 年 2 月 10 日。文件中，張氏引用費瑟士東校史記載，列出 1860 年女仔館成立、1869 年改建日字樓孤子院、1878 年決定停招女宿生、1892 年日字樓女生全部轉至飛利、1900 年女拔萃成立等史實，又引用女拔萃簡史云：

24　CO129/628/9.

From the D.G.S. publications, it is clear that Fairlea was run by the Church Missionary Society. By 1899 there had been such an increased demand by Chinese girls for an English education that it was decided to restrict Fairlea to Chinese girls, and Bishop Hoare established the Diocesan Girls School & Orphanage for girls of European and Eurasian parentage. [25]

女拔萃印刷品表明，飛利由聖公會海外傳道會管理。[26] 1899 年，華籍女童對歐式教育需求激增，因此校方決定飛利專供華籍女童就讀。霍督另創拔萃女書室供歐裔和混血女童就讀。

此後，張氏又列舉各種證據，證明兩所拔萃自 1900 年以後皆各自獨立運作，並未相互隸屬，因此不宜共用同一法案。他建議為女拔萃與拔萃小學（Diocesan Preparatory School）另立新案，而原本拔萃書室的舊案此後應僅限於男拔萃使用。他又在結論中首先點出："I am constrained by the evidence available to me to conclude that D.G.S. was founded in 1899 or 1900."（根據手頭有限的資料，女拔萃創立於 1899 年或 1900 年。）張奧偉這份諮詢文件收錄於男拔萃司馬烈（W. J. Smyly）所編校史稿，司馬烈註曰：

---

25 Cheung, O. V., "History of The Diocesan Boys' School And Diocesan Girls' School And The Question Of Incorporation", appended in the manuscript of *A History of Diocesan Boys' School* (manuscript, 1969) by W. J. Smyly, 1969.

26 按：此會在當時香港簡稱為「華差會」，本書從之。然若涉及香港及清朝以外之活動，本書仍以「海外傳道會」稱之。

右起：張奧偉、新任會督白約翰及郭慎墀校長。攝於 1967 年。

He [O. V. Cheung] effectively dates the foundation of the school for girls as 1860 (Centenary 1960) and of the school for boys as 1869 (Centenary 1969 – the date for which this record was commissioned by the headmaster Mr. Lowcock and prepared by me. – WS). [27]

他（張奧偉）經詳細考索，認定女仔館創立於 1860 年（百年校慶定在 1960 年），曰字樓孤子院創立於 1869 年（百年校慶定在 1969 年；同年郭慎墀校長委託我編寫此校史稿）。

27　Cheung, O. V., "History of The Diocesan Boys' School And Diocesan Girls' School And The Question Of Incorporation".

然觀張氏文件，顯然並未將 1860 年成立的女仔館與 1899 或 1900 年成立的女拔萃混為一談。一年後的 2 月 28 日，不僅女拔萃及小拔立案，男拔萃也重新立案，以取代 1892 年的舊案。由此可見，張奧偉分別立案之說是為兩所拔萃所接受的。但女拔萃最晚自 1950 年開始便已正式宣稱創校於 1860 年，已不可能再依張氏建議改回 1900 年（縱其簡史依然點出這個年份）。此舉一方面促使男拔萃於 1969 年籌劃百年校慶活動，另一方面也使女拔萃再度揭櫫 1860 年這個年份。

時至今日，不僅兩所拔萃的師生，甚至關心香港教育史的社會人士也會有好奇，1860 至 1869 年間營運的女仔館發生了什麼故事？柯督和施牧所說的「失敗」是什麼意思？進而言之，為什麼兩所拔萃的校史敘述中，女仔館有着不同的角色與地位？他們從女仔館那裡繼承了怎樣的遺產？要解除這些疑惑，我們必須站在香港早期女性與雙語教育的視野，去了解女仔館的來龍去脈。本書的主體共分為三編：

上編〈女仔館始末：香港早期雙語教育史的一隅〉，聚焦於女仔館之始末，考察其興衰之因由與意義，具體而微地探析香港雙語教育史之一隅。

中編〈女仔館餘緒：香港早期女性教育的進程〉，考察 1868 年女仔館結業後，其後繼者日字樓男女館如何轉化成男校、飛利女校如何吸納日字樓女生、拔萃女書室如何成立、招收華籍女生及開設中文科，以見香港早期女性及雙語教育事業艱難奮進的歷程。

下編〈女仔館記憶：兩所拔萃書院的早期歷史敘事〉，考察二十世紀以來兩所拔萃書院的文獻資料，以見在二者各自的歷史記憶中，如何就女仔館的存在建構不同的敘事，以及這些敘事之間存在着怎樣異同、扞格與張力。

Diocesan

女仔館

始 末

香港早期
雙語教育史的一隅

引言

女仔館（Female Diocesan School），或稱女書館，英文為 Diocesan Native Female Training School、Diocesan Female School 或 Diocesan Female Training and Industrial School，[1] 是十九世紀中期存在於香港的一所女子學校。當時對該校尚有一些非正式的稱呼，如 Female Diocesan School、Diocesan School for Girls 乃至 Diocesan Girls' School 等。DNFTS 依照英文直譯，是「教區本地女子訓練學校」；聖公

---

1 參考 1860 至 1882 各年《孖剌西報》出版的 "The Directory & Chronicle for China, Japan, Corea, Indo-China, Straits Settlements, Malay States, Siam, Netherlands India, Borneo, the Philippines: With which are incorporated 'The China Directory' and 'The Hong Kong List for the Far East' "。下稱《香港索引》。

會歷史文獻稱之為「教區女學校」。[2] 而今人或稱此校為「拔萃本地女子訓練學校」（依英文改譯）、「日字樓女館」（依 1880 年代《轅門報》推斷）。[3] 此校於 1860 年由施美夫會督夫人班德林女士（Mrs. Lydia Smith, née Brandram, 1819－1904）創辦，從本地歐籍信徒處籌募資金成立，至 1868 年結業。根據 1861 年香港政府藍皮書的記載，聖保羅書院（St. Paul's College）的教學模式為「中英雙語教學，宣揚基督教義」（Mixed Chinese and English with the doctrines and duties of the Christian religion），當時共有男學生 44 人；女仔館教學模式一欄為 "Ditto"，意即與聖保羅一致，當時共有女學生 17 人。[4] 可知兩所學校的學生性別雖然不同，但在教學模式上具有高度的同質性。可以說，女仔館於 1860 年的創建與聖保羅關係甚大。但在此後九年中卻經歷了當初不可逆料的變化。1869 年，女仔館原址改設日字樓孤子院，[5] 該院其後轉化為今日之拔萃男書院（Diocesan Boys' School），也與協恩中學（Heep Yunn School）和拔萃女書院（Diocesan Girls' School）淵源極深。

2　按：本資料由招璞君教授賜告。

3　按：由於該校名稱不一，筆者於中文一概稱為「女仔館」（Nui Tsai Koon），英文方面，若非特殊需要，則依從柯爾福會督 1869 年 2 月 2 日的演講，一概稱為 "Female Diocesan School"，以便行文。

4　*Hong Kong Government Blue Book 1861*, pp.240-241.

5　按：日字樓孤子院、日字樓男女館二名，來自港府 1880 年代的《轅門報》（*Government Gazette*）。然據《孖剌西報》（*Hongkong Daily Press*）出版的《香港索引》，1869－1881 年間，香港社會仍以女仔館或女書館的舊名稱呼這所新成立的孤子院，直至 1882 年才改稱拔萃書室。為便行文，本文將 1869－1891 年間稱為日字樓孤子院或日字樓男女館，1892－1902 年稱為拔萃書室，此後稱為拔萃男書室或拔萃男書院。

因此，爬梳女仔館之歷史始末，不僅可使吾人更全面地了解香港早期教育史，更能進一步釐清今日諸傳統學校之間錯綜複雜的關聯。本編分為五章，依次論述女仔館創建、發展、衰落及終結的情況。各章節內容偶有互涉之處，以利尋繹、論述。

女仔館的
創建動機

1841 年，香港開埠。翌年，英國聖公會派遣史丹頓牧師（Rev. Vincent John Stanton, 1817－1891）來港，以牧養旅居香港的英國信徒，並積極向華人宣教。Gillian Bickley 指出，1849 年春，史丹頓接收了剛剛解散的馬禮遜學堂（Morrison Education Society School）的學生。他們夫婦當時已開設了一所教會英童學校，因此又籌劃建立一所華童學校，作為傳教工作的一部分。另一邊廂，1846 年 10 月，年僅三十一歲的施美夫牧師（Rev. George Smith, 1815－1871, 後於 1849－1865 年擔任維多利亞教區首任會督）在華逗留兩年後因病返英，結束了原來的傳教計劃。1847 年 1 月，施美夫致函殖民地大臣格雷伯爵（Henry Grey, 3rd Earl Grey, 1802－1894），提議在香港為當地男童成立一所官校。稍後，施美夫主持港府教育委員會（Board of Education），一方面積極

施美夫

籌劃成立男子官校（後來正是施美夫聘任史釗域〔Frederick Stewart, 1836－1889〕主持這所官校，並擔任視學官），另一方面則籌劃在華差會名下成立一所男校。史丹頓曾向港府籲請為教會學校提供財政支持，殖民地辦公室因此詢問各個宣教團體是否有計劃在香港從事教育工作。施美夫在華期間已與史丹頓夫婦相識，此時對史丹頓的計劃也十分了解。可能是他影響了史丹頓——縱非向港府發出籲請，也包括促進了史丹頓與華差會的溝通。[1]

就在 1849 年，維多利亞教區（Diocese of Victoria）成立，直屬坎特伯里大主教（Archbishop of Canterbury）轄

1　Bickley, Gillian, *The Development of Education in Hong Kong 1841-1897: As Revealed by the Early Education Reports of the Hong Kong Government 1848-1896,* Hong Kong: Proverse Hong Kong, 2002, pp.25-26.

治，教區管轄包括香港在內的華、韓、日等地區之宣教事務。此時，史丹頓的健康狀況頗為不佳。知悉教區成立，他在獲得自學校受託人的同意後，將一切工作轉予新主教。正如 Bickley 所言，施美夫及時地繼承了史丹頓的工作。施氏促成了捐款者與教會之間的協議，令聖保羅書院的成立變得可能。5 月 29 日，施美夫獲聘為首任主教（1849－1865 在任），隨即開始在英國為教區募款。同年 11 月初，施督偕新婚妻子班德林女士啟程前往香港。[2]

1851 年，聖保羅書院正式成立。該校以中英雙語教學，主要是向華人學童講授英文及《聖經》，日後為殖民地及教區服務。根據施督翌年訪問印度時遊記中的感悟，可以窺見他對於聖保羅的期待：

Education has entered this land. The teacher of European science and the Missionary of Christian truth have gone abroad. Inquiry has been excited. The secrets of physical science have been explored. The air of a more rational philosophy has been imbibed. Its intellectual sweets have been tasted. The rights of man are discussed. The principles of free government are weighed. The young men who in the government colleges have acquired a taste for the beauties of Shakespear[e] and Milton: - or who in the Mission-schools have been accustomed to read the arguments of Butler and Paley; possess also the means of

2 Bickley, Gillian, *The Development of Education in Hong Kong 1841-1897*.

becoming familiar with the writings of Voltaire and Tom Paine. [3]

教育已進入了這片土地（案：指印度）。歐洲科學老師和基督教真理傳教士已經來到海外。問學獲得了激發。物理科學的秘密已被探索。更加理性的哲學思想已經被吸收。知識的甜頭已經嚐到了。人的權利得到討論。自由政體的宗旨得以思索。官立學校中的青年對莎士比亞和米爾頓的美感頗為喜歡；而傳教學校中已經習慣於閱讀巴特勒和佩利的論點；還要求擁有熟悉伏爾泰和湯瑪士·潘恩著作的方法。

施督還指出：

The Natives must be raised; not only mentally through the influence of secular education, but also morally and spiritually by means of a Christian element in the course of instruction. Their British rulers have given them an insight into the intellectual world of scientific wonders; and there, but for the supplementary exertions of Missionary Societies, they would have left them without a further introduction to those more precious treasures of moral and spiritual truth, which can alone guide, elevate, and dignify with a sense of conscious responsibility to God the soul

3   Smith, George (au.), Bickley, Gillian (ed.), *Journeys with a Mission: Travel Journals of the Right Revd. George Smith (1815-1871), first Bishop of Victoria (Hong Kong)(1849-1865)*, Hong Kong: Proverse Hong Kong, 2018, pp.111-112. 參 Smith, George, "The Krishnagurh and Tinnevelly Missions", *Church Missionary Intelligencer*, Vol.5 of 1854, p.22.

which has been made more powerful for evil, as well as for good, by intellectual culture and knowledge. [4]

> 必須在教學過程中培養本地人，不僅在精神上透過世俗教育的影響，還要在道德和靈性上借助基督教元素。他們的英國統治者使他們對科學奇觀的知識世界有了深刻的了解。如果沒有傳教會的協助用力，他們不可能為本地人留下對於道德和靈性真理那些更珍貴之寶藏的進一步指引，使本地人帶着對上帝的有意識的責任感，藉以自行引導、提升和莊嚴自己的靈魂，而靈魂無論在面對邪惡還是善良時，都會通過知性文化和知識而變得更加強大。

他又寫道：

> In the absence of a common religious bond, what else can attach the Native population to our rule and reconcile them to our sway? Christianity is the only golden bond which can permanently bind to the mother-country and the mother church these her Eastern dependencies. [5]

> 在共同的宗教紐帶缺位的情況下，還有什麼能使本地人

---

4   Smith, George (au.), Bickley, Gillian (ed.), Journeys with a Mission: Travel Journals of the Right Revd. George Smith (1815-1871), first Bishop of Victoria (Hong Kong) (1849-1865) (Hong Kong: Proverse Hong Kong, 2018), p.112. 參 Smith, George, "The Krishnagurh and Tinnevelly Missions", *Church Missionary Intelligencer*, Vol.5 of 1854, p.22.

5   同前註。

民依附於我們的統治，並使他們融合於我們的管控？基督教是唯一可以將這些東方屬地與宗主國和宗主教會永久綁定的金色紐帶。

十九世紀中葉，英國國力如日中天，史稱日不落帝國。而傳教事業與殖民統治是相輔相成的。故此，聖公會旗下各團體也因利乘便，在世界各處推廣教義，教育事業乃是其中重要一環。施督在印度的這些感悟，放諸聖保羅書院的創設，自然十分契合。然如招璞君所言：

The Bishop was of the opinion that the original aim to educate Chinese ministers would not be realized, given the situation in China at that time. A number of the graduates had risen to positions of importance and acquired wealth; though baptized as Christians, they did not necessarily maintain a close connection with the Anglican Church. [6]

（書院）本以訓練華人神職人員為目標，但會督認為，基於當時中國的實際情況，此目標恐將無法實現。畢業生中有一部分已謀得高位、掙得財富；雖已受洗成為基督徒，但他們未必皆與聖公會保持着密切的聯繫。

早期聖保羅書院最著名的校友，莫過於外交家伍廷芳

6　Chiu, Patricia Pok-kwan, "Female Education and the Early Development of St. Stephen's Church, Hong Kong (1865-1900s)", Wickeri, Philip L. (ed.), *Christian Encounters with Chinese Culture: Essays on Anglican and Episcopal History in China*, Hong Kong: Hong Kong University Press, 2015, pp.53-54.

（1842－1922）。伍氏中年後叱吒中國政壇，不待筆者贅言，值得注意的是他早年求學及工作經歷。十四歲時，伍氏自廣東省前往香港聖保羅書院就讀。1860 年，與黃勝利共同創辦《中外新報》，又協助陳藹亭創辦《香港華字報》。1861年，任香港高等審判庭、地方法院等的翻譯。1864 年，與牧師何進善（字福堂，1817－1871）次女何妙齡（1847－1937）成婚。1871 年調任港府巡理署譯員。1874 年，與妻子自費前往英國，在倫敦大學學院攻讀法律，三年後獲得法律博士（LLD）學位，正式成為大律師，返港執業。其後獲港督軒尼詩（Sir John Pope Hennessy, 1834－1891）委任為首名華人太平紳士，[7] 定例局非官守議員，並曾署任裁判司。伍廷芳的成功，與聖保羅書院的雙語教育關係極大。而其作為基督徒，與何妙齡成婚，亦可窺見聖公會之影響。可以説，伍廷芳雖未成為華人傳教士，但其生涯規劃仍頗符合聖公會對聖保羅畢業生之期待。

然而，深受基督教濡染的聖保羅畢業生日後無論任職政界、商界或宗教界，都面臨一個嚴重的問題—— 婚配。這些畢業生多已成為基督徒，因此為他們培養擁有共同信仰的賢內助乃是必須。在當時英國的文化觀念下，罕有中英通婚的可能。如果這些畢業生娶華籍女子，又有另一種尷尬：當時本地華籍女子接受教育者極少，遑論信仰基督宗教——

7　按：本書對於華人、華籍與華裔之概念，有以下之界定：華人泛指原居於中國地區民族與族群群體及其後代；華籍人士指擁有中國國籍，尤其是生長於香港及清代中國地區、遵循中國傳統語言文化的華人；華裔人士特指生長於中國以外地區、未必遵循中國傳統語言文化的華人後裔。

華籍女子如何妙齡者畢竟鳳毛麟角。在聖公會看來，這些「外教」女子如果嫁給聖保羅畢業生，不僅無法成為賢內助，甚或有負面影響。其次，要向華籍女性傳播基督教義，女性華人傳教士和教師都不可或缺。[8]

與此同時，本地的部分華人也對女子教育表達了興趣。根據羅存德牧師（Rev. W. Lobscheid, 1822－1893）記載，赤柱書館於 1857 年因經營不善而改組，聘請梁鏡涵主持該校。[9] 梁氏是一位來自中國的難民，品格良好，原本與家人暫駐在怡和洋行。當書館在是年年底遷到更寬廣的校舍，總共收錄了 31 名男生、6 名女生。女生受教於梁氏之妻，學習中文和《聖經》，進步很快。梁鏡涵為男生講解中文字句時，女生也被要求來到門廊的一端，一起聽課。1859 年初，梁鏡涵夫婦在農曆大年初一帶着校內幾位女生來到太平山區見見世面。[10] 令此區的居民大感興趣的是，這幾位女生學識不俗，甚至超過求學多年、年齡較長的男生。於是他們向羅牧師發出請願信，希望在此區成立一所女校，並禮聘梁氏夫婦前來。羅存德又云：

I mention this little incident in order to show how much

8   *28th Annual Report of the FES* (published January 1862).

9   按：根據羅存德一書之附表，梁鏡涵於 1857 年主持赤柱學堂，1859 年轉至太平山學堂。見 Lobscheid, Wilhelm, "A few Notices on the Extent of Chinese Education, and the Government Schools of Hong Kong with Remarks on the History and Religious Notions of the Inhabitants of this Island", Hong Kong: China Mail Office, 1859.

10   按：此區位於香港香港島中西區皇后大道以南，東起城皇街，西至東邊街（水坑口除外）、南至堅道、般咸道。因為位於扯旗山的山腰而得名。

female education is valued among the Chinese, and how little difficulty we have in overcoming their prejudices, as soon as they place confidence in a foreigner. But it also reveals unto us the great lack of female education, and the superficiality of the natives, who call a woman, that is hardly able to read the simplest Chinese elementary works, "worthy to be a teacher". [11]

> 我提到這件小事，是為了說明華人對女性教育的重視程度，以及一旦他們對外國人充滿信心，我們在克服他們的偏見方面幾乎沒有困難。但是，這也向我們揭示了女性教育的極度匱乏，以及當地人的膚淺——他們聲稱幾乎無法閱讀最簡單之中文基礎著作的婦女「堪任教師」。

對於梁妻的教學能力，羅牧顯然不敢恭維，但當時港府已無額外資源聘任教師負責女子教育。所幸施美夫夫人慨然應承提供經費聘請教師，為學生們講授中文及基督教課程。1859年2月，太平山女館正式開辦，置於婦女委員會（Ladies' Committee，後文簡稱「婦委會」，該會由在港歐籍婦女界領袖組成）的直接管轄之下。此校收生三十餘人，其中幾位來自最富裕的家庭，有一位甚至是廣州富商伍秉鑑（1769－1843）的親屬。[12]

太平山女館的成功經驗，令施督夫婦對女子教育作出進

11　Lobscheid, Wilhelm, "A few Notices on the Extent of Chinese Education, and the Government Schools of Hong Kong with Remarks on the History and Religious Notions of the Inhabitants of this Island", pp.28-32.

12　同前註，p.31。

一步的考量與設計，因此女仔館便應運而生了。一如施其樂
（Carl Thurman Smith, 1918－2008）所言：

One of the purposes of the Diocesan Female Training
Institute was to train teachers and provide suitably educated
marriage partners for the young male converts of St. Paul's
College. This purpose was fulfilled by a number of pupils of the
Institute. [13]

> 創立女仔館的目的之一在於訓練教師，以及為從聖保羅
> 書院畢業的年輕男性皈依者培養受過合適教育的婚姻伴
> 侶。女仔館畢業生中有一部分實現了這一目的。

與太平山女館不同的是，女仔館是以英文作為主要教學語
言，如此設計自然需要聘任英籍女教師。復觀倫敦傳道會
（London Missionary Society）的女性傳教士戴兒夫人（Mrs.
Maria Dyer, 1803－1846），眼見新加坡華人買賣「妹仔」（童
婢）情況嚴重，遂於 1842 年成立一所華人寄宿女校，專以
拯救、教育華籍女童為務，實為遠東最早之女校（按：該
校於戰後改名聖瑪格烈中學〔St. Margaret's School〕）。1843
年，英國東方女子教育協進會（The Society for Promotion of
Female Education in the East, 簡稱 Female Education Society，
下文簡稱女教會）傳教士格蘭特女士（Ms. A. Grant, 1843－

13   Smith, Carl T., *Chinese Christians: Elites, Middlemen, and the Church in Hong Kong*
      Hong Kong: Hong Kong University Press, 2005, pp.207-208.

1853 在任）成為首任校長，繼任者辜蘇菲女士（Ms. Sophia Cooke, 1853－1895 在任）也是女教會成員，在她們的努力下，這所學校聲名鵲起。[14] 女教會一向致力於亞洲國家如鄂圖曼帝國、印度、日本、清代中國等處之女性教育。而 Bickley 則指出，女仔館和聖保羅書院一樣，為華籍學童學習優質英文提供了最佳的機會。[15]

據記載，施督曾於 1850 年代出埠考察各地的傳教及教育狀況。1852 年 11 月，他從香港來到印度和錫蘭，前後逗留四個月之久，並作了詳盡的紀錄。如 Bickley 指出：

> In Krishnagurh, he met students in the Government College, noting that, "any direct attempts to communicate Christian instruction are excluded". In Madras, he visited the Church Missionary Society's Central School, "at which two hundred scholars were assembled from all the Christian schools in the district". At Mirzapore he distributed the annual prizes at CMS schools. These experiences were to feed in to his ideas, activities and policies in reference to education in Hong Kong. [16]

---

14 Lee, Yoke Meng, *Great is thy faithfulness: The Story of St Margaret's School in Singapore*, Singapore: St. Margaret's School, 2002.

15 Bickley, Gillian, *The Development of Education in Hong Kong 1841-1897: As Revealed by the Early Education Reports of the Hong Kong Government 1848-1896*, p.30.

16 Smith, George (au.), Bickley, Gillian (ed.), *Journeys with a Mission: Travel Journals of the Right Revd. George Smith (1815-1871), first Bishop of Victoria (Hong Kong) (1849-1865)*, Hong Kong: Proverse Hong Kong, 2018, p.76. 參 Smith, George, "The Krishnagurh and Tinnevelly Missions", *Church Missionary Intelligencer*, Vol.5 of 1854, p.21.

在奎師那賽魯，他會見了官校生，記錄道：「任何直接傳達基督教教義的嘗試都被排除」。在馬德拉斯，他參觀了海外傳道會的中央學校，「那裡的 200 名學生來自該地區所有基督教學校。」在密扎浦，他在海外傳道會學校頒發年度獎項。這些經驗對於他有關香港教育的理念、活動和政策都有幫助。

就女子教育而言，在旁遮普邦（Punjab）的奎師那賽魯附近，有一座號稱「基督教村莊」的律敦浦村（Ruttunpur）由列牧師夫婦（Rev. C. W. & Mrs. Lipp）主持。他為 400 名成年村民施洗，還開設寄宿學校，收錄了 88 名男生和 78 名女生。在律敦普以北的波洛浦村（Bollobpur）則由連奇牧師夫婦（Rev. J. G. and Mrs. Linké）主持，該村已有 439 名成年村民受洗，寄宿學校中信奉基督教的學童包括男生 59 名、女生 78 名。部分女生的《聖經》知識頗為熟悉。[17] 而位於提涅韋利（Tinnevelly）的迦達剎普嵐村（Kadatchapuram），則由印度本土的調娑伽炎牧師（Rev. J. Devasagayam）主持。此處除了牧師負責的一所男女寄宿學校外，還有一座列福學校（Retford School）。列福是一所師範學校，由合時女士（Ms. Hobbes）主政，[18] 校內當時有 28 名青年女性接受師資訓練，而託兒部（infant school）則有 31 個孩子，全校合計有 59 名

17   Smith, George (au.), Bickley, Gillian (ed.), *Journeys with a Mission: Travel Journals of the Right Revd. George Smith (1815-1871), first Bishop of Victoria (Hong Kong)(1849-1865)*, pp.88-90.

18   按：該校得名自英格蘭列福，因當地教區牧師寶祿士（J. W. Brooks）曾慨然捐貲，贊助提涅韋利地區之女性教育。見 Rev. George A. Petti, *The Tinnevelly Mission of the Church Missionary Society* (London: Seeleys, 1851), p.96.

學生。此外，施督曾與 23 名宣教士和教師的妻室開會，她們之中有些正是畢業於列福的教師。[19] 施督進而描述道：

> The young girls growing up in the Normal School: – as well as the former pupils, who are now as Christian mothers and wives exercising their influence on the rising generation; some of them also as teachers of the young-exhibit in their very features and manner the elevating tendencies of contact with European minds. [20]

> 成長於師範學校的年輕女生，以及以前的學生，現在身為基督徒母親和妻室，對於正在成長的一代施加了影響。他們之中還有一些是兒童教師，以自己的特點和方式展示着與歐洲思想接觸的趨勢。

此後施督又曾前往爪哇、新加坡等地，他對辜蘇菲女士的女校也作了專門考察。[21] 相形之下，迦達刹普嵐的列福學校應該對施督乃至其夫人留下了更深刻的印象，女仔館創立時的教學方針與之頗為接近。（甚至列福學校分為師範部和託兒部，也與 1865 年女仔館改組後的情形有相似之處，只是當時施督夫婦已經離港。）

19 Smith, George (au.), Bickley, Gillian (ed.), *Journeys with a Mission: Travel Journals of the Right Revd. George Smith (1815-1871), first Bishop of Victoria (Hong Kong)(1849-1865)*, pp.147-148.

20 同前註，p.149。

21 Headland, Emily, *The Right Rev. George Smith, D. D.., Bishop of Victoria, Hong Kong; C.M.S. Missionary from 1844 to 1849*, London: James Nisbet & Co., 189?.

1859 年 1 月 18 日，施美夫夫人在聖保羅書院內為香港華籍女童開設了一所日校：

> Mrs. Smith commenced her female day school on January 18th, with nine Chinese girls; and the number has since increased. "We feel," she writes, "the growing necessity of educating the females as Christians, that our young men may not have the drawback of heathen wives." [22]

> 施美夫夫人於 1 月 18 日開設女童日校，當時校內僅有九名華籍女童；此後女童數量逐漸攀升。她寫道：「我們愈發感到有必要訓練女性基督徒，確保我們培養出來的年輕男性不會受到『外教』妻子的負面影響。」

如 Bickley 所言，施夫人之父班德林（Rev. Andrew Brandram, 1790－1850）是一位著名的牧師，任職碧根咸（Beckenham）教區長（rector）、英國及海外聖經公會（British and Foreign Bible Society）秘書。[23] 施夫人出嫁前，曾在碧根咸擔任其父的「助理」（curate），參與過教育工作。[24] 因此，她對教育事業的熱忱其來有自。招璞君則寫道：

> The official record that marked the beginning of girls'

22　*25th Annual Report of the FES* (published January 1859).

23　Bickley, Gillian, *The Development of Education in Hong Kong 1841-1897: As Revealed by the Early Education Reports of the Hong Kong Government 1848-1896*, p.27.

24　同前註，p.30。

education under the Anglican Church in Hong Kong could be traced to a letter by Mrs. Lydia Smith, wife of Bishop George Smith, dated January 22, 1858, to the ladies committee of the FES. Mrs. Smith gladly reported:

On Monday, last, January 18th, we were permitted to commence our little girls' school. Before nine in the morning, nine children were brought by their parents and friends, and duly entered in a book as scholars. After the nature of the school had been explained, a few words of prayer were offered up in Chinese by a friend, and our young teacher commenced her work of instruction by producing the large English letters, much to the delight of the parents.

The teacher, a young Christian Eurasian woman of Chinese and Dutch extraction named Mary Assu, taught the girls simple English for part of the morning. They would then learn by rote an elementary book of Christian doctrines with a Chinese teacher of St. Paul's College, the first Anglican boys' school, under the supervision of Bishop Smith. Plain needlework was taught in the afternoon, and Mrs. Smith would explain to them the lessons previously taught by the Chinese teacher through the interpretation of Mary Assu. It was just a month earlier that Mrs. Smith wrote to the FES about this plan, "We feel the growing necessity of educating the females as Christians, that our young men may not have the drawback of heathen wives." This small day school housed in a classroom of St. Paul's College eventually

第一章：女仔館的創建動機

065

led to the opening of a boarding school named Diocesan Native Females Training School (DNFTS) in 1860. [25]

標誌香港聖公會女子教育開端的正式紀錄，可以追溯到施美夫會督夫人於 1858 年 1 月 22 日致女教會之婦女委員會的一封信。史密斯夫人高興地報告道：

> 上週一的 1 月 18 日，我們獲得允許開辦我們的小型女校。早上九點前，有九個孩子由父母和朋友帶來，以學生身份正式註冊。在解釋了學校性質後，一位友人以中文作了禱告，我們的年輕教師以展示大型英文字母作為教學工作的開端，這使父母感到非常高興。

老師名叫馬利亞‧阿蘇（Mary Assu），是一位年輕的女基督徒，為中國與荷蘭混血。她在早上以一部分時間教女孩們簡單英語。然後，他們會隨聖保羅書院（第一所聖公會男校，由施督擔任校監）的一位華人教師記誦一本關於基督教義的基礎書籍。下午教授簡單的針黹，而施夫人會通過阿蘇的傳譯向她們解釋先前華人教師講授的內容。僅僅在一個月前，施夫人便致函女教會告知如此計劃：「我們感到越來越需要對女性進行基督徒教育，這樣一來，我們的年輕男子就不會有迎娶外教妻室的弊端。」這間位於聖保羅書院一間教室內的小型日校最終

25　Chiu, Patricia Pok-kwan, "Female Education and the Early Development of St. Stephen's Church, Hong Kong (1865-1900s)", p.51.

‖ 發展成 1860 年開設的女仔館寄宿學校。

對於這所小型日校的運作情況，描述頗為詳細。Bickley 則指出，不久之後，社會動盪導致學生人數減少。施夫人返英小住，剩下的女生被送往太平山女館。[26] 而根據女教會第25 次年度報告的紀錄，環境變化的原因是因為第二次鴉片戰爭。[27] 所幸這並未阻礙新寄宿學校的成立，1859 年 12 月8 日女教會會議紀錄謂施夫人再度致函倫敦，向女教會請求派出教員，得到了正面回應。[28] 實際上，據該會同年 7 月 16日的會議紀錄，便提及施督本人如何參與此事：

> A letter was read from the Bishop of Victoria expressing his thankfulness for the opportune aid the Committee afforded towards the Chinese Girls' School at Hong Kong, and stating that having obtained sufficient local subscriptions for its support, the promised grant of 25 will no longer be required. He also stated his hope that before long he shall be able to apply for a teacher for a Girls' Boarding School. [29]

‖ 維多利亞教區會督來函，對本委員會為香港的華籍女校

---

26 Bickley, Gillian, "George Smith (1815-1871), Iconoclast Bishop who Established the See of Victoria and Founded St Paul's College", talk given at the City Hall, Hong Kong, 10 November 2000, p.15. See also: Bickley, Gillian, *The Development of Education in Hong Kong 1841-1897: As Revealed by the Early Education Reports of the Hong Kong Government 1848-1896*, p.453.

27 *25th Annual Report of the FES* (published January 1859).

28 Entry 3220 (dated December 8th, 1859), the Minute of the Committee of the FES.

29 Entry 3160 (dated July 16th, 1859), the Minute of the Committee of the FES.

提供適當援助表示感謝，並表示已在當地獲得足夠的支持，因此不再需要本會承諾的 25 英鎊贈款。他還表示希望不久以後就可為女子寄宿學校申請聘任一名老師。

由此可見，施夫人 1858 年開設的女子日校，就是為寄宿學校的成立作準備。而這項工作得到了施督的大力支持。觀女教會 1860 年 1 月出版的第 26 次年度報告，當時已在香港社會募得不少款項，而施督夫婦即將開設一華籍女童培訓學校（training school for Chinese girls）。[30] 這所學校便是女仔館，依舊置於婦委會管轄之下。Anthony Sweeting（1938－2008）指出，施督在 1859 年曾要求港府提供「場地和資金」以建造校舍，供華籍女童和英籍女教師婦住宿。作為回應，港府將雅彬彌臺的其中一座交給教委會，女仔館便臨時安置在彼處。[31] 不過根據歐德理（E. J. Eitel, 1838－1908）所言，當管理官立學校的教育委員會（按：該會於 1860 年 1 月成立，而教育司署要到 1865 年才正式成立）被認為已「放棄了原本絕對的宗教性教育原則」，來自港府的支持似乎逐漸削減。大約在 1861 年 4 月，教委會決定：

> [...] The Bishop's Diocesan Girls School, which had been placed under the Board as a Grant-in-Aid School 15 months previous (12th December, 1859), could not remain under the Board's superintendence "being a Christian School and

---

30　*26th Annual Report of the FES* (published January 1860).

31　Sweeting, Anthony, *Education in Hong Kong, pre-1841 to 1941*, Hong Kong: Hong Kong University Press, 1990, p.149.

constituted differently from the Government Schools". [32]

> 會督的女仔館由於「是一所基督教學校，與官校的建構
> 有所不同」，所以縱然在 15 個月前（1859 年 12 月 12 日）
> 被置於委員會的補助之下，現在卻不能受委員會督導。

新補助學校條例要到 1873 年才正式出現，歐氏此處所言
1859 年的「補助」係其前身。[33] 但無論如何，女仔館還在籌
劃之際便已被教育機關列為「補助學校」，可見施督在建校
之初便頗有謀劃。後來因為該「補助條例」宗旨的變易，以
致女仔館無法得到補助，但其「宗教性教育原則」也由斯可
知。根據女仔館第一份年度報告，日期始於 1860 年 3 月 15
日，終於 1861 年 6 月 30 日。[34] 將 3 月 15 日視為該校正式
營運之始，應無問題。1860 年 4 月，港督羅便臣爵士（Sir
Hercules Robinson, 1824－1897）允諾提供校舍，並負責部分
裝修工作。[35]

當時的香港和新加坡一樣，販賣婦女的問題甚為嚴重。

32　Eitel, E. J., "Materials for a History of Education", *China Review, or Notes and Queries on the Far East*, Volume XIX (March-April 1892 and May-June 1892), pp. 361-395. CO129/254.

33　Gilliam Bickley 指出，在 1873 年政府報告之前和之後所説的「補助」是指兩個完全不同的系統。其書將較早的補助名為 "grants in aid"，而 1873 年引入的新計劃下則稱為 "grants-in-aid"，以示區隔。見氏著：*The Development of Education in Hong Kong 1841-1897: As Revealed by the Early Education Reports of the Hong Kong Government 1848-1896*, p.20.

34　*The First Annual Report of DNFTS* (dated March 15th, 1860 to June 30th, 1861), from the History Based on Extracts from the Annual Reports, Featherstone, W. T., *The Diocesan Boys School and Orphanage, Hong Kong:* p14.

35　Entry 3279 (dated April 12th, 1860), the Minute of the Committee of the FES.

張秀蓉指出：香港在 1842 年成為自由港後，除了原有的底層人口之外，移入的流浪者、街頭苦力及妓女（佔女性人口六分之一，顯然偏高）也構成了嚴重的社會問題。雖然清朝的法律嚴禁拐騙、典賣婦女做妻妾及單身女性出洋，也禁止拐賣兒童做子孫，但香港與澳門因為不屬清朝法律管轄，所以成為最理想的運出港口。[36] 當時窮苦人家的女兒被賣給富家當「妹仔」、提供廉價的勞動力，乃至「妹仔」受虐打侵害的消息，在香港也不時可聞。然而，施美夫夫人於 1858 年創辦的日校與戴兒夫人寄宿學校的性質有所不同。而她兩年後動議成立的女仔館即使是寄宿學校，創辦初衷也非為貧苦女童提供保護和教育。參 1860－61 學年的女仔館年度報告：

> The OBJECT OF THE INSTITUTION IS NOT TO Provide for THE FRIENDLESS AND THE DESTITUTE: there are other and excellent establishments which have this in view. The present is rather an effort to introduce among a somewhat superior class of Native Females the blessings of Christianity and of Religious Training. [37]

> 創立女仔館並非為貧苦無依的女童提供庇護：這方面已有其他優秀的社會組織負責。女仔館的宗旨更在於招收來自中上階層華人家庭的女性，向她們宣揚基督教義、

36　張秀蓉：〈1893 年香港〈保良局立案法團條例〉與何啟〉，《臺大歷史學報》第 22 期（1998），頁 37－40。

37　Featherstone, W. T., *The History and Records of DBSO,* p14.

提供宗教培訓。

女仔館創立的主因固然是培養通英文、信奉基督教的華籍女性，但其預計收生的背景，更是以中上階層華人家庭為主。不難推斷，這些女性的家庭背景如果中上，自然能對華人社會產生更大的影響。這大概因為施美夫夫婦作為會督、聖保羅書院主持人，不止要考慮拯濟華籍女童，還要考慮聖保羅男生的婚配問題。而據年度報告所言，當時香港社會已出現了拯濟華籍女童的組織，故女仔館不宜架床疊屋，而是分工合作。可是當女仔館正式成立後，如此初衷顯然與現實卻產生了很大的落差。

女仔館前期
（1860－1865）

　　女仔館最初係由施美夫會督夫人籌辦，其辦學宗旨乃是透過對中上階層華籍女童的英文及聖經教育，將之培養為女性傳教士、教師及「基督徒妻室」。這個嘗試一開始便遭到畢士泰以辭任校長的方式提出異議，雖然有韋以信、伊頓的先後努力，最後卻以 1864 年底伊頓遇襲而宣告失敗。伊頓於 1865 年正式提出辭職，也標誌着女仔館前期的終結。本章依次考察 1860－65 年間三位重要女性對女仔館的影響，該校的學生概貌，及其面對的社會壓力，以勾勒女仔館前期的發展情況。

一、畢士泰、韋以信與伊頓

　　在英國招聘教師時，有位畢士泰女士（Susan Harriet

Sophia Baxter, 1828－1865）積極應聘。[1] 畢士泰當時屬於女教會的不受薪人士（of independent means），如此熱衷此事，當與其父 Robert Baxter（1802－1889）有關。Robert Baxter 為英國律師，長年熱心參與教會事務，甚至時常在倫敦皇后廣場（Queen's Square）的家中提供場地給女教會召開會議，而畢士泰自小就得聞許多傳教士的故事。因此，她一直對於不遠萬里前往中國傳教懷有極大熱忱。當畢士泰讀到施夫人徵求教師的啟事，深受感召，願意到香港接掌新開辦的華籍女童培訓學校。在父親資助下，她迫不及待地乘船赴港。[2]

1860 年，女仔館暫借港島雅彬彌臺（Albany Terrace）正式開幕，共錄取 17 位華籍女童。[3] 1933 年時，一位署名 Colonial 的作者對早期雅彬彌臺的情況作出了介紹：

> It will be recalled that a photograph of "The Albany", above the Botanical Gardens, probably taken in the Sixties, was published some time ago, and a comment was made that little was known of the this old building. (See 3-7-33). Various surmises were subsequently made, and it was suggested by a correspondent that the premises, date back to the Fifties, and were originally barracks. This I am now able to confirm: A search of old deeds

1　按：譯名據《香港索引》。其位於跑馬地墳場之墓碑銘文作伯士打，二十世紀後則譯作白思德。

2　Smith, Bishop G., "A Memorial of the Late H. Baxter, of Hong Kong", *Female Missionary Intelligencer* (November 1865), pp.193-194.

3　Eitel, E. J., "Materials for a History of Education", p.361. CO129/254.

shows that "The Albany" was Government property up to 1862, and had been classed as a "Government building" as far back as 1857. In 1858 and 1859 one of the Government officials living there (in No. 1) was the Trade Commissioner. In 1860 we find that the two central houses of the block (Nos. 2 and 3) were used as a Chinese Girls' School, no rent being charged by the Government. In 1862 the property was sold, and a Crown Lease of that date was granted to the two purchasers, one of whom was Mr. Charles May, a former Superintendent of Police (see 8-7-33). [4]

> 大家會記得，不久前發佈過一張植物園上方「雅彬彌臺」的照片，可能是在（上世紀）六十年代拍攝的。有評論說對這座老房子知之甚少。（見33年7月3日號）。隨後有各種推測，一位通訊者提出該場地可以追溯到五十年代，最初是兵營。我現在可以確認：搜查舊契據後，可彬知「雅彬彌臺」直到1862年都是政府財產，最早從1857年開始就被歸類為「政府建築」。1858至59年間，住在彼處（一號樓）的其中一位政府官員是貿易專員。1860年，我們發現該座的兩個中央房舍（二號和三號樓）由政府免費租給一所華籍女子學校。在1862年，該物業被出售，當時兩位買主獲得官契，其中一位是前警察局長梅理先生（見33年7月8日號）。

這段文字雖是七十多年後的追述，但因作者考察了契據，因

4　Colonial, "Old Hongkong", *South China Morning Post*, August 22nd, 1933.

此所言大抵不虛。文中提及的華籍女子學校，顯然就是女仔館。政府免費讓女仔館將雅賓彌二號和三號樓用作校舍，自是施督運作的結果。而該樓於 1862 年出售，也正值女仔館遷往般咸道（Bonham Road）新校舍的前夕。

1860 年代的雅彬彌臺

1860 年 4 月，畢士泰從英國啟程，[5] 大約 7 月中下旬才會抵港。[6] 校董會於是先行安排了一位韋以信女士（Ms.

5　Smith, Bishop G., "A Memorial of the Late H. Baxter, of Hong Kong", *Female Missionary Intellgencer II* (November 1865), pp.193-194.

6　按：*Female Missionary Intelligencer* (January 1861) 收錄韋以信 1860 年 7 月 24 日致女教會函，謂畢士泰已抵港。則畢士泰抵達時間當稍早於此。

Wilson）作為其助手，[7] 負責校務，專俟畢士泰上任。[8] 韋以信寫道：

> Although I have not been well lately, things have gone very nicely. I think the children the best in the world. ... [On the day of] Miss B's arrival, Mrs. Irwin brought her to see me. [9]

> 雖然近來我的身體狀況不佳，校務工作卻進展十分順利。我認為我們的孩子是全世界最優秀的。……畢士泰女士抵港〔當日〕，Mrs. Irwin 便帶她過來與我見面。

畢士泰於 1860 年抵港當日，便與韋以信見面。可是，畢士泰最終並未成為女仔館校長，而是另行開辦了三所學校，包括摩羅廟街（Mosque Street）一所專收歐籍軍人子女和本地混血孤兒的英校、士丹頓街一所華籍女童日校，以及般咸道一所女童寄宿學校（兼設男童日校）。除了教學、提供學童衣食住宿，畢士泰還會定期探望軍眷、安葬死者、幫助貧苦大眾，因此深受華洋社會愛戴。[10] 1865 年 6 月 30 日，畢士泰罹患疾病去世，年僅三十六，當時報紙對其並未留在女仔

7　按：據《孖剌西報》1864 出版的《香港索引》，在 Diocesan Native Female Training School 之下標記："Under a Committee of Ladies"，而該會委員包括：Lady Robinson, Mrs. Mercer, Mrs. M. Murdo, Miss Baxter, Mrs. Bernard, Mrs. Alexander 及 Mrs. Townsend。

8　Entry 3279 (dated April 12th, 1860), the Minute of the Committee of the FES.

9　A letter to the FES committee from a woman missionary, dated July 24th, 1860, reported in *Female Missionary Intelligencer* (January 1861), pp.5-6.

10　Holdsworth, May, and Munn, Christopher (ed.), *Dictionary of Hong Kong Biography*, Hong Kong: Hong Kong University Press, 2012, pp.22-23.

館一事略有説明：

　　We believe when she [Baxter] arrived in Hongkong she was
somewhat disappointed when she found it undesirable to enter
upon the work for which she originally came out – but once here
she could not go back. [11]

> 我們認為，她（畢士泰）抵港後略感失望，不願赴原定崗
> 位上任；但既已抵港，便無法返英。

或謂畢士泰不願留在女仔館，是因為校董會另行聘任了韋
以信。實際上，韋以信是作為副手受聘的，畢士泰不可能不
知道；她對女仔館的失望，乃因抵港後發現此校的創辦宗旨
與自己的期待不合。如前章所引 1860－61 學年的女仔館年
度報告所言，此校預計收生的背景是以中上階層華人家庭
為主，而觀乎畢士泰在港事業，她似乎更着眼於清貧女童的
教育。因此，兩種理念可能產生一定扞格。舉一例而言之：
1861 年 9 月，畢士泰在太平山區創辦了一所教會華籍女童
學校。華倫牧師（ Rev. C. F. Warren ）於 1865 年接管該校時，
曾從另一角度述及這所學校與女仔館的異同：

　　This School, which was originally opened by Miss Baxter
in September 1861, and generally known as her Chinese Girls'
School, has been handed over to the Church Missionary Society.

11　*The China Mail*, July 6th, 1865.

Its simple object is to impart a Christian Education to the Girls of any parents, who may be willing to avail themselves of the advantages it affords for their Children. It is chiefly designed for the lower classes, being for them what the Diocesan Native Female Training Institution is for the upper classes, but, differing from the Institution, in that the Education is carried on exclusively in Chinese. [12]

> 華籍女童學校於 1861 年 9 月由畢士泰女士創辦，現已由華差會接管。創校目的在於讓女童接受基督教育，不論家庭背景，有意向入學者均可取錄。此校招生主要面向中下階層，而女仔館則以中上階層為主。與女仔館不同，此校僅用中文授課。

畢士泰的太平山女校以中文授課，所收主要為低年級學生；而女仔館則以英文為授課語言，學生年級較高。不難推知，女仔館提供的教育並非從幼年開始，而是將較為年長的女童訓練成懂英文的基督徒，畢業後成為合格的女傳教士、教師和妻室。而畢士泰的理想大約與新加坡的格蘭特、辜蘇菲比較接近，是以拯濟、保護、教育年幼的華籍女童為職志。招璞君教授更認為，畢士泰選擇離開女仔館，除了學生背景的差異外，還有教學語言的原因。她希望以中文向華籍女童進行教育，令她們可以與同胞們分享福音，而非通過英語教育將她們轉變為「英國女性」。這不僅關乎她們的背景，還關

12　An appeal for donations and subscriptions, attached in a letter from Reverend Charles Warren to his colleagues in the Church Missionary Society, dated 1865.

乎她們的日後發展。[13]

不過，對於女仔館的事務，畢士泰仍然非常關心。如 1861 年 7 月 Mrs. Irwin 寫給施夫人的信中對畢士泰的工作有這樣的描述：

> On Sunday morning the girls [of the DNFTS] attend my little school in the Cathedral, when Miss Baxter is kind enough to teach them. [14]

> 週日早上，〔女仔館的〕女學生們前來座堂參加由我主持的主日學，有幸受到畢士泰女士的教導。

當時畢士泰應正在太平山區籌建女校，卻依然在 Mrs. Irwin 於聖約翰座堂主持的主日學中教導女仔館的學生。此外，她後來還擔任女仔館董事，[15] 顯然可見她並無畛域之念。虔誠的畢士泰或許一開始便對這所學校的創辦宗旨出現了認知誤差。但當她抵達香港後，發現情況並非如她所想像，卻並未屈身就範，而是婉拒受聘，另行專為清貧年幼的華籍女童開辦學校，其擇善固執的精神，亦令人欽佩。

畢士泰於 1865 年病逝，其助手岳士列（Mary Jane Oxlad, 1840-1922）接掌諸校，而畢士泰的父親和長姊

13　招教授致筆者函，2020 年 11 月 27 日。

14　A letter from Mrs. Irwin to Mrs. Smith in July 1861, reported in *Female Missionary Intelligencer* (November 1861), quoted by Susanna Hoe in her *The Private Life of Old Hong Kong*, Hong Kong; New York: Oxford University Press, 1991.

15　見 1864 年及 1865 年《香港索引》。

Nona Baxter 等家人依然透過女教會，繼續支持香港女性教育達二十年之久。而她早期的學生莊思端（Margaret Elizabeth Johnstone, 1851－1909）更繼承其遺志，創立飛利女校（Fairlea School, 協恩中學前身之一），又參與籌建拔萃女書室。[16] 其影響之大，誠然不應忽視。

由於畢士泰拒絕受聘，女教會只得暫命韋以信繼續掌校。根據現存資料顯示，韋以信與學生相處甚歡。[17] 女教會第 28 期年度報告謂 1861 年，兩位華籍女童得到教會的接納，受洗成為基督徒。放假回家前，這兩位女童會叮囑同學們不要受到「外教」親戚的偶像崇拜所影響。[18] 可見開辦一年，女仔館的教學已有成效。此後數年，類似的記載亦常見於現存的女教會年度報告中。當時的學生情況，施夫人在 1862 年 8 月 30 日的信件中有所描述：

> Our number is not so large as we hoped it would have been. There are five in the first class, including a Japanese orphan; seven in the second, including the sister of the Japanese; and five in the remaining class. Their regular studies have been rather interrupted of late, by a course of instruction given to some of them preparatory to baptism. All wished to be present, and to join in the exercises; though, from various reasons (such, for

---

16　"Diocesan Girls' School and Orphanage", to the Editor, *Hongkong Daily Press*, January 23rd, 1900.

17　A letter to the FES committee from a woman missionary (dated July 24th, 1860), reported in *Female Missionary Intelligencer* (January 1861), p.5. 又見：Miss Wilson's own writing, reported in the *Female Missionary Intelligencer* (January 1861), p.6.

18　*28th Annual Report of the FES* (published January 1862).

instance, as the withholding of the consent of the parents), they were prevented partaking of the rite on this occasion. [19]

> 我校的收生人數沒有預期中那麼多。第一級別有五名學
> 生，包括一名日裔孤女；第二級別有七名學生，包括之
> 前提到的日裔孤女的姐妹；第三級別有五名學生。為作
> 好受洗準備，部分學生需額外學習指導課程，以致常規
> 課業有所延後。大家都希望能接受洗禮，但出於各種原
> 因（例如有家長不同意女兒受洗），一部分人無法參加受
> 洗儀式。

從這段文字中，可見當時全校分為三個級別，總共 17 名學
生，其中兩名為日裔孤女（按：當即日英混血的 Rickomartz
姊妹）。不過，仍有家庭不願女兒接受基督教洗禮，足知家
長與學校、乃至華洋文化間依然具有張力。因此，施夫人指
出收生人數不如預期，亦可想見。

女仔館當時所在的雅彬彌臺有多個機構租用，校舍面積
很小。加上政府轉售雅彬彌臺在即，因此校董會決計在般咸
道另起校舍。施督在 1862 年 9 月的一封信中指出：

> Then again our Diocesan Native Female Training School is
> now commenced building- or rather the site is being cleared- the

---

19 A letter to *Female Missionary Intelligencer* (February 1863), dated August 30th 1862,
p.21. 按：這對日裔孤女當即 Rickomartz 姊妹。她們還有一個名叫 Edward 的
幼弟（畢士泰 1863 年在 *Female Missionary Intelligencer* 發表的文章中提及的男
童 Eddie）。Rickomartz 當為日文陸松（Rikumatsu）的歐化拼寫形式。

Contract being [???] [20] 8000 dollars, of which we have collected in local subscriptions, 5000 dollars between nine or ten hundred dollars that is, about 200 pounds having been given by Chinese Native merchants, although the Chinese [?? ??? ??????] of the Prospectus at the head of the subscription list states plainly that the girls are to be trained 'in the principles of Christianity'. I did not solicit a single Chinese subscription myself. [21]

> 然後，我們的女仔館現在開始動工了 —— 或者更確切地說，場地正在清理中。合同是（大約）8000 港元，其中5000 元來自本地的募捐，而這筆募款中又有九百到一千元左右 —— 大約 200 英鎊，是由本土華籍商人捐助的。雖然這些華籍（商人知道）捐助名單頂部的章程書中清楚表明，這些女孩將「按照基督教的原則」接受培訓。我自己沒有主動徵召任何華人募捐。

易言之，截至 1862 年 9 月下旬，般咸道新校舍已有三分之二的建造費用得到保證，因此隨即開始施工。

1863 年 1 月 1 日，學校遷離雅彬彌臺，租借摩羅廟街暫居。[22] 至 1863 年 1 月 9 日，校方草擬了一份宣傳預告，計劃在 1863 年 1 月 20 日籌辦義賣會（bazaar），為新校舍的建築基金募款。

20　原文漫漶處以問號標示。後同。

21　Bishop Smith's letter to Mr. Venn (Dated September 25th, 1862), CMS/C/CH/O3b/64.

22　"Diocesan Native Female Training School, Hong Kong", extracts from the local report, *Female Missionary Intelligencer* (May 1864), pp.89-90.

這份預告見於 15 日的《德臣西報》（*The China Mail*）：

A BAZAAR for the sale of FANCY and other ARTICLES will be held on TUESDAY, the 20th January, on the PARADE GROUND, in aid of the FUNDS towards BUILDING the SCHOOL-HOUSE, now in course of erection, for the "DIOCESAN NATIVE FEMALE TRAINING SCHOOL".

The Article for sale are principally made and contributed by Ladies of the Community, several of whom will preside at the various Tables.

There will also be for sale Specimens of PLAIN NEEDLE WORK by the Children of the School.

The TENT will be opened at Twelve o'clock.

A BAND OF MUSIC will be in attendance, and REFRESHMENTS can be procured in the Tent. [23]

> 1 月 20 日星期二，美利操場（按：全稱為 Murray Parade Ground）上將舉行一場花式刺繡和其他物品的義賣會，以補助為女仔館校舍正在進行的建造工程籌募基金。
> 售賣品主要由本地社群的女士們製作、捐獻，其中幾位將會主持不同義賣攤位。
> 校內學生們的普通針黹樣本也會出售。
> （義賣會的）帳篷將於 12 點開張。
> 到時會安排樂隊表演，帳篷內可以購買茶點。

---

23 "Native Female Training School", *The China Mail*, January 15th, 1863.

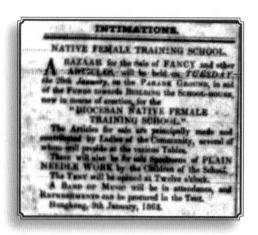

《孖剌西報》1863 年 1 月 5 日廣告，謂女仔館義賣會將於該月 20 日舉行。

此時距離 1862 年 9 月下旬又有兩個多月，不難想像其間仍在繼續募捐。因此到舉行義賣會時，尚未到位的款項必然更少。施督在 1862 至 1863 年之交的另一封信中寫道：

> The whole cost, 8000 dollars, has been contributed principally in the colony; and fifteen Chinese girls, already boarded in a temporary house, will shortly form in the new building the nucleus of an extended establishment. [24]

> 8000 元的全部（建造）費用，主要來自在本殖民地的捐助；正在臨時校舍寄宿的 15 名華籍女孩，不久將在新校

---

[24]　Bishop Smith's letter to the Archbishop of Canterbury. CMS/C/CH/O3b/67B. 按：信件時間當在 1862 年底或 1863 年初。信件首頁不見於檔案。施督 1863 年 1 月 30 日致至華差會函中附有此信拷貝。CMS/C/CH/O3b/67A.

舍中成為一個更大機構的核心分子。

可知 1863 年初，8000 元的款項已全部募得。施督信件日期
雖然不明，但可以猜想舉辦義賣會之際，尚未到位的款項應
已很少，故宣傳預告稱募款為補助（in aid of the Funds）是
有道理的。施督又說：

> Several of our English ladies take a deep interest in the
> Diocesan Native Female School, and form a Committee for the
> management of its details. [25]

> 我們的英籍婦女中有好幾位對女仔館深感興趣，並組成
> 了一個董事會來負責管理細節。

足見這些提供售賣品的歐籍女士，當為婦女委員會成員，亦
即女仔館的董事。

但是，早在義賣會舉辦前的 18 日，便有人藉此契機致
函報紙，質疑應否開辦女仔館：

> Why the ladies of Hongkong should give themselves
> so much trouble about Chinese girls, who are already much
> better off than the daughters of our operatives at home, while
> their countrymen and women, those who may be said to be of
> their own household, are suffering from hunger, and cold, and

---

25　Bishop Smith's letter to the Archbishop of Canterbury. CMS/C/CH/O3b/67B.

nakedness, is more than I can understand, unless it be, that here their good deeds will be recorded and applauded, while at home their subscription would be unheard of except under the general designation of Hongkong – so much. [26]

> 為什麼香港的女士們要讓自己為這些華籍女孩操心？這些女孩的生活已經比我們祖家那些工人的女兒要寬裕得多，而她們的男女同胞——可說是她們的自家人——卻在忍飢受凍，衣不蔽體。我實在不能理解此舉，要麼她們在這裡的善行容易得到記錄和稱許，而在祖家，除非以香港之名，否則她們的捐獻大概只會默默無聞吧。

所言頗為尖刻，但也對此時女仔館只取錄中上階層華籍女童的標準提出了異議，而如此角度，與畢士泰抵港後拒不執掌女仔館的態度，多少卻有吻合之處。不出兩年，女仔館發生變故，主因正在於創校之初對收生標準的設定。22 日——也就是義賣會後兩天，報紙上又刊登了一份長篇社評，其中有這樣的內容：

It seems that the sum wanted for the schoolmistress was wanted and asked for a definite purpose,– to pay her passage home. A sheet was privately sent round, or something equivalent to this was done, and the result was found to be totally

---

26　*Sunday Morning, The China Mail*, January 22nd, 1863. 按：這段文字是以 1860 年代初蘭開夏郡的「棉花饑荒」為參照。當時國際市場萎縮適逢生產過剩，造成了英格蘭西北部紡織業的蕭條。

disproportioned to the design proposed, a very considerable overplus appearing when the whole was summed up. Here was a dilemma. Although the lady had done her duty in a remarkably efficient manner, still, if the Ladies' Committee presented her with a free first-class passage to England, her services would, it was felt, be amply acknowledged; for this purpose they found themselves furnished with quite a bagful of money. [27]

> 為女校長[28]籌募的款項看來有一定目的,那就是支付她返英的旅費。有一張帳目表在私下流傳——或者說是出現了類似的舉動吧,人們發現帳目結果與所建議的設計完全不成比例,當總額加起來後,出現了很大的超收。這是個兩難處境。儘管這位女士以非常有效的方式履行了職責,但是,如果婦女委員會向她饋贈了免費返英的頭等艙,在觀感上,她的服務方能得到充分認可;正因如此,她們才會發現自己得到這筆可觀的金錢。

那麼,原來由捐助者所建議的設計是怎樣的呢?編輯又云:

> The Committee intended to pay a Teacher's passage home, nothing more; the subscribers meant to pay the Teacher

---

27　*The China Mail*, January 22nd, 1863.

28　按:根據港府藍皮書與《香港索引》的記錄,韋以信、伊頓和岳士列在女仔館的職稱僅標示為「教師」(teacher 或 mistress)。在婦委會主持的女仔館,這是唯一的全職教職,也可謂校內行的行政首腦。但二十世紀以後,該職位在男女拔萃的敘述中往往被稱為「校長」(Lady superintendent 或 headmistress),這當然是因兩校自身的規模而「以後規前」。然而,本書仍將該職位稱為「校長」,以避免任何歧義。

> DIOCESAN NATIVE FEMALE
> TRAINING SCHOOL.
> **女仔館**
> *Nu-tsai-coon*
> BONHAM ROAD
> Under a Committee of Ladies
> *Committee*—Lady Robinson (president)
> Mrs. Mc. Murdo Miss Baxter, Mrs. Alexander, Mrs. Townsend, Mrs. Simpson, Mrs. Hawke, and Mrs. Stringer
> *Secretary*—Mrs. Alexander
> *Treasurer*—Mrs. Geo. Maclean
> *Teacher*—Miss Eaton

1865 年《香港索引》中的女仔館

a compliment by giving her a testimonial, in which should be included the necessary passage money. One party only wanted to pay her passage home; the other, more gallant, desired to cheer her passage home. [29]

> 婦委會打算支付教師的回程費,僅此而已;捐助者則打算給予這位老師認可以表達謝意,而其中應包括必要的交通費。一方只想支付她回家的交通費;另一方則更為豪爽,希望歡送她回家。

由此可見,在義賣會舉行之前,韋以信已有去意,而且眾所周知。前此的 1862 年 6 月,女教會已另行安排幹事(agent)伊頓(Mary Anne Winifred Eaton, 1838－1923)接掌女仔

29　*The China Mail*, January 22nd, 1863.

館。[30] 8 月 14 日，伊頓從英國出發，[31] 1863 年 1 月 7 日抵港，[32] 正值女仔館擬好義賣會宣傳預告前的兩天。但是，假使韋以信只是常態性結束代理工作返英，似乎並不值得捐助者如此熱情的歡送。續觀同一文中寫道：

> We say nothing, absolutely nothing of the poor lady's case; she is, we believe, grateful for what the Committee did, and always speaks of them with warm respect. But, after all, what was the paltry sum of 100 pounds that it should be withheld from a lady who had lost her health in establishing this school; there was the error of heart committed, allowing that there was the moral right to ask subscribers to alter the destination of a portion of their money.

> 關於那位可憐的女士的情況，我們絕對不說什麼。我們相信，她對婦委會的所作所為表示感恩，談到他們時也始終帶着熱情的尊重。但是說到底，對於一位在建立該校時失去健康的女士而言，她應得的區區 100 英鎊算得了什麼？正因從誅心角度而論，此舉是有過錯的，道德公義才會促使捐助者們要求更改他們所捐款項的去向。

此文作者甚至不無嘲諷地聲稱，本地商人深信婦委會（校董會）和會督不可能出差錯，故而十分慷慨，將捐款任由婦委

30　Entry 3713 (dated June 19th, 1862), the Minute of the Committee of the FES.

31　Entry 3845 (dated July 31st, 1862), the Minute of the Committee of the FES.

32　Entry 3920 (dated March 12th, 1863), the Minute of the Committee of the FES.

會分配。韋以信在創辦女仔館的過程中勞心勞力，導致身染疾病，這可能是她去職的主因。此文作者字裡行間，已表達了韋以信受到校董會苛待之意，他甚至將韋以信比擬為受到學校苛待的小說主角簡愛（Jane Eyre）。[33] 如前所論，韋以信的聘任是作為畢士泰助手的性質，如果當初畢士泰在女仔館就職，韋以信是會與她共事的。但韋以信這次在伊頓到任後不久卻一去不返，恐怕是身體狀況導致她的離職。如果作者所言屬實，就意味着婦委會與捐助者之間已經就校務產生了不同的意見。無論如何，婦委會似乎未有正面回應外界非議 —— 這大概同樣因為伊頓快要正式履新，而韋以信離別在即之故。

1863 年 7 月 14 日，般咸道新校舍正式開幕。[34] 對於學校課程，1864 年 5 月號的 *Female Missionary Intelligencer* 有這樣的記載：

The course of education has embraced instruction in Chinese and English reading, writing, plain needlework, geography, and Bible history, and more especially a training in the religious truths and moral habits of the Christian faith. The object aimed at has been to prepare the girls for taking hereafter a position of usefulness in native society as the future wives and mothers of the rising generation of Chinese inhabitants in the colony. With this view industrial training is intended to occupy a

---

33　*The China Mail*, January 22nd, 1863.

34　Featherstone, W. T., *The History and Records of DBSO,* p.92.

1870 年的般咸道日字樓（上方之白牆建築）

prominent place in the course of education pursued. [35]

> 學校實行中英雙語教學，課程涵蓋閱讀、寫作、針黹、地
> 理、聖經歷史、基督教教義及倫理。學校的教學目標是
> 為殖民地華人社會中成長的一代培養未來的賢妻良母。
> 如此觀念下，勤懇訓練在教學進程中佔據了顯著位置。

這段文字對於女仔館的教學設計與理念，有較為詳細的敘
述。雙語教學是為了學生在華洋雜處社會的生活與工作游刃
有餘，針黹教學是為日後建立家庭作準備，地理教學是為了

35　*Female Missionary Intelligencer* (May 1864), p.90.

伊頓校長與女仔館華籍女童

開拓眼界，聖經教學是為了進一步加強華人社會的基督教影響。不過，當時校董 Mrs. Irwin 在一封信中指出，伊頓在英語教學中似乎遇到了一些困難：

> Miss Eaton seems to have grave doubts as to the utility of teaching the girl pupils English and does not feel that their progress justifies the time spent over it. She does not find they understand her sufficiently to receive lessons in Grammar or Geography. [36]

36　Extracts from the Minute Books of the Local Committee (dated July 1st, 1863), Featherstone, W. T., *The History and Records of DBSO,* p.92.

> 伊頓女士似乎對講授英文的效用深表懷疑，認為學生們投入的時間和取得的進步不成比例。在她看來，她們的英文水平尚不足以充分理解她講的話，她無法給她們講授文法課或地理課。

但是，她對伊頓的看法並不認同，且進一步回應道：

> My opinion is, that the study of English must exercise and open the mind to an extent which learning Chinese, in the manner in which it is universally taught, never could do, and that girls thus instructed are more likely to prove intelligent and helpful wives to educated boys. [37]

> 我的觀點是，學習英語肯定對思維有所鍛煉和開拓，這是以現行通用的教學法去學習中文無法達致的。因此，女生接受這樣的教導，更有可能成為有教養的男生的賢內助。

由此可知，Mrs. Irwin 認為英文教育比死記硬背的中文教育更為先進，這大抵也是當時校董會的普遍看法。無論如何，伊頓在掌校後，女仔館似乎進入了相對穩定的時期——縱然這段時期有如曇花一現。1864 年底，伊頓遭到華人暴徒襲擊，至 1865 年底正式離職，實際工作由畢士泰諸校的岳士列負責，而英文不再向華籍女生講授。從此以後，女仔館

37　Extracts from the Minute Books of the Local Committee (dated July 1st, 1863), Featherstone, W. T., *The History and Records of DBSO,* p.92.

的教學目標已逐漸偏離將中上階層華籍女生培養成女傳教士、教師和「基督徒妻室」的創辦初衷。

二、女仔館前期的學生

　　以施美夫夫人為首的婦委會在創辦女仔館時有如此宏圖，那麼付諸實行的情況又如何？本節根據現存史料，以幾位女仔館前期的學生為例，逐一考察其背景與遭際，以見該校之績效。在女仔館的相關報告中，經常提到一位梁呂底亞（Lydia Leung），被校方視為模範學生。梁呂底亞是女仔館最早錄取的學生之一，年齡較其他同學為長（入學時大約十四歲），其父為官校教師。1861 年，梁呂底亞與其妹 Addie 決志，翌年 1 月受洗。據施美夫夫人說，梁呂底亞姊妹跟隨會督夫婦學習基督教義的態度積極，領悟力也強。決志後，她們的父親立即來請會督協助安排她們的婚聘。梁父此舉令會督夫婦放心，知道梁呂底亞姊妹不會嫁給「異教徒」。[38] 梁呂底亞成為虔誠基督徒，並擔任班長，積極協助校務，對年幼的學妹多有照料。1864 年 2 月 15 日，梁呂底亞與華差會福州分會的傳教士黃求德成婚。*Female Missionary Intelligencer* 記載這段姻緣的原由如下：

> In November last [1863], the surviving missionary of the Church Missionary Society at that station (i.e. Foochow), the

---

38　"Hong Kong Diocesan Native Female Training School", Letter from Mrs. Smith (dated February 28th, 1862.), *Female Missionary Intelligencer* (July 1862), p.121.

Rev. J. Wolfe, came to Hong Kong to recruit his health after a severe attack of sickness. Shortly after this arrival, he made known the wish of one of his catechists, Hwang Kew-the, to obtain a suitable wife from one of the Christian schools. Lydia was immediately thought of as being of a proper age, and with qualifications fitting her more especially for a Christian teacher's wife. Her father, who is a master of one of the government free day schools, was first consulted on the matter, and he referred it to his daughter herself, –a course very unusual among the Chinese. After much deliberation, Mr. Wolfe was requested to inform the catechist that he might send his likeness to the father. [39]

（1863年）十一月，華差會福州分會傳教士胡約翰先生大病初癒前往香港休養。抵港後不久，他對外宣佈自己手下有一位名為黃求德的傳教士，想迎娶一位從基督教學校畢業的賢內助。梁呂底亞風華正茂，且受過基督教訓練，是成為傳教士夫人的不二人選。她的父親在當地一所官校教書。這椿婚事先徵詢了父親的意見，但他決定回去詢問女兒是否中意 —— 這在華人社會是十分罕見的。經過深思熟慮，女方請胡約翰先生通知那位傳教士過來下聘書。

結婚當日，梁呂底亞在畢士泰陪同下前往聖約翰座堂：

---

39 *Female Missionary Intelligencer* (August 1864), p.158.

Miss Eaton was not well enough to go to the house of the bride, so Miss Baxter went instead and accompanied the bride's chair the two miles to the Cathedral. There she supported the bride, as the smallness of her feet rendered it painful for her to stand a long time. Miss Eaton was near to her, as well as some members of the School committee. [40]

> 伊頓女士身體狀況欠佳，由畢士泰女士代替她前往梁家，陪在新娘花轎邊，來到兩英里以外的座堂。抵達座堂後，她需負責攙扶新娘，因為新娘纏足，以致長期站立十分痛苦。伊頓女士及校董會部分成員都在梁呂底亞身旁。

由於梁家距離座堂有兩英里之遙，纏足的梁呂底亞無法步行前往，於是只好坐轎，而由畢士泰相隨。梁呂底亞之纏足，也顯示其娘家環境較為優渥。

梁呂底亞婚後隨夫定居福州，但定期與伊頓通函。其夫黃求德也致函伊頓，為自己娶得一位虔誠信奉基督的賢內助而感恩。[41]

據中文材料，梁呂底亞是中國首位傳教士梁發（1789－1855）之女梁亞沾，但仍待進一步考證。今日黃求德與梁呂底亞直系後裔皆認為梁呂底亞為梁發之女，中文姓名為梁亞

40　*Female Missionary Intelligencer* (August 1864), p.159-160.

41　按：1871 年，黃求德成為英國聖公會福州分會最早的神職人員。見 Chiu, Patricia Pok-kwan, "Female Education and the Early Development of St. Stephen's Church, Hong Kong (1865-1900s)," p.209.

梁呂底亞與師妹們

梁呂底亞與丈夫合影

梁呂底亞晚年與家人的合影

沾。[42] 吳述塵亦謂福州傳教士黃求德娶中國早期傳教士梁發之女亞沾。[43] 然而，梁呂底亞約生於1846年，時梁發已年近六旬，又四處奔走，似乎不可能生下梁呂底亞。且英文文獻提及梁呂底亞之父為官校教師，送其姊妹入讀女仔館云云，兩者顯然有矛盾。若Addie與梁呂底亞為親姊妹，自然也應為梁發之女，然從未見任何材料提及。考諸文獻，1835年時，馬禮遜長子馬儒翰與裨治文牧師在在廣州建立首間華人基督教會，共有成員12人，其中包括：梁發，48歲，牧師；黎氏，31歲，梁發妻；梁進德，15歲，梁發子；梁亞沾，11歲，梁發女。[44] 由此可見，梁發誠有一女名亞沾，大約生於1824年，較梁呂底亞年長22歲，二者絕不可能為一人。據梁景海所言，梁亞沾從小就有良好教育，中文由叔父梁興發負責教育。夏天暑假的三個月，他們多數住在澳門，共同談論《聖經》，與經常與洋人傳教士打交道，因此梁發子女的英文也有些基礎。梁景海又説：

> 到梁亞沾十多歲時，香港在鴉片戰爭後給英國人管治。那時香港創辦了一間女子英文中學，梁發就將女兒送往香港聖道女子英文中學讀書。英文梁發牧師是英國倫敦佈道會聘請的中國牧師，當時香港是遠東倫敦會總部，

42　見梁景海：《梁發（1788年－1855年）與中國基督教》，香港：香港中國近代史研究公司，2003。

43　參見吳述塵：〈隱藏的臉孔——梁發的妻子黎氏〉，《傳書雙月刊》2009年8月號（第17卷，第4期，總第100期）。

44　「《宣教士》內容選摘：上帝最好的選擇——選自第一集《叩門》」，https://www.chinasoul.org/zh_TW/-/--9-63。

梁亞沾在香港聖道女子英文中學受正規教育畢業。在當時 1848 年那個年代，像梁亞沾這樣的中國婦女能受這麼高教育是非常可貴的。[45]

這段文字有幾處問題：

第一，香港的聖道女子英文中學的創辦始於 1963 年，原是一間名為聖道學校的小學，位於大坑東。至 1970 年代轉型為常規中學，即聖道女子中學。至 2003 年改為直資男女中學，更名基督教中國佈道會聖道迦南書院。由此可見，十九世紀中葉不可能出現一所「聖道女子英文中學」。

第二，「1848 年」這個年分從何而來，不得而知。當時不僅女仔館尚未開辦，連聖保羅書院都未見蹤影。且此時的梁亞沾（於 1835 年隨父入教者）已經 24 歲，早已超過適學年齡；而梁呂底亞年方兩歲左右，更不可能入讀一所「中學」。

第三，若是梁景海一時誤記，「聖道女子英文中學」實為女仔館，則 1860 年女仔館成立時，梁亞沾已 36 歲，絕非英文文獻所載 14 歲之梁呂底亞。且梁發早已於 1855 年去世，更不可能送女兒入學。

由此可見，梁亞沾與梁呂底亞並非一人。梁亞沾中晚年情況不詳，尚待進一步考證。然鑒於黃求德後裔皆認為梁呂底亞為梁發之女，筆者有這樣的推測：梁呂底亞在香港某官

---

45 梁景海：《梁發（1788 年－1855 年）與中國基督教》，頁 139。

校任教之父,或為梁發之兄弟或堂兄弟輩。[46] 由於梁亞沾事蹟不明,故黃求德後裔遂誤以梁呂底亞與梁亞沾為一人耳。而關於梁呂底亞婚後情況,梁景海則勾勒了大致輪廓。梁呂底亞為黃求德誕下六子六女,其中七位長大成人。福州之靈光女盲校成立後,梁呂底亞受聘任職於彼,直到古稀之年才退休。[47] 足見梁呂底亞誠為女仔館之優秀校友。

另一位與梁呂底亞姊妹同時入學的女生叫做阿琴(Okum),施夫人在信中是如此敘述的:

> Her name is "Okum", and she is about twelve years old. She is also most anxious to be baptized. Her father, a Government teacher, and still a heathen, by no means opposes her, but begs her to look well that she really believes in Jesus before she is baptized. [48]

> 她的名字叫「阿琴」,大約十二歲。她也很想受洗。她的父親是官校教師,但仍是外教徒,他絲毫沒有反對她,而是懇求她在受洗之前看清楚自己是否真正相信耶穌。

阿琴與梁呂底亞相似,都有在官校任教的父親。但此後關於她的記載遠不及梁呂底亞之多,這一方面大概因為她的年齡

46　按:當時香港官校之梁姓教師為數甚少,筆者懷疑梁呂底亞之父殆為前文提及之梁鏡涵,亦即先後執教於赤柱書館與太平山女校者。待進一步考證。

47　梁景海:《梁發(1788年－1855年)與中國基督教》,頁140。

48　"Hong Kong Diocesan Native Female Training School", Letter from Mrs. Smith (Dated February 28th, 1862.), *Female Missionary Intelligencer* (July 1862), p.122.

較梁呂底亞為小，二來由於家庭因素沒有即時受洗，[49] 故而未必能擔起師姐的責任。

女仔館其他學生的記載，我們也找得到隻鱗片爪。如女教會 1883 年年度報告提及一位 Akin（阿健）的女生：

> Akin is, also, the daughter of Christian parents. She was at Diocesan School for some years, and afterwards with Mrs. Eitel, to whom she owes much. She has twenty-eight girls in her School, nearly all small-footed. Her husband is a teacher of one of the Church Missionary schools. [50]

> 阿健的父母也是基督徒。她在女仔館好幾年，之後和歐德理夫人一起，歐夫人對她幫助很多。她的學校裡有 28 個女孩，幾乎全都纏足。她的丈夫是華差會學校的老師。

對照 1883 年的政府藍皮書，華差會旗下的荷李活道女校校長 Mrs. Chau Kin，當即阿健，而其丈夫大概是東邊街男校校長 Chau Ching Tsün。[51] 阿健的學生都是纏足女生，大抵家境都不錯；如果阿健不是來自類似背景，恐怕不易指導學生。而阿健的父母皆為基督徒，似也可證明她本人的母家境

---

49 按：後文所引畢士泰女士信件中提及 1862 年 8 月 20 日受洗的四位日字樓女生中，有一位 Akam，筆者懷疑就是阿琴。如果懷疑屬實，則阿琴的受洗比梁呂底亞姊妹晚了一年半。

50 *49th Annual Report of the FES* (published January 1883).

51 *Hong Kong Government Blue Book 1893*, p.6. 按：蒙招璞君教授賜告，根據聖士提反堂的受洗紀錄，1883 年有一名一歲男嬰受洗，其父名周清泉，職業為「教讀」，母周尹氏。若周清泉即 Chau Ching Tsün，則其妻當即阿健；而阿健娘家則為尹姓。

況。伊頓 1864 年底遇襲後，女仔館的名聲低落（後詳），其父母未必會送她入學。因此，阿健很可能與梁呂底亞相似，在 1860 年前後入學，其中上階層華人家庭的背景也符合女仔館創辦初期的收生標準。伊頓（歐德理夫人）於 1863 年初到校時，阿健入學已屆三年。而伊頓掌校兩年間，可能與阿健互動良好，因此阿健後來一直記得「歐夫人對她幫助很多」。[52] 阿健畢業後覓得如意郎君，兩人志同道合地從事教育工作。可見阿健是日字樓前期學生中的另一成功例子。

此外，又如畢士泰主持的一所孤子院，聘用了一位名為「阿姑」（A-ku）的華籍女監（Matron）。「阿姑」本是英軍在廣州醫院的護士，在英軍於 1861 年 10 月撤退後獲得推薦來港任職。據畢士泰撰文所言，「阿姑」個性開朗，雖然從前對基督教全無了解，來港工作後卻積極學習基督教義。1862 年 8 月 20 日舉行了一次洗禮，受洗者包括「阿姑」及幾位女仔館的學生，地點在聖約翰座堂：

> Friday, August 20th. – A-ku came up before three o'clock, only bringing four girls to go to the baptism; so I had to send to fetch the little ones, one of whom I wanted baptized. A-ku told me that she and the girls had had prayer in the schoolroom before coming. When all were ready here, we assembled in the schoolroom. I prayed first, and Lydia (one of the Diocesan Training School girls, who was baptized in 1861) afterwards, for

---

52　按：1862 年 8 月 20 日的洗禮中，有一位 Akin 受洗後取名 Martha（瑪泰）。然其隸屬於瑪嘉芙女士的學校，不知是否同一人，待考。

a blessing. We then went to the cathedral. I took Eddie (the little Japanese Christian orphan); four little ones went in my close chair, and all the rest walked; twenty-four Chinese girls, three women, and my eight little ones. Miss M. [Miss Margrath] and her Chinese girl were at the cathedral. The Bishop performed the service in Chinese; Mrs. Smith stood on his right hand, to turn over the leaves and hold the prayer-book when needed. I was on the other side, to bring the candidates and give their names. [53]

> 8 月 20 日，星期五。「阿姑」在三點前就來到了，只帶了四個女孩參加洗禮。所以我不得不派人把那些更小的孩子帶來，因為我想讓其中的一個洗禮。「阿姑」告訴我，她和女孩們來到以前在教室裡祈禱過。一切準備就緒後，我們在教室裡集合了。我和梁呂底亞（女仔館學生，1861 年受洗）先後祈禱，以求祝福。然後我們去了座堂。我帶了 Eddie（日裔基督家庭的小孤兒）。四個小孩坐在我的轎椅上，其餘的則步行——包括 24 個華籍女孩，3 個婦女和我照顧的 8 個小童。馬嘉芙女士和她的華籍女孩也在座堂裡。會督以中文進行施洗儀式。施美夫夫人站在他的右側，有需要時幫忙拿祈禱書、協助翻閱。我在另一邊，帶引受洗者，並為他們取名。

對於過程的記載甚為詳細。由此再次可見，畢士泰雖非女仔館的校長，卻積極參與女仔館相關的宗教活動。後文更詳細

53　Baxter, S. H. S., "Baptism of A-ku, the Chinese Matron of the Orphan and Ragged School at Hong-Kong", *Female Missionary Intelligencer* (January 1863), pp.2-4.

地講述了幾位受洗者的情況：

1st, A-ku was baptized by the name "Lois", in Chinese "Lai-i"; 2ndly, her daughter (under tuition at the Diocesan School), named 'Yau-niki', "Eunice"; 3rdly, her son (at St. Paul's College), named "Timotai", "Timothy"; 4thly, little Chun-mui, named "Yuk-a-na", "Johanna", of my school, five years old. This child is supported by the Rev. John Campion's schools, St. James's Church, Doncaster. She and the boy were baptized as infants. 5thly, Miss M.'s girl Akin, named "Matai', "Martha"; 6thly, Akam, the best girl in the Diocesan School, named "Malai",[54] "Martha"; 7thly, Annie, of the same School, fifteen years old, named "Matai", "Mary"; 8thly, my A-nu, also in that school, named "Lotah", "Ruth". Two of the elder girls who gave themselves as candidates were not baptized, not being fitted for it. [55]

首先為「阿姑」受洗，她取名 Lois，中文叫做「羅以」。然後，她的女兒（在女仔館求學）取名「友尼基」，亦即 Eunice。第三位受洗的是她的兒子（在聖保羅書院），名為「提摩太」，亦即 Timothy。第四位是我校五歲的小春梅，命名為「約亞拿」，亦即 Johanna。這個孩子得到了 John Campion 牧師在唐加士打聖雅各堂的學校支持。她和那個男孩以嬰兒禮受洗。第五位是 M 女士的女孩「阿健」，叫做「馬大」，亦即 Martha。第六位是女仔館

54　按：Malai 當為 Matai 之訛，蓋與後文混淆之故。

55　Baxter, S. H. S., "Baptism of A-ku, the Chinese Matron of the Orphan and Ragged School at Hong-Kong", *Female Missionary Intelligencer* (January 1863), pp.2-4.

最優秀的女孩「阿琴」，取名為「馬大」，亦即 Martha。第七位是同一個學校的「安妮」，她十五歲，取名為「馬利亞」，亦即 Mary。第八位是我的阿女，也是在那所學校就讀，取名「路得」，Ruth。還有兩位年齡較大的女孩自稱也準備受洗，但卻沒有施洗，因為她們此時尚未合適。

從這段記載中，可以鈎沉出友尼基、馬大（「阿琴」，疑即前文提及之 "Okum"）、馬利亞（「安妮」）、路得（「阿女」）四位。從這段文字中，我們還可尋繹出一些訊息。如女仔館的馬利亞已經十五歲，而畢士泰孤子院的約亞拿年僅五歲（按：下章當再論及約亞拿）。這正好印證了兩所機構的性質差異 —— 女仔館以訓練教師、傳教士、「基督徒妻室」為主，故學生年齡已在少年期；畢士泰孤子院以救贖、養育兒童為主，故兒童年齡較小。畢士泰把路得稱為「我的阿女」，大約這位女孩較早之時先在孤子院，後因年齡漸長而轉入女仔館之故。

再如華倫牧師記載 1866 年 5 月 4 日參加的一場婚禮：

Yesterday Mr. Stringer and I joined a Chinese couple in holy matrimony. The bridegroom was formerly a pupil of St. Paul's and the bride of the Diocesan School. [56]

昨天，Stringer 先生和我一同參加了一對華籍新人的婚

---

[56] Extracts from Reverend Warren's Journal (dated May 5th, 1866). CMS/C/CH/O90/58.

第二章：女仔館前期（1860—1865）

105

禮。新郎曾肄業於聖保羅書院，新娘曾肄業於女仔館。

施其樂指出新郎名為譚天德（Tam Tin-tak Thomas），新娘名
為張梅（Cheung Mui Mary）。[57] 張梅的家境如何，似難查考。
但關於譚天德卻有資料可稽。同樣是華倫牧師的行事曆，當
年 10 月 2 日的記載如此：

> This morning I was informed that T´am Tin Tak – formerly
> a pupil in St. Paul's College, a baptized Christian and who was
> lately married to a nice girl from the Diocesan School was in
> custody of the Police, being charged with stealing two "drafts".
> Here we have another sad instance of the unsatisfactory character
> of the former pupils in the College. [58]

> 我今天早上獲悉，譚天德──聖保羅書院舊生、受洗基
> 督徒，最近迎娶了女仔館的一個好女孩──目前被警方
> 拘留，被控竊取了兩張「票據」。書院舊生的品格不佳，
> 我們在這裡又多了一個可悲的例證。

參考前一日《孖剌西報》的〈警訊〉（Police Intelligence）
欄目：

> Thomas Tam-tin-tuck, assistant at the Harbour Master's

57　Smith, Carl T., *Chinese Christians: Elites, Middlemen, and the Church in Hong Kong*
　　　p.150.

58　Extracts from Reverend Warren's Journal (dated October 2nd, 1866). CMS/C/CH/
　　　O90/58.

office, was this day charged with stealing two bills of exchange the property of Mr. Lording, shipping clerk at the Harbour Master's office. The case was put off until tomorrow the 2nd instant. [59]

> 港務處辦公室助理譚天德，今天被控在港務處辦公室盜竊船務職員羅丁先生的兩張匯票。該案延至明日二號再審。

翌日《孖剌西報‧警訊》有進一步報導，譚氏此後似乎遭到審判。撇開譚天德的個人操守不論，但從其就業來看，正因為他在聖保羅就讀，兼習中英兩語，故能在港務處工作。而張梅此時已經離校，則她就讀當在 1866 年以前，大抵屬於女仔館的前期。婚禮以基督教儀式舉行，透露了這對夫妻有共同的信仰。如此安排，教會無疑是喜聞樂見的。

再參考新加坡聖瑪格烈中學校史之言：

> In her 42 years with the school, Miss Cooke did a great deal to raise the level of education in the school which became known for its exemplary character-building to the extent that "many young men in the region (some from as far away as China) wrote to the school in search of a suitable Christian wife". [60]

---

59 "Police Intelligence", *Hongkong Daily Press*, October 1st, 1866.
60 Lee, Yoke Meng, *Great is thy faithfulness: The Story of St Margaret's School in Singapore*, p.45.

掌校四十二年期間，辜蘇菲女士致力於提升學校的教學質量，使學校成為了品格塑造的標杆，以至「該地區許多年輕男性（有的甚至來自中國）寫信給學校，想找一位合適的基督徒妻室」。

十九世紀遠東地區聖公會女校的學生被訓練為虔誠賢淑的「基督徒妻室」，乃是在教會的謀劃之中。前期女仔館更希望畢業生成為女傳教士，而不僅是普通的「基督徒妻室」，因此選擇英文、而非中文作為教學語言。回觀施夫人 1862 年 2 月 28 日的信件中，還有這樣一段話：

> A statement of the objects of the school, together with the rules, is about to be translated into Chinese, by which means the school will be better known, and our numbers, I hope, increase. [61]

> 關於學校目標的說明以及校規將翻譯成中文，我希望這會使本校更為知名，我們的人數有所增加。

女仔館從 1860 年創校到 1862 年初，這些重要文件尚未翻譯成中文，似乎意味着前兩年，校方似乎希望收生資訊只引發懂得（至少略通）英文的家長的興趣，而如此家長的背景也不難想像。如此一來，收生成效自然會削弱。稍後，如梁呂底亞之類的理想學生難再錄取，女仔館或因收生不足而臨時降低門檻，以致學生品質良莠不齊，是可以逆料的。相比之

61　"Hong Kong Diocesan Native Female Training School", Letter from Mrs. Smith (Dated February 28th, 1862.), *Female Missionary Intelligencer* (July 1862), p.122.

下，女仔館到了後期——也就是岳士列掌校時期，把目標放在貧苦女童身上，則與辜蘇菲、畢士泰諸校的性質更為接近了。

三、女仔館前期面臨的社會壓力

伊頓於 1864 年底遭襲，是女仔館校政的轉捩點。不過在伊頓治下，女仔館已有不少問題浮現。如前文所言，女生被家長賣身為婢、成為外國人外室等狀況，皆發生在伊頓時期。而這些問題的浮現，都與英文教育有很大的關係。

1864 年 12 月 6 日，《孖剌西報》以 "Desperate attack on a Lady"（針對一位女士的無情攻擊）為題，報導了這起事件：

> On Sunday [December 4th] evening after 8 o'clock, as Miss Eaton, the lady superintendent of the Diocesan Female Training School, was proceeding home from Chapel in her chair, about midway between the tank on the Caine Road and her home, on the sound of a whistle, a gang of ruffians sprang from the hill side and attacking the bearers, endeavoured to turn the chair over. Some of the wretches, who were all armed with knives having overpowered the chair coolies, dragged the unfortunate lady into the road and endeavoured to get possession of her watch. She however struggled violently and shrieked loudly for help. For several minutes she fought with her assailants, and as they were dragging her up the hill, she with a determined effort, managed to free herself, and escaped to her home. No assistance whatever

arrived notwithstanding her repeated cries for help. [62]

> 週日〔12 月 4 日〕晚八點後，女仔館校長伊頓女士從教堂出發，乘坐轎子回家。來到堅道和她住所中途某處時，隨着一聲口哨聲響起，一群暴徒從山坡上衝出，並開始攻擊轎夫，試圖弄翻轎子。這群惡棍手上都拿了刀子，在制服轎夫後把這位不幸的女士拖拽到地上，試圖搶奪她的手錶。她拚命掙扎、大聲呼救，與暴徒搏鬥了數分鐘。他們試圖把她拖上山，但她拚盡全力掙脫出來，順利逃回家中。儘管她不斷呼救，期間卻並沒有人對她施以援手。

華人暴徒襲擊伊頓，是否只為奪取財物？似乎不僅如此。1889 年，時任視學官的歐德理在致函輔政司史釗域倡議成立中央女子書院（即後來的庇理羅士女子中學）時寫到：

> Among the objections raised against the plan of offering to the girls, some 93 per cent of whom are of Chinese or Eurasian extraction, an English education, it has been urged that the local system of concubinage would only be fostered by providing Chinese or Eurasian girls with an English education. This objection has hitherto had special weight with the public for the reason that the Ladies' Committee (under the late Bishop Smith), which stated the Diocesan Female Training School in 1862,

---

62   "Desperate attack on a Lady, from Accidents and Offences", *Hongkong Daily Press*, December 6th, 1864.

上編

女仔館始末

found itself compelled in 1865 to close the School on the ground that almost every one of the girls, taught English in that School, became, on leaving the School, the kept mistress of foreigners. [...] In those days, the girls drifting into concubinage had no opportunity to learn that smattering of English colloquial which they require for their purpose, and consequently they crowded into the Diocesan School in 1862 which at that time could hardly get girls of any other class. [63]

> 當地女童中 93% 為華裔或混血。有人反對教授她們英文，理由是教授華裔或混血女童英文只會助長納妾的風氣。這些反對聲音對公眾有重大影響，以致在 1862 年開辦女仔館的婦女委員會（受已故施督的督導），也被迫在 1865 年將學校暫停運作，因為幾乎所有在校學習英文的女生畢業後都成為了外國人的外室。〔……〕願意與外國人作外室的女生此前無處學習英文口語。1862 年女仔館創立後，她們蜂擁而入，當時幾乎招不到其它背景的女生。

尋繹歐氏之語，似乎暗示女仔館當時很難招到中上階層的女生，無法在收生方面有所挑剔，因此不得不接受這些女孩。

63　Eitel, E.J., Letter to the Colonial Secretary on July 5, 1889, Letter no. 41, CO 129/342, 80 ff, p.275. Also quoted in Sweeting, Anthony, *Education in Hong Kong, pre-1841 to 1941*, pp.247-50. 按：歐德理 93% 的比例是依據當時中央書院在學的 600 名學生來計算：其中華人佔 90%，歐籍佔 4%，混血與印裔各佔 3%。因此，華人加混血共有 93%。歐氏因而推斷，當時全港適學年齡的女童中，華人加混血的比例也應為 93%。如此比例雖是 1889 年的情況，但可據以推想二十多年前。

伊頓在辭任女仔館校長前，已與歐德理交往，兩人不久後成婚，[64] 故歐氏之言應非妄語。歐德理所言雖是 1865 年之事，但類似情況當在伊頓遇襲前便已出現。Anthony Sweeting 也指出：

The mob apparently associated her with the teaching of English to girls and thereby with their degradation. [65]

暴徒顯然認為，她教女生們學習英文令她們走向墮落。

換言之，華人社會認為學生在女仔館學習英文後便走向墮落，因此對該校的印象日趨負面，這自然導致暴徒有機可乘。

這個時期的女仔館女生除了成為洋人外室，也有遭到販賣的命運。參費瑟士東校史所錄女仔館 1865 年 7 月 19 日的會議紀錄：

Monthly inspection by the Committee instituted. The Teaching of English not to be compulsory, as several cases of girls being offered for sale at a high price, (A. Wung $500), on the recommendation of speaking English, had occurred. [66]

64　Reverend Eitel's letter to Board of Direction of the London Missionary Society (Dated May 26th, 1865); Reverend Legge and Reverend Chalmer's letter to Rev. Tidman (Dated June 9th, 1865). Archives of the Council for World Mission, China, South China, Incoming letters, Box 6, Folder 4, Jacket C.

65　Sweeting, Anthony, *Education in Hong Kong, pre-1841 to 1941*, p.152.

66　Extracts from the Minute Books of the Local Committee (dated December 8th, 1864), Featherstone, W. T., *The History and Records of DBSO*, p.95.

校董會執行了每月巡查。英語教學不再是強制性的，因為有好幾個女生因為懂得英語而被高價出售（阿弘，港幣五百元）。

可見不只一個女童在女仔館學習英文後，竟遭家人販賣為妾，可謂怵目驚心。這次會議在 1865 年召開，那麼這些女童就讀女仔館當在伊頓主政時期。易言之，即使在女仔館前期，收生已無法限於中上階層家庭的華籍女生。回觀女仔館 1861 年年度報告指出：

> It was felt to be an experiment, and undertaken with much anxiety as to its results, on account of the unwillingness previously shown by any but the very lowest class of Chinese to entrust to Foreigners the education of their female children.
>
> However, after a trial of a year and a half, during which many difficulties have been met and surmounted, the Committee have much reason to thank God and take courage. The School has found favour amongst the Chinese themselves and Teachers of Government Schools have come forward of their own accord to beg that their girls might be admitted to share its advantages. [67]

這就像一次實驗，我們懷着戰戰兢兢的心情進行，不知結果如何——考慮到一直以來除了社會最底層的華人家庭，沒有父母願意把女兒交給外國人負責教育。
但是經過一年半的試驗，雖然經歷重重困難，本校董會

67　Featherstone, W. T., *The History and Records of DBSO*, p.14.

滿心感恩，深受鼓勵——學校得到華人的認可欣賞，官校教師們也爭相請求把女兒送來本校就讀，以得裨益。

這是女仔館的第一份年度報告，而過去一年可謂「蜜月年」，錄取了像梁呂底亞和阿琴這樣的學生。但是，他們的父母可能畢竟屬於少數。招璞君教授指出，1860 年代初期定居香港的華籍家庭中，體面到能送女兒就學者為數並不多，更遑論送到洋人開辦的學校。次一類的可能是來港淘金的家庭，他們想通過經商或聯姻來與洋人建立聯繫，發展自身的優勢。[68] 然而「蜜月年」過去後，問題逐漸浮出水面。取錄中上階層女生無以為繼，為填補名額而招收的底層女生便有了接觸英文的機會。這些女生地位低微而生活貧寒，故情願與外國人作外室，而先決條件自然是略通英文。在沒有其他選擇的情況下，不少女孩或自願、或在家長驅使下來到女仔館學習英文，但其動機自然與女仔館的辦學宗旨大有逕庭。他們未必特別欣賞西方文化或基督教，更有可能的是將學校視為照顧孩子的慈善組織，能夠從中受益。而畢士泰諸校的華籍女童之所以沒有出現這種狀況，乃是因其教學語言設定為中文之故。

華人社會對女仔館的認知，竟與西人社群不謀而合。早在 1863 年初，便有西人投書報紙寫道：

By-the-by, this mania for refining and polishing Chinese girls is a mistake, and if carried to excess it unfits them for their duties

---

68　招璞君教授致筆者函，2020 年 11 月 27 日。

as Chinese wives, and disinclines them for it, and I fear very many will come to grief, especially if they are good looking. [69]

> 順便一提，這股訓練華籍女童的風潮是錯誤的。一旦做過了頭，就會使她們不能甚至不願意作華人的妻室。此外，我擔心她們中有很多人會遭遇不幸，尤其是那些漂亮的姑娘們。

可謂不幸言中。史劍域在呈交港督的 1867 年視學官報告中指出：

> To the melancholy results which, in nearly every instance, have followed from teaching Chinese girls English I need not more particularly allude. Its effects on the character of the boys is not, I am sorry to find, what one could wish, but on the character of the girls it has proved to be fatal. [70]

> 幾乎每一個案例中，教授華籍女童英文的結果都令人失望，對此我就不多加贅述了。遺憾的是，英文教育對男童品格的影響不盡如人意，但對女童的品格卻是致命的。

而施其樂直接指出：

---

69 *Sunday Morning*, January 18th, 1863.

70 *The Hong Kong Government Gazette* (February 15th, 1868). See also *Government Blue Book 1867*, pp.291 ff.; Education Report published by command of the Acting Colonial Secretary, Smith, Cecil C. (February 14th, 1868); Report signed by Frederick Stewart (dated January 22nd, 1868).

The new school was called the Diocesan Female Training Institute, and the girls were given instruction in English. This, however, was found to be a mistake, as it made the young girls too attractive to that section of the male European community who were looking for local household companions with whom they could communicate in English. After several of the students had entered into such irregular positions, the language of instruction was largely confined to Chinese. [71]

> 新學校名為女仔館，取錄華籍女童，推行英文教育。但後來人們發現這是個錯誤，因為一部分歐籍男性打算在當地尋找可用英文溝通的伴侶，而這群年輕女孩正是他們理想中的對象。好幾位畢業生開始了不光彩的生活。此後，學校主要推行中文教育。

這個事件，不單揭露女仔館的辦學宗旨對當時社會帶來的問題，更再次暴露女仔館本身的管理問題。蓋伊頓經此一劫，精神大受打擊，即時申請休假。根據女教會 1865 年 1 月 18 日的會議紀錄，伊頓於 1865 年 10 月 30 日來函，謂其精神尚未恢復正常狀態，難以主持校務，遑論完成五年合約；故此，她只好請求在該函發出後半年之內辭職。對於伊頓的要求，女教會表示答允。[72] 再觀費瑟士東校史所節錄女仔館 1864 年 12 月 8 日的會議紀錄：

71　Smith, Carl T., *Chinese Christians: Elites, Middlemen, and the Church in Hong Kong*, p.207.

72　Entry 4463 (dated January 18th, 1866), the Minute of the Committee of the FES.

Miss Eaton, having previous to this meeting been attacked by Chinamen on her way to the School, and having written a note to the Secretary begging that her holiday might at once be given and saying that she could not remain longer at the School, this meeting was called to consider whether Miss Eaton's holidays should be given and what should be arranged for the protection of the School. It was agreed that Miss Eaton should be granted her holiday at once, she being so unwell from the effects of the late fright; but that the girls should not go away at present. Miss Baxter, promised to send Mrs. Ainsworth from her School for the present. A letter was written to the Governor begging from him protection for the School. It was agreed to subscribe a sum of money to be presented from the Committee to Miss Eaton's Chair-bearers for good behaviour on the night of the attack. [73]

> 本次會議召開前不久，伊頓女士因在回校途中遭華人襲擊，以便條與本會秘書聯繫，請求立刻准許休假，且聲言無法繼續留在學校。本次會議之召開，乃為斟酌是否准許伊頓女士的休假，以及採取何等措施以保護校園。伊頓女士因近期受到驚嚇而產生頗為不適的反應，會議決定立刻准假。但女學童現時不得離去。畢士泰女士答允派遣彼校之恩時華夫夫人加以協助。董事會同意向伊頓女士的轎伕們致贈一筆現金，以表揚其在遇襲當晚的懿行。

---

[73] Extracts from the Minute Books of the Local Committee (dated December 8th, 1864), Featherstone, W. T., *The History and Records of DBSO*, p.101.

然而家長此時人心惶惶，紛紛要求接回女兒，於是伊頓順勢宣佈解散學生。婦委會不滿伊頓此舉，在未徵得女教會的同意之下，就貿然通過決議解僱伊頓。[74] 遠在倫敦的女教會在得悉事情原委之後，固然對婦委會甚為不滿，致函嚴辭譴責。[75] 而香港的西人社群早就此事議論紛紛，甚至有贊助者認為婦委會處事不公正，聲言不再贊助女仔館（見 1864 年 12 月以後《孖剌西報》諸讀者來函）。[76] 婦委會最終在輿論壓力之下收回成命。[77]

1865 年 5 月 29 日，伊頓致函女教會，謂將與歐德理成婚，同時正式提出了辭職申請。1865 年 10 月 19 日女教會的會議紀錄記載：

> A letter was read from Miss Eaton, Hong Kong, dated May 29th [1865], giving notice of her engagement to be married to a missionary [Eitel] at that station, and stating that it is the intention of both of them that she shall complete her term of five years before the marriage shall take place. Resolved that Miss Eaton be assured that the Committee fully appreciate her honourable conduct in thus adhering to the terms of "Pledge", and desire for her every needed blessing in her future sphere. [78]

74　Featherstone, W. T., *The History and Records of DBSO*, pp.94-95. See also: Entry 4250 (dated February 9th, 1865), the Minute of the Committee of the FES.

75　Entry 4251 (dated February 9th, 1865), the Minute of the Committee of the FES.

76　*Hongkong Daily Press*, December 10th, 12th, 13th, 15th, 17th, 19th, 20th, 21st, 23rd, 1864.

77　Featherstone, W. T., *The History and Records of DBSO*, pp.94-95.

78　Entry 4374 (dated October 19th, 1865), the Minute of the Committee of the FES.

伊頓女士從香港來函，署日為（1865 年）5 月 29 日。信
中告知她已與彼所一位傳教士（歐德理）訂婚，且陳述兩
人皆認同女方先應完成五年合約，方才舉行婚禮。決議：
對於伊頓女士信守當初「誓諾」的高尚行為，會方表示
充分欣賞，也期望她在未來工作中得到所需要的一切祝
福。伊頓女士大可寬心。

稍後 1866 年 1 月 18 日女教會刊印的 *Female Missionary Intelligencer* 中也載錄了相關信息：

A letter was read from Miss Eaton, Hong Kong, requesting permission to resign her situation in the Diocesan Native Female Training School, at the end of six months from the date of her letter; as her nerves have not recovered the shock in the previous December, she is no longer equal to her duties, and requires rest and change before another hot season begins. [79]

伊頓女士從香港寄來信函，申請於信函落款日期後六個
月從女仔館辭職；由於她尚未從去年十二月的襲擊中完
全恢復，不再有能力履行自己的職責，因此要求在下一
個炎熱季節到來前辭職，安心休養。

至 1866 年 1 月 2 日，伊頓與歐德理在香港佑寧堂（Union

79 *Female Missionary Intelligencer* (March 1866), p.51. 按：伊頓之函當為 1865 年 10
月 30 日所發出者。

Church）正式成婚。[80]

當伊頓無法主持校政之際，女仔館的情形如何？當時在女仔館兼任聖經課教師的華倫牧師所言，可讓吾人窺見一斑：

> [I conducted the] Bible Lesson at the Diocesan Girls' School. For conversation I found there were only two girls who wished to be taught English and they were not at all anxious to do so. I think this shows that the Committee did right in excluding English from the Education of the Girls. [81]

> （我負責）在女仔館教授《聖經》課程。與學生們交流後，我發現僅有兩名女童願意學習英語，且她們對英語興趣索然。由此可見，校董會不再教授女童英文的決定是正確的。

由此可見，經過一連串騷動後，女仔館的校董會決定學生不得如以前那般接受英文教育，而學生自身似乎也了解到學習英文的「嚴重後果」，變得興趣索然。不過，對於風波後依然留在校內的女生，華倫對她們的宗教知識水平是滿意的：

> [I] Visited the Diocesan School. I had not prepared my usual lesson owing to the sickness of my teacher. I therefore asked the girls a few questions, and spoke to them for about half

---

80　*Hongkong Daily Press*, January 3rd, 1866.

81　Extracts from Reverend Warren's Journal (dated October 10th, 1865).

an hour on a few verses we have previously read together. I am on the whole much pleased with the Girls. [82]

> （我）前來女仔館。我的老師病了，所以我未能像往常一樣備課，於是便問了學生幾個問題，還圍繞之前一起讀過的幾則《聖經》句子跟她們聊了約半小時。總體而言，我對她們的宗教知識水平非常滿意。

由此可見，儘管如前引歐德理所言，1865 年所有離校的女生皆開始了不甚名譽的生活，但留校者的表現卻是女仔館的教育仍然行之有效的證據。

至於《德臣西報》1867 年 8 月 2 日的一則報導，更為經歷伊頓遇襲事件後依然留校之女生的品德提供了例證。這位女仔館女生的母親因大鬧學校而遭女仔館投訴，與校董華倫牧師對質法庭：

> An inspector of police wished to marry the girl, but would do so only on condition that the girl was perfectly willing to do so. But such was not the case; she would have none of the foreign policeman, and her father agreed with his daughter. The mother, however, would have her marry the foreigner, and in order to further her ideas, she made herself as disagreeable as possible at the school, and created a disturbance there. Having repeatedly threatened to remove her daughter, and the holidays being now at hand, the rev. gentleman [Rev. Warren] wished the

---

82　Extracts from Reverend Warren's Journal (dated October 3rd, 1865).

Magistrate to prevent any force whatever being used towards the girl. [83]

> 一位警官想迎娶這位女生，但前提是女生要自願。可惜
> 事與願違；女生不願嫁給任何一位外籍警官，她的父
> 親也同意這一觀點，但她的母親卻打算把她嫁給這位警
> 官。為達成這一目的，她跑去學校大鬧了一番。由於母
> 親不斷威脅要從學校接回女兒，加之假期已近在眉睫，
> 校董先生（華倫牧師）希望法官能制止任何企圖干擾女生
> 的力量。

據報導，女生是三年多以前由其父送入女仔館，而其母自稱
為貧苦人家。外籍警官雖然求婚，先決條件是女生要自願。
但女生與其父皆不答應（可見警官乃自行向父母提親，與女
生並無感情基礎），其母卻非常熱衷，見事不成，竟然大鬧
學校。法官指出，儘管母親不斷威脅要從學校接回女兒，着
其成婚，但她卻沒有如此權力：當初送女兒入學的是父親，
也只有父親能接走女兒。況且女兒年紀尚輕，又熱愛學校生
活；為人母者不應強迫女兒結婚，更不應騷擾學校。其母最
後接受判決，風波才告平息。

　　筆者以為這一家三口的態度，皆具有典型性：報導稱女
生為 "intelligent-looking"，她對女仔館的辦學宗旨，以及如
何規劃自己的生涯應該頗有成竹在胸。她不接受求婚，除了
沒有感情基礎，大概還因為親睹伊頓遇襲事件，知道華洋通

83　*The China Mail*, August 2nd, 1867.

婚會引發社會的不良觀感，因此斷然拒絕。其父雖然窮困，卻也擔心女兒嫁給洋人後招致污名，有辱門楣，故而支持女兒的決定。其母則認為女兒嫁給洋警官，不僅可能得到一筆可觀的禮金，洋女婿甚或可對岳父母有所扶持幫助，故而非常熱心。可以說，女生父母分別展示出當時香港傳統華人社會對於女性涉外婚配的兩種態度：其父送女兒入讀女仔館，或許真的希望藉此改變女兒的命運，或許只是貪圖女仔館提供的福利，分擔自身的經濟負擔，不得而知，但對於家族名聲依然重視，毋庸置疑。其母則深受貧困之苦，希望促成這段婚事來改善整個家庭的景況。但她視女兒為貨物，一旦女兒不肯就範便要鬧個魚死網破，如此行徑實在令人齒冷心寒。當然，兩夫妻的態度只是中國傳統宗法觀念的一體兩面。相比之下，這名女生自尊自愛的態度，更是令人敬重。吾人從這起事件一方面可看出女仔館的教育並非如社會觀感那般一無是處，另一方面也可讓人推想女仔館那些惹人詬病的華籍女生及其家長對於學校的教育模式存有怎樣的心態。

伊頓下嫁歐德理後，兩人雙雙前往廣東博羅（今惠州），伊頓策劃為當地貧苦客家女孩創立一所學校。1869 年出版的女教會年度報告中，引述了伊頓關於博羅工作的一番言論：

> My object is not to teach them much. I must not unfit them for their position. I shall especially set myself to teaching them the Word of God. They must read it, learn verses by heart, and have it clearly and simply explained to them. I shall have them taught to sing hymns, to make and wash their clothes, and send

them home, and I hope them to take as many more. [84]

> 我的目的並非要教她們太多。我一定不能令她們不安於
> 位。我要特別注重於向她們傳授上帝的道。他們必須閱
> 讀，認真學習經文，並得到清楚、簡單的講解。我要教
> 他們唱聖詩，浣洗衣物，然後送他們回家，我希望她們
> 〔在這方面〕多學些。

這番言論雖是就博羅女校而發，卻也顯露出事過境遷後，伊
頓對於自己當年付出如此心力的女仔館有怎樣的看法：教育
出身貧苦的女孩，當務之急是讓她們認識上帝，保持灑掃庭
除的清苦生活，而非「不安於位」，妄想連翩。至於歐德理
在創校通函中，説得更明白：

> The school is of course a boarding-school. It has been
> organized on the distinct principle, that no comforts shall be
> afforded, no habits fostered and nothing whatever taught that
> would lift the girls above their own social rank, and thereby unfit
> them for a happy and contented life amidst those menial labours
> in the fields and in their homes, which they will have to perform
> on their return into the bosom of their families. [85]

> 該學校當然是一所寄宿學校。它是根據獨特的原則組織

---

84 *35th Annual Report of the FES* (published January 1869).
85 Extract of a circular about a girls' school in Poklo set up by Rev. Eitel in October 1868. Archives of the Council for World Mission, China, South China, Incoming letters, Box 6, Folder 5, Jacket B.

> 而成的，即不提供任何舒適的設施，不養成任何習氣。
> 授課的內容，完全不是為了使女童們脫離自己的社會地
> 位；因而當她們回到家人的懷抱時，她們對於家中、田
> 野中的卑微勞作仍然會感到快樂滿足。

換言之，女孩因為就讀過西人開辦的學校而變得貪慕虛榮，
冀圖飛上高枝，厭棄自身的貧苦出身，乃是歐德理夫婦最不
欲見的。歐氏夫婦的如此觀念，顯然是有懲於女仔館的前車
之鑑。

第三章
女仔館後期
（1865－1868）

　　女仔館後期應由 1865 年算起，這幾年間包括教學在內的大部分工作皆由岳士列女士負責。某種意義上，岳士列掌校意味着畢士泰諸校（至少局部性地）與女仔館的合併嘗試，而混血女童隨岳士列進入女仔館，也為日後日字樓孤子院的創設埋下了伏筆。

　　在香港女子教育史上，1865 年是個動盪的年分。一方面，伊頓自遇襲後，身心狀態一直不佳，女仔館的行政工作無法有效展開，其後她更在年底前正式辭職。另一方面，畢士泰於 6 月 30 日去世，成為教育界一大損失。1865 年《香港索引》的女仔館一則，校董會名單後列出教師（Teacher）為伊頓 —— 因為全館只有伊頓一位教師，故也順理成章擔任校長。畢士泰女館校長（principal）為畢士泰，教師有岳士列和恩時華夫兩位。由於《香港索引》係該年到來之前便預先編好，自不可能卜知此年伊頓辭職、畢士泰去世，故其內容反映出 1864 年、也就是變故發生前的常態。至 1866年《索引》，女仔館已改名 "Diocesan Female and Industrial School"，其下除標出教師為岳士列外，別無其他內容。[1]1867 年《索引》重新列出校董會名單，標出舍監為蘭德爾（Ms. Rendle），教師為岳士列。[2] 再看費瑟士東校史的相關記載：1865 年任命蘭德爾為校長，岳士列為舍監；1867－68年，岳士列才兼任兩職。[3] 結合兩種材料可以推斷，1865 年底伊頓即將去職時，蘭德爾和岳士列一起負責女仔館事務。但不久，蘭德爾因與岳士列在工作上產生齟齬，於 1867 年11 月被勸退，[4] 岳士列此時方正式兼任女仔館的校長和舍監兩職。本章分別從岳士列掌校始末及學生情況兩方面，探討女仔館後期的歷史。

一、岳士列掌校

　　岳士列掌管女仔館，必須結合畢士泰之逝世來看。當時，華倫牧師也主持着一所華童女校。該校即畢士泰創辦的太平山華童女校，本來在畢士泰去世前數月才託付給華倫。畢士泰去世未幾，華倫便考慮過將該校與女仔館合併。[5] 不

1　*The Hong Kong Directory*, 1866, p.142.

2　*The Hong Kong Directory*, 1867, p.11.

3　Featherstone, W. T., *The History and Records of DBSO*, p.132.

4　同前註，p.97。

5　Reverend Warren's letter to Colonel Davies of the CMS (dated July 8th, 1865). CMS/C/CH/O90/7.

過，華倫的想法並未實現。1865 年 8 月 2 日，《孖剌西報》刊出由理雅各（J. Legge, 1815－1897）、華倫牧師和 R. S. Walker 三人署名的 "The Late Miss. Baxter"（已故畢士泰女士）一文，對於畢士泰的後事安排作了較詳細的陳述。關於女仔館方面，此文提到：

> As a temporary measure and pending communications from the Friends of Miss Baxter in England, it has been arranged through the kindness of the Committee and Trustees of the Diocesan Native Female Training School, that the Girls be received into the unoccupied portion of their Building under the care of Miss Oxlad, we guaranteeing to hold the institution free from all expenses attendant upon the arrangement. [6]

> 以下是與畢士泰女士在英友人初步通訊後的臨時措施：感謝女仔館董事會與受託人的善意安排，這些女生會安置在他們校舍空出的部分，由岳士列女士照料。我們保證該項安排帶來的所有費用都會免除。

再觀女教會第 32 期年度報告（1866 年 1 月刊印）指出：

> The lamented death of Miss Harriet Baxter, on June 30th, of fever, at Hong-Kong, has already been widely announced; ... Arrangements respecting the carrying on of Miss Baxter's various Schools and plans of usefulness are not yet completed. Some

---

6　"The Late Miss Baxter", *Hongkong Daily Press*, August 2nd, 1865.

of the children she loved and cared for have had to be sent back to their homes, at least for the present; and, during this state of uncertainty, the Committee of the Diocesan Native Female Training School have kindly permitted Miss Oxlad to occupy a wing of that building with the European and half-caste children under her care. Miss Eaton has continued in charge of the Diocesan Native Female Training School during the year. [7]

> 畢士泰女士因發燒於 6 月 30 日在香港去世。這則消息已廣泛傳播；……畢士泰女士去世後的諸多校務工作與計劃尚未完全安排妥當。她所喜愛和關心的孩子們中有一部分不得不被遣返回家，至少目前如此；在這充滿不確定性的時刻，女仔館校董會慷慨向岳士列借出一翼，用於照料歐裔和混血孤兒。這一年，女仔館繼續由伊頓女士執掌。

儘管畢士泰諸校遣返了不少學生，所幸岳士列繼任校長，又在伊頓離職前後兼任女仔館教職，整體情況方不致進一步惡化。報告指出，女仔館借出一翼讓岳士列照料歐籍和混血孤兒，這些孤兒自然是隨岳士列從畢士泰孤子院轉來的。根據女教會 1866 年 1 月 18 日的會議紀錄，畢士泰之姊 Nona Baxter 提出一個將女仔館和畢士泰孤子院合併的方案：

> Miss [Nona] Baxter mentioned that a proposal has been made to amalgamate the Diocesan School with the Orphan

---

7　*32nd Annual Report of the FES* (published January 1866).

跑馬地墳場的畢士泰墓（Chris Nelson 攝）

畢士泰墓的中文墓誌（Chris Nelson 攝）

School of her late sister, full particular of which will be laid before the Committee. [8]

（Nona）畢士泰女士提議將女仔館和已故妹妹的孤子院合併，具體合併方案將提交校董會。

8　　Entry 4463 (dated January 18th, 1866), the Minute of the Committee of the FES.

而岳士列兼任女仔館和畢士泰諸校的安排，正是這個方案付諸實行的印證——儘管當時女仔館名義上的主政者是蘭德爾女士。Nona Baxter 這個方案，大概仍源自其父 Robert：他作為女教會的主要贊助者之一，對於亡女苦心經營的幾所學校，不忍置之不理。由於女仔館和畢士泰諸校的變更出於突然，女教會大概無法臨時安排人手前往香港協助，因此只能請岳士列身兼兩職。誠如招璞君教授所言，女教會僅在會督或華差會其他傳教士的邀請下，才向香港提供女性教師。女仔館隸屬於維多利亞教區，其營運牽涉到會督和女教會之外，還包括了香港本地的歐籍會眾——亦即負責捐款的富商、殖民地官員和他們的妻室。由於女仔館並不屬於女教會所有，因此岳士列不僅有「寄人籬下」之感，還處身於雙重上司的境況：一邊是香港的校董會，另一邊是倫敦的女教會。因為在女仔館所做的工作，前者會予她以報酬；但她基本上是在後者的支持下，來運作畢士泰諸校。也就是說在這一棟校舍中，岳士列有兩個上司、兩份工作。如果學校無法合併，這種蠟燭兩頭燒的情況是不可能維持太久的。

然而，畢士泰孤子院和女仔館的教學理念、學生性質方面，皆頗有不同。女仔館一開始僅向中上階層的華籍女生講授英文，不久便取錄貧苦華籍女生；伊頓遇襲事件影響下，更以中文取代英文成為授課語言。費瑟士東校史所節錄女仔館 1865 年 7 月 19 日的會議紀錄，即謂英文不再是必修科。[9]這對於當初的創辦宗旨，顯然已頗有背離。而根據華倫牧師

9　Extracts from the Minute Books of the Local Committee (dated July 19th, 1865), Featherstone, W. T., *The History and Records of DBSO*, p.85.

的記載，他在 1865 年 5 月 9 日在女仔館講授《聖經》，授課語言即為中文：

> This afternoon I went for the first time to conduct a Bible Class in Chinese at the Diocesan School. I had previously well studied my lesson and thought my knowledge of the language might almost be called an utter ignorance of it but God enabled me to speak to as to be understood. [10]

> 今天下午，我第一次在女仔館用中文講授《聖經》。在此之前，我花了不少時間備課。我認為我的中文知識幾乎為零，但上帝賦予了我用中文授課且讓學生聽懂的能力。

從華倫花費不少時間備課的情況可以推測，他前此應該極少以中文授課。這從側面呈現了女仔館轉換授課語言的事實。華倫在當年除夕的信中又寫到：

> The Committee [of the DNFTS] has been enlarged so as to include gentlemen and the basis of the pupils has been widened so as to admit foreign and half-caste children. English is no longer a part of their Education given to the Chinese Girls and the school is to made decidedly industrial. We have our fears as to the good belief to be accomplished by this new scheme in that department in which we feel a special interest but we will hope

---

10 Extracts from Reverend Warren's Journal (dated May 9th, 1865).

for the best and patiently wait to see the results. [11]

> （女仔館）校董會規模擴張，新加入了幾位男性成員。招
> 生對象也有所放寬，納入了外籍和混血女童。學校不再
> 對華籍女童講授英文，且教學方針轉為「勤懇性」。我們
> 對這幾個大變動能否達成我們想要的效果感到擔憂，但
> 我們也期待一切都會朝好的方向發展。讓我們一起耐心
> 等待最終的結果吧。

這封信較全面地記載了女仔館的三個大變動：其一，參照
費瑟士東校史記載，校董會名單自 1865 年起的確出現了
不止一位男士，可見女仔館步入後期時，校董會已不能再
由婦委會理所當然地掌控。其二，學校在華籍女生以外納
入外籍和混血女童，這些兒童顯然就是岳士列帶來的孤
兒。換言之，孤兒們不僅是暫住，而是正式成為女仔館的
學生（Rickomartz 姊妹和約亞拿皆在其列）。這也為 1869
年改建日字樓孤子院提供了先例。其三，女仔館不再對華
籍女生講授英文，前文已詳論，不贅。至於所謂「勤懇性」
（industrial），其實早在 1864 年 5 月號的 *Female Missionary
Intelligencer* 中已經提及（再查對），但此時不僅在教育方針中
強調，更增入了校名：參照 1866 及 1868 年出版的《香港索
引》，女仔館的英文名稱改為了 "Diocesan Female Training
and Industrial School"，[12] 推想改名時間當在 1865 年下半

11　Rev. Warren's Annual letter (dated December 31st, 1865).

12　按：1867 及 1869 年《索引》則作 Diocesan Female School。

ST. PAUL'S COLLEGE.
聖保羅書院
Shing-Po-lo-Shu-yun.
Warden—The Bishop of Victoria, (vacant)
Acting Warden—Rev. C. F. Warren, church missionary
English Head Master—(vacant)

DIOCESAN FEMALE TRAINING
& INDUSTRIAL SCHOOLS.
BONHAM ROAD.
女仔館
Nu-tsai-coon
Teacher—Miss Oxlad

DIOCESAN FEMALE SCHOOL.
女書館 Nui-shu-koon
(FOR ENGLISH, CHINESE, AND GIRLS OF A MIXED RACE.)
President—Lord Bishop of the Diocese
Committee—Rev. J. Wilson, ex-officio, Rev. C. F. Warren, C.M.S., W. Kane, M.D., Col. Lovell, R.E., E. Mellish, (Hon. Secretary), Mrs Masson, (Hon. Treasurer), Mrs Simpson, Mrs Warren, Miss Firth
Matron—Miss Randle
Teacher—Miss Oxlad

1866 年，女仔館英文名稱已改為 "Diocesan Female Training and Industrial School"。

1867 年，校名簡稱 "Diocesan Female School"，中文名稱為「女書館」。

年。所謂「勤懇學校」（industrial schools）出現於十九世紀中葉的英國，是一類針對貧困兒童的學校，旨在向他們傳授工作的價值，並提供職業培訓。1857 年，英國通過了《勤懇學校法》（The Industrial Schools Act）。此法使裁判司法官有權將 7 至 14 歲、無家可歸的兒童送入勤懇學校。1861 年，另一項法案通過，對有資格入讀勤懇學校的兒童作出了界定：

- Any child apparently under the age of fourteen found begging or receiving alms [money or goods given as charity to the poor].
- Any child apparently under the age of fourteen found wandering and not having any home or visible means of support, or in company of reputed thieves.
- Any child apparently under the age of twelve who, having committed an offence punishable by imprisonment or less.
- Any child under the age of fourteen whose parents declare

134

him to be beyond their control. [13]

- 明顯未滿十四歲，被發現在乞討或領取施捨〔捐給窮人的錢或商品〕的任何兒童。
- 明顯未滿十四歲，被發現在流浪，沒有任何家庭或可見的撫養條件，或與眾所周知的小偷在一起的任何兒童。
- 明顯未滿十二歲，犯過可判處監禁或更輕罪行的任何兒童。
- 未滿十四歲，父母宣稱無法控制的任何兒童。

儘管香港的情況與英國本土有所不同，但更名「勤懇學校」，顯然對 1860 年的創校宗旨有所調整。招璞君教授認為，此處的變化是指從中上階層的「年輕女士寄宿學校」（柯爾福會督演講用語）轉變為更實用的「職業學校」，如畢士泰諸校的女童般學習認字、針黹，並接受宗教教育。至於移除 "native" 一詞則表示學生不復僅為本土華籍。這在華倫 1866 年 3 月 30 日的信中可得到印證：

As being on this spot you will allow me to tell you in a few words the present problems [??] of the Diocesan Female School. It was as you are well aware originally intended for Chinese girls. The institution failing to produce the results that were looked

---

13 Duckworth, Jeannie, *Fagin's Children: Criminal Children in Victorian England* (London: Bloomsbury Publishing, 2002), p.219. 參 "Hidden Lives Revealed: A Virtual Archive- Children in Care 1881-1981", https://www.hiddenlives.org.uk/articles/raggedschool.html.（2020 年 12 月 1 日瀏覽）

for, probably from mismanagement a[nd] the want of a proper person as head of the establishment, it was deemed advisable to enlarge the goal of the school so as to admit English Children and those of a mixed race. This was done at the beginning of the present year. The Diocesan School building is formed of two wings which are joined at the south end of the Teachers quarters thus forming altogether three sides of a square. On one side it is proposed to place the Chinese Girls and on the other the English and the half castes. When the Matron and English Teacher have the quarters they need at the south end of the building there is not I believe a single room to spare. [14]

> 當此之際，請容我用幾句話將女仔館的當前問題相告。如您所知，該校最初是為華籍女童開設的。這所機構未能達到預期效果，可能是由於管理不善、缺乏適當人選主持大局。因此擴大學校的目標，接納英裔和混血兒童是可以施行的。此舉是在今年年初完成的。女仔館的樓舍由兩翼組成，兩翼在南端的教師區相連，從而形成正方形的三邊。建議之下，一邊安置華籍女生，另一邊安置英裔和混血女生。當女舍監和英語教師在樓舍南端安排了所需宿舍後，我相信再沒有一個閒置的房間。

可見混血女童遷入女仔館的時間，是在 1866 年初，她們和華籍女生各佔一翼。如混血的 Rickomartz 姐妹隨岳士列入學，便是一例。再如比較年幼的約亞拿，血緣上雖為中國

---

14 Rev. Warren's letter to Mr. Venn. (dated March 30th, 1866).

人，卻係襁褓之際便由畢士泰在廣州贖得，[15] 因此從小西化。可以說，岳士列帶來的孤女們即使不是混血、歐裔，也是生活西化的華裔。至於華倫在除夕信件的行文中對如此變動審慎樂觀 —— 相對於他本人合併兩所華童女校的建議，的確不無理由：首先，歐籍和混血女生年齡較小，教學語言為英文。華籍女生年齡較大，教學語言為中文。也就是說，同一屋簷下實際上開辦了兩所頗為不同的學校。不過，這無疑對原本就人手緊絀的行政運作造成更大壓力。再者，歐籍和混血女生畢業後或可投入英人主導的工商界，但華籍女生的就業情況便頗堪憂慮了。而畢士泰家族將女仔館與畢士泰華童女校合併的方案未能實行，殆是女仔館終告結業的主因之一。[16] 據女仔館校董會 1866 年 9 月 3 日的會議紀錄，岳士列不得兼顧女仔館以外的傳教事務。[17] 縱然如此，岳士列依然夙興夜寐。此時該校財政情況依然急轉直下，政出多門，蘭德爾甚至被勸諭辭職，將一切事務交給岳士列，以紓緩財政困難。[18] 實際上，岳士列作為蘭德爾的下屬，在工作上受到不少掣肘，也導致不快。[19] 這也是校董會向蘭德爾勸退的另一原因。

前此 1864 年，施美夫離港返英，次年辭任會督。至 1867 年，柯爾福接任。對於岳士列主持女仔館，柯督是頗為支持的。據女教會當年 3 月 21 日的會議紀錄云：

---

15 *Female Missionary Intelligencer* (1874), pp.82-84.

16 Entry 4575 in the Minute of the Committee of the FES (dated June 14th, 1866).

17 Featherstone, W. T., *The History and Records of DBSO*, p.95.

18 同前註，p.97。

19 Entry 5315 (dated July 14th, 1870), the Minute of the Committee of the FES.

柯爾福

Reported that the Bishop of Victoria has enquired what the Committee intend to do with regard to Hong Kong. Feeling the great importance of another Agent being sent thither without delay, in order that the work of female education may be extended at that station, and also that the School may continue to be efficiently carried on when Miss Oxlad takes the change and rest which she so urgently requires, he is willing to take a share of the expense of sending one out, if it be not in the power of the Committee to bear the whole. [20]

關於維多利亞教區會督向本會發出處理香港事務請求的報告。他認為刻不容緩的要務,是向那裡派遣另一名幹事,使彼處之女性教育得以擴展;在岳士列女士獲得亟需的替工和休養時,女仔館能繼續有效運作。如果女教

---

[20]　Entry 4697 (dated March 21st, 1867), the Minute of the Committee of the FES.

┃ 會無力全額負責派遣幹事的費用，他願意承擔一部分。

然而從目前的資料看來，岳士列顯然沒有得到替工，但工作
仍在繼續。如前所言，此時華籍女童已經不得學習英文，但
基督教育卻並未停止。根據華倫牧師的信件，1867年復活
節，有兩位分別十六歲和十五歲的女孩決志受洗，取名信德
（Sun Tak）和喜樂（Hi Lok）。與此同時，她們的針黹教師、
二十八歲的龐氏也同樣決志受洗，教名恩愛。[21] 龐氏是一位
纏足的華籍寡婦，知書達禮，夫家環境優渥。但丈夫後來因
太平天國之亂而死於外地，龐氏只得返回娘家。戰亂中，
龐氏來到香港，開班教授針黹，因與岳士列比鄰，故也負責
畢士泰學校的針黹課。她與岳士列一見如故，岳士列還透過
《聖經》和字典向她學習中文。岳士列職掌女仔館後，龐氏
也一起前來。[22] 可以說，岳士列與龐氏乃是亦師亦友。當年
下半年，柯督仍致函女教會，對岳士列在女仔館的工作表示
欣然認可（pleasing testimony）。[23]

　　然而，女仔館的財政營運始終捉襟見肘。迫於1867年
11月，校董會去信柯督求援，柯督卻謂無法提供即時援助。
校董會於是作出以下決定：

21　Reverend Warren's letter to Mr. Venn (dated May 10th, 1867). CMS/C/CH/O90/36.
　　按：此事也見於女仔館會議紀錄：Extracts from the Minute Books of the Local
　　Committee (dated June 3rd, 1867), Featherstone, W. T., *The History and Records of
　　DBSO*, p.96.

22　Oxlad, M. J., "A Daughter of Sinim", *Female Missionary Intelligencer* Vol.17-New
　　Series (1874), pp.3-6.

23　Entry 4833 in the Minute of the Committee of the FES (dated January 24th, 1868).
　　按：因郵遞需時，可知柯督此函乃1867年下半年所寄。

It was then resolved that the Chinese girls (orphans and destitutes excepted) should be forthwith dismissed, and that none should be admitted except upon payment of $3 per month. Arrears of payment for other girls to be collected. A bazaar to be organised as soon as possible. [24]

> 於是校董會決定遣返華籍女童（孤苦女童除外），除非她們每月繳付三元的學費。其餘女童拖欠的學費有待收齊。應該儘快組織一場義賣。

由此益見財政之窘況。值得注意的是，當時校方對於華籍女生的態度是只保留孤苦女生，家境較好者必須繳交每月三元的學費，否則遣送回家。如此雖是迫不得已之舉，但客觀上卻令女仔館更接近孤子院的性質，而與當初創辦宗旨相去更遠。在伊頓遇襲事件前後，女仔館在香港社會已經毀多於譽。岳士列在如此狀況下接棒，困窘不難想像。

1868 年 1 月 8 日，柯督在聖保羅書院召開了一次會議，專門討論女仔館的問題，以圖解決窘況。經過商議，會督決定直接掌管該校，並向社會發出募款呼籲。募款和學費共計港幣一千九百元左右，岳士列終此一年便以這筆微薄的經費繼續運作女仔館。[25] 長期的辛勞，令岳士列不堪負荷。女教會 1868 年 12 月 12 日的會議紀錄指出：岳士列眼見女仔館學生銳減，校政不見起色，對此校的未來頗感憂慮，於是

---

24 Featherstone, W. T., *The History and Records of DBSO*, p.97.
25 同前註，pp.97-98。

女教會決定讓她回英倫祖家小休。²⁶ 然岳士列事務紛雜，
仍未果行。至 1869 年 1 月 30 日，柯督公開發佈一份募款
通報，決定在女仔館原址另建一所學校，招收歐裔和其他族
群的孤兒，性別不拘，預計在九月份正式開幕。²⁷ 三天後的
2 月 2 日，柯督在聖約翰座堂發表名為 "China and Japan: a
Charge" 的演講，更為詳細地談到女仔館的境況：

> THE FEMALE DIOCESAN SCHOOL, has, I regret to
> say, proved an almost total failure in reference to the Chinese
> Girls. When, with the advice of the leading Gentlemen in the
> Colony and those most interested in its welfare, I took the
> School last February under my exclusive superintendence, I
> found it seriously in debt and in much disfavor. I regarded its
> resuscitation as an Anglo-Chinese School for Native Girls as
> neither possible nor desirable. *Impossible*, because while the
> Colony kindly subscribed $331 to defray the debt, it was plainly
> intimated, subscriptions would not be forthcoming to support
> the Chinese School for future; And *undesirable*, because
> English-speaking Chinese girls are placed under circumstances of
> peculiar temptation, from which it is impossible to shield them in
> a Colony like Hongkong. The education of Chinese girls must be
> conducted in Vernacular *Day* Schools, and not on the principles
> of a Young Ladies' Boarding School. The Chinese Department

26　Entry 5007 (dated December 10th, 1868), the Minute of the Committee of the FES.

27　Appeal for subscription regarding the establishment of an orphanage for destitute
European and other children in Hong Kong, Bishop Alford, 1869.

was closed early last Summer. The Half-caste or European School has been continued with satisfactory results: but unless a more reliable income be provided, its permanence must be doubtful. I am desirous that the present excellent School Buildings should be converted into an Orphanage for English or Half-caste or other destitute children, of whom so many are to be found, under very painful circumstances, not only in Hongkong, but in the open Ports of China and Japan. [...] I hope such a School, in which both English and Chinese would naturally be spoken, may (as has already been the result in the case of two orphan girls educated in the Female Diocesan School) become a nursery for future teachers in the Chinese Vernacular Schools of Hongkong. [28]

我很遺憾地說，女仔館對華籍女童而言幾乎是徹頭徹尾的失敗。基於當地官紳及關心本地發展之人的建議，我於去年二月全權接管該校。當時我便認識到學校深陷債務，且校政不見起色。在我看來，該校若繼續作為一所面向本地女童的中英雙語學校，是既不可能又不被看好的。之所以不可能，是因為儘管向社會募集了331元來償還債務，但這筆款項完全是人們善意的施捨，之後不會再有捐款來支持中文部未來的運營。之所以不被看好，是因為說英語的華籍女童會面臨許多奇奇怪怪的誘惑，而這些誘惑在像香港這樣的殖民地是無法避免的。面向華籍女童的教育必須在中文日校，而非在一所女子寄宿學校完成。中文部已於去年夏天關閉。混血或歐裔

28　Alford, Bishop C. R., *China and Japan: a Charge*, pp.56-57.

> 部繼續運行，成果令人滿意：但倘若沒有可靠的收入來
> 源，該部門的長期存續必然存疑。我認為現有校舍應改
> 建為一所面向歐裔、混血或其他孤兒的孤子院。這樣的
> 孩子有很多，生活環境非常艱苦，且不僅是在香港，在
> 中國和日本的開放口岸都能找到。〔……〕我希望這樣一
> 所中英雙語學校能為香港的本地中文學校培養出未來的
> 教師（兩位在女仔館接受教育的孤女就是很好的例子）。

柯督指出女仔館中文部已於 1868 年夏天關閉，可知該校剩
餘的本地華籍女生全被解散回家。剩下的皆為歐籍和混血孤
女，她們也成為 1869 年新校的基本學生。換個角度來看，
1868 年夏天以後，女仔館隨着華籍女生的全部離校而徹底
變成了另一所畢士泰孤子院。易言之，柯督認為女仔館動盪
局面的肇因乃是華籍女生學習英文，這就從根本上否定了女
仔館 1860 年創立的初衷。而對於岳士列的教育方式，柯督
則是稱許的。他在講稿中特別提到曾在女仔館接受教育、後
來任教畢士泰諸校的兩個孤女 —— 當即 Rickomartz 姊妹。
稍後柯督與女教會的 Ms. Webb 面談時，一樣對岳士列作為
傳教士和教師的工作表示高度認可。他還指出，由於岳士列
的語言能力，令她處理本土工作時游刃有餘。他甚至希望在
香港各地開設中文女校時，主持各校的年輕女教師皆由岳
士列來教育培訓。[29] 不過就女仔館而言，柯督希望將它改建
為兼收男女的孤子院，由一位神職人員及其妻室主持。在

---

[29]　Entry 5141 (dated July 30th, 1869), the Minute of the Committee of the FES.

Scene in the Hong Kong Diocesan Female School.

岳士列與女仔館英文部的 Rickomartz 姊妹及約亞拿
（前排側倚之幼女）一起

此人覓得妻室之前，岳士列仍可留下來主持女生部。[30] 柯督
當時似乎已屬意一位單身的神職人員擔任日字樓孤子院的
校長，但最終決定卻不相同：來自英軍兵房學校（Garrison
School）的雅瑟被委任為校長。同年 3 月，柯督已請求岳士
列在新校校長夫婦在 8 月到任前，仍然負責看守校園。[31] 是
年底，岳士列方才返英休假。1870 年，新校命名為日字樓
孤子院（Diocesan Home and Orphanage）。[32] 岳士列回港後，
重新執掌的畢士泰諸校仍舊招收華籍女童為走讀生。

30　Entry 5142 (dated July 30th, 1869), the Minute of the Committee of the FES.

31　Entry 5082 (dated May 20th, 1869), the Minute of the Committee of the FES.

32　Featherstone, W. T., *The History and Records of DBSO*, p.99.

後來岳士列更於 1876 年赴日本繼續教育工作，1900 年代才退休返英。

二、女仔館後期的學生

女仔館的成立之初，正值第二次鴉片戰爭（1856－1860）剛剛結束不久，香港華人社會對英國多少存有敵意。加上稍有家底的華人，開明如梁呂底亞之父者極少，這些家長甚至不願兒子學習英文，遑論女兒。因此，女仔館在伊頓時期就已不得不降低收生門檻了。不難想像，不少窮困家庭願意把女兒送到女仔館，並非對西洋文化、基督宗教有覺悟，可能僅因家貧無法養活女兒，視女仔館為善堂而已。因此，這些清貧背景學生的生涯不僅難如校方之願，更逐漸引發醜聞。不過根據所見資料可知，岳士列掌校後，類似醜聞好像未再發生。如前文所言，無論是受洗的信德、喜樂，還是那位拒絕洋人警官求婚的女生，基本上都並無可議之處。唯一值得注意的是，據華倫牧師 1866 年的記載，本欲與信德、喜樂一同受洗的還有一位華籍女生。[33] 華倫點出了這名女生後來並未受洗的原因：

> Today I went to the Diocesan School to see the candidate[s] for baptism now reduced to three – The parents of one girl having broken off her matrimonial engagement with a Christian and taken her away from the School. I am sorry for this as she

---

33　Extracts from Rev. Warren's Journal (dated July 17th, 1866).

表一：1871 年日字樓孤子院高年級女生上課時間表

Girls (Grown)

	From 6 to 7.30am	From 8 to 8.30am	From 9am to 12.30pm	From 1 to 1.30pm	From 2 to 4pm	From 4 to 5.30pm	From 5 to 6.30pm	From 6.30 to 7pm	From 7 to 9pm	From 9 to 10pm	Remarks
Sun.	--	Breakfast	Church	Dinner	--	--	--	--	--	--	
Mon.	Assisting to dress the younger ones and arranging their rooms	Do.	English School	Do.	Preparing Evening Lessons	Leisure Time O	R Walking Out	Tea	Prayers And Evening Lessons	Optional Reading	The younger girls have the same as younger boys with the exception of Tuesday and Thursday afternoons when the attend Mrs. Arthur's sewing Class.
Tue.	Do.	Do.	Do.	Do.	Needlework	Religious Instruction By Rev. J. Piper	--	Do.	Do.	Do.	
Wed.	Do.	Do.	Do.	Do.	Preparing Evening Lessons	Leisure Time O	R Walking Out	Do.	Do.	Do.	
Thu.	Do.	Do.	Do.	Do.	Needlework	Leisure Time O	R Walking Out	Do.	Do.	Do.	
Fri.	Do.	Do.	Do.	Do.	Preparing Evening Lessons	Religious Instruction By Rev. J. Piper	--	Do.	Do.	Do.	
Sat.	--	Do.	--	Do.	*HOLIDAY*			--	Mending Clothes	--	

18th May, 1871.

(Signed) W. M. B. Arthur,
Supt., D. H. & O.

was a promising girl, and will thus be taken back to a home where I fear evil influences predominate, as I arrived rather late at the School. [34]

> 今天，我去了女仔館，看到等待受洗者現在減到了三位。有個女生的父母撕毀了她與一個基督徒的婚約，把她從學校帶走了。對此我感到很遺憾：由於我較晚抵達學校，這個很有前途的女生就被帶回了一個邪惡影響主導的家庭。

撇除華倫的價值判斷，可見當時仍有一些華籍家長不贊成女兒受洗。如此情況，一來蓋源自當時華人對英國的牴觸情緒，二來也可能是受早前醜聞所波及。

另一方面，1866 年初增設的女仔館英文部，對後來的影響更大。如前文所言，1869 年創立的日字樓孤子院之女生部是岳士列時期女仔館英文部的延續，那麼根據費瑟士東校史所保存 1871 年的「年長女童」課程時間表，我們或可窺知女仔館後期英文部（混血女生部）的授課情況（見表一）。

這些女生的課程主要包括英文、宗教和針黹三門，至於祈禱、補衣、協助年幼女生等，皆可謂實踐所學。

女仔館後期的英文部女生（以及日字樓孤子院時期的女生），可以用兩點進行歸納：第一為「非華籍」—— 亦即在血緣上屬於混血或歐裔，第二為「非華化」—— 亦即未受

34　Extracts from Rev. Warren's Journal (dated July 24th, 1866).

中國文化太深影響。茲舉數例以見之。如女仔館 1866 年會議紀錄云有一位英軍的兩個孩子將入讀該校，學費每月港幣 6 元，由家長負責 2 元，威爾遜牧師（Rev. W. Wilson）從捐獻款中挪取 4 元。又擔任某部門監工的 Mr. Pretitull 的兩個女兒也入讀該校，每月學費 8 元。後來，由於軍人的上司反對挪用捐獻款，以致兩個孩子無法入讀。[35] 可見女仔館後期可招收英籍兒童，且不限於孤兒。再如分別名為 Louisa 和 Bessie 的 Rickomartz 姊妹，前文所引施夫人 1862 年的信件，指出她們當時就讀於女仔館。女仔館此際以招收華籍女生為宗旨，Rickomartz 姊妹也在校內，當為權宜之計。根據招璞君的細密考證，其父為早期信奉基督教的日本人，母親 Henrietta 來自英國，兩夫婦於 1860 年雙雙病故。成為孤女的小姐妹被迫分離，輾轉由幾位婦女收養。其後，畢士泰讓她們入讀自己開辦的學校。畢士泰於 1865 年去世，諸校由岳士列接管。此時女仔館也陷入混亂，岳士列兼掌女仔館，Rickomartz 姐妹也隨之轉校。當時，Bessie 幾乎取代了已離校的梁呂底亞的地位，協助教會工作，照料生病學妹，並主動參與主日學。1868 年女仔館結業，岳士列離職。Bessie 留在於原址另外設立的日字樓孤子院，成為助理教師。Louisa 則協助管理畢士泰諸校。大概在 1870 年代中期，Bessie 離開日字樓，先後在香港、法國和澳洲擔任育嬰堂保姆。1881 年，Bessie 向女教會申請，到大阪與岳士列會合，成為傳教士教師。可惜的是，她由於罹患肺病，未通過醫學

35　Extracts from the Minute Books of the Local Committee (dated July 2nd and August 6th, 1866), Featherstone, W. T., *The History and Records of DBSO*, p.95.

檢查，不能成行。1884 年，Bessie 在澳洲病逝。[36]

　　至於本名春梅的約亞拿，也是岳士列攜至女仔館的學生之一，一直接受來自西方的特殊資助（specific contributions）。[37] 她大約在 1862 年左右由畢士泰在廣州贖得，當時年僅四歲左右。畢士泰將她帶回香港，隨即讓她接受嬰兒洗禮。她被稱為 "little pet"（小寵物），[38] 可見因為年幼而被畢士泰、岳士列提攜捧負。正因如此，她在文化認同上較為西化，可以想見。1868 年，女仔館關閉，約亞拿並未留在新成立的日字樓孤子院，而是去了德國傳教士辦的巴陵女書院（German Foundling Institution），直至婚配的年齡。由於種種原因，她拒絕了兩三個求婚者。最後，有兩個來自加州的華人基督徒來到香港，他們一直尋找「基督徒妻室」而不得要領，恰好與德國人有過從，於是與約亞拿相識，其中一個向約亞拿求婚成功。另一位則娶了約亞拿在巴陵的同學。作為約亞拿的監護人，岳士列贊成了這段姻緣。[39] 約亞拿比較年幼，女仔館結束時尚未畢業。但她最後成為「基

36　Chiu, Patricia Pok-kwan, "A position of usefulness: gendering history of girls' education in colonial Hong Kong (1850s-1890s)", *History of Education: Journal of the History of Education Society*, 37:6 (2008), pp.797-798.

37　*31ˢᵗ Annual Report of the FES* (published January 1865).

38　*Female Missionary Intelligencer* (October 1865), pp.178-180. 又參 *Female Missionary Intelligencer* (February 1868), p.17.

39　按：以上主要參考 Introduction to Johanna's letter (translated by Miss Oxlad), *Female Missionary Intelligencer* (1874), pp.82-84. FMI 既云此信係由岳士列「翻譯」，或為 Johanna 以中文（甚或英文）起草，而由岳士列翻譯潤色。由於岳士列諳熟粵語，又是 Johanna 的監護人，平時與 Johanna 溝通可能雙語並用。但因 Johanna 的西化取向，她隨岳士列來到女仔館時，理應就讀英文部，而非原有華籍女童的中文部。

督徒妻室」的歸宿，與梁呂底亞的婚姻安排頗為相似——雖然家庭背景相差甚遠，這仍與施美夫夫人最初的策劃相呼應。

又如 1867 年 5 月 24 日，英軍發現一名女孩。據了解，她是在越南交趾（Cochin）一帶被誘拐轉賣，落入海盜之手。曾在第二次鴉片戰爭服役的英軍 *Janus* 號砲艦從海南附近大洲島（Tinhosa, 葡文本為不毛、禿鷲等義）外的海盜船上將她營救，把她送入女仔館，女孩被稱為 Tai-Hosa。[40] 考費瑟士東校史稱大洲島為 "Tinliosa, south of Stasnan"，兩字當為 "Tinhosa" 與 "Hainan" 的筆誤。且 Tai-Hosa 又作 Tai-Ho-Sa，音節之間全以連字號連接，很可能是 Tinhosa 一詞有意的華化拼寫。筆者以為這名孤女既已能自言身世，不可能沒有姓名——只是英軍營救後將她的原名隱去，以發現她的地點重新為她命名而已。1880 年，一位長期在西印度群島工作的華人林穩（Lam One）來到香港，希望覓得一位「基督徒妻室」。包爾騰會督（Bishop John Shaw Burdon, 1826－1907, 1874－1897 在任）得知，遂在聖保羅書院教堂為林穩與 Tai-Hosa 舉行了婚禮。[41]

Tai-Hosa 身世撲朔迷離，進入女仔館、日字樓孤子院後的記載也極為罕見，但吾人仍可作幾點推測：

第一，Tai-Hosa 為華裔：她幼年生活在越南交趾，後又下嫁華人林穩，且英軍之命名也刻意貼近漢語發音，估計仍是華裔血緣。

40　Featherstone, W. T., *The History and Records of DBSO*, p.96.

41　同前註。

第二、Tai-Hosa 在女仔館接受的是英文教育： 1865 年起，女仔館不再為華籍女生講授英文。Tai-Hosa 雖為華裔，但並非香港人，因此教育方式也與本地女生不同。

第三，Tai-Hosa 在孤子院時期繼續求學，接受的仍是英文教育： 1869 年，女仔館原址改建日字樓孤子院，收生方面在性別上沒有限制，但女生部並不收錄華籍女生，也不提供中文課。假設 1880 年 Tai-Hosa 成婚時年屆二十，則其被送入女仔館時年僅七歲、孤子院成立時亦止九歲。加上她無家可歸，繼續留在孤子院學習，理所當然。據記載，1869 年孤子院所收學生共 23 人，其中華裔女生 3 人，[42] Tai-Hosa 當在其列。

第四，Tai-Hosa 可能協助孤子院事務： Tai-hosa 成婚前當已在孤子院結業。其年齡視 1869 年後入學之女童為長，故畢業前後可能如 Bessie Rickomartz 般協助院務。Bessie 為日英混血，負笈女仔館時期當在英文部，故孤子院時期可協助英籍和混血女童之事務。而 Tai-Hosa 為華裔，負責華裔女童事務，順理成章。

進而言之，1879 年 5 月 31 日，孤子院決定不再招收女宿生。[43] 觀 Tai-Hosa 於 1880 年成婚，離校時間緊接不收女宿生的決定。筆者以為，她在孤子院的主要職務當為照料女宿生的起居。一旦孤子院不再招收女宿生，便無用武之地，只好離校另覓他就。

整體而言，女仔館後期的中文部大抵未再發生影響社會

42　Featherstone, W. T., *The History and Records of DBSO*, p.19.

43　同前註，p.103，p.30。

的負面事件，但也不復培養出如梁呂底亞或周尹氏一類的人物。相比之下，新開設的英文部反而更好地傳承了施美夫夫人創校時的理念。Rickomartz 姐妹、約亞拿和 Tai-Hosa 皆以孤女身份入讀英文部。這似乎說明在岳士列掌校之後，女仔館的辦學理念與收生對象已與初期頗有不同。然而，如此一所小型女子學校卻要分為課程設計全然不同的兩部，這就當時本已不足的教學、行政等資源而言，更是雪上加霜。加上社會對前此的負面事件記憶猶新，儘管岳士列對校務殫精竭慮，但願意繼續資助該校者越來越少，最終導致女仔館於 1868 年結業。正如柯爾福會督此時就女仔館的歷史總結道："The education of Chinese girls must be conducted in Vernacular *Day* Schools, and not on the principles of a Young Ladies' Boarding School."（面向華籍女童的教育必須在中文日校，而非在一所年輕女子寄宿學校完成。）[44] 這正是他在 1868 年關閉女仔館時會將華籍女生遣散，而留下混血女生、讓她們過渡到曰字樓孤子院的理由。

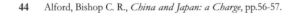

44　Alford, Bishop C. R., *China and Japan: a Charge*, pp.56-57.

結語

　　在短短九年中，女仔館的辦學宗旨、收錄對象、授課語言乃至校名都一再調整。其校政動盪之狀，不難想像。初開張時，收生以中上階層的華籍女生為目標，希望將之培養成女傳教士、教師和「基督徒妻室」。然而創辦未幾，便發現這類學生的人數並不多，故而降低門檻收錄低下階層者。可是，不同的家庭背景可能導致父母對女生有截然不同的期待。因此，既有篤信基督而成為傳教士之賢內助者、自尊自愛而不屈從母命下嫁洋人者，也有被父母賣身為妾者、乃至成為洋人外室者。岳士列掌校後，歐籍和混血女童加入女仔館，令學生背景更為複雜，教學與行政也更難在有限資源下順暢開展。加上社會觀感不佳，資金嚴重匱乏，女仔館的結業只是早晚之事。不過伊頓時期招收清貧女生雖然具有被動性，但也令女仔館的性質染上慈善色彩；而 1865 年底與畢士泰孤子院合併，孤子院和混血特徵更日趨濃厚。因此，柯督改建日字樓孤子院，收生以混血男女孤兒為主，在一定意義上可說是岳士列時期女仔館性質的延續和擴充，岳士列對於柯督的決定未加以反對，不為無因。

比較伊頓時期和岳士列時期的女仔館，不同之處除了學生種族和教學語言外，還需要注意的是教學方式：岳士列將歐籍、混血女生和華籍女生分開教育，雖有可能形成區別和隔膜，但在中西文化鴻溝不易逾越的時代，畢竟能收因材施教之效。而伊頓時期縱使只收華籍女生，但其背景和家長之用心卻各各不同。加上當時華籍女性地位低下，難以掌握自己的命運，能夠如 1867 年《德臣西報》報導的那位女生般奮力抗拒母親之無理取鬧者，畢竟非常罕見。而在家境貧寒的驅使下，因金錢和崇洋心態之誘惑而無法自持、淪落風塵，也不難想像。再觀這些負面新聞，多半出現於伊頓時期，似可視為這所新式教育機構在創辦早期的中西文化衝突中勉力嘗試而付出的代價。而此後的學生背景更為複雜，卻未聞類似報導，當歸功於岳士列等負責人的懲前之力。校方既有如此自我認知與定位，其教學當更能對症下藥。然而，可惜的是這並不能即時改變財政困境和社會觀感。

進而言之，新加坡聖瑪格烈中學的前身同樣為女教會所辦，卻未曾發生類似女仔館般的醜聞。筆者以為主因有二：戴兒夫人創辦此校的初衷便是拯濟孤女，其後格蘭特、辜蘇菲校長將此宗旨發揚光大；加上南洋之華裔及華馬混血孤女為數甚多，這也保障了生源和學校的永續經營。而女仔館創辦時僅着眼於中上層華籍女性，不久又因學生人數不足而降低門檻，但其教學方式顯然並非為清貧女生量身訂造。

這些清貧女生既然無法通過教育來提昇自己的素質，畢業後的去向自然堪憂。其二，新加坡當時作為馬來亞的一部分，遠在南洋，受中國影響較弱。英人在馬來亞殖民，與馬來民族通婚禁忌較少。如港督軒尼詩（Sir John Pope Hennessy, 1834−1891）的合法妻子 Catherine "Kitty" Elizabeth（née Low, 1850−1923）便是英馬混血兒 —— 如此結合在當時的香港是十分罕見的。[1] 似乎因為此類通婚情況在馬來亞未必算得上禁忌，故而辜蘇菲校長所培養的女生在日後的婚嫁中也不致淪為外室、引發爭議而備受批評。

　　令人深思的是，岳士列接掌女仔館後，雖然背負伊頓時期遺下的社會指責，以致財政吃緊，但學校幾乎沒有新的醜聞發生。招璞君教授認為，這正是隔離形式教育的功效，華籍女生接受中國文化教育，成為了賢妻良母。至於柯督一如其前任施督，對女性教育非常關注，卻仍將女仔館改建為男女合校的日字樓孤子院。柯督在演講中說道，他於 1868 年 2 月起直接主持女仔館，乃是受到本埠 "leading Gentlemen" 的勸說所致。查 1869 年日字樓孤子院的校董會名單，怡和洋行大班耆紫薇也在其中。[2] 這為我們提供了一個思考的面向。1878 年，當柯督的繼任人包爾騰會督提出將日字樓孤子院改為女仔館，並邀請女教會重新接管時，耆紫薇不僅極力反對，還要求將孤子院轉化為一所男校。[3] 如其所願，日

1　按：Kitty 之父為英國殖民官員休‧羅爵士（Sir Hugh Low, 1824-1905），母為 Catherine "Kate" Low（née Napier, 1829-1851）；而 "Kate" 為英國官員律勞卑（William John Napier, 1786-1834）與一位英馬混血女性之女。

2　Featherstone, W. T., *The History and Records of DBSO*, p.127.

3　同前註，p.102。

字樓孤子院最終變成了拔萃男書院。的確，耆紫薇站在商人的角度，認為女仔館的教育工作事倍功半。日字樓孤子院若能一面繼承後期女仔館的「勤懇性」宗旨，一面增加男生數量，這對工商實業界有百利而無一害。當然，柯督主持女仔館、改建日字樓孤子院的決定是否受到耆紫薇等人的影響，仍有待於新資料的發現。抑有進者，日字樓孤子院的成立，縱然結束了女仔館九年的動盪與喧騰，卻未能對治香港女子教育癥結。無論日字樓孤子院的男女合校（1869－1891），還是飛利女校、拔萃女書室的設立，都可視為解決這個棘手問題的嘗試。

作為香港第一所聖公會英文女校，女仔館的動盪與夭折顯示出早期香港社會女性教育面對的窘況，無論是在宗旨、願景、課程內容、教學方式、授課語言還是學生族屬等方面。姑勿論性質相近的聖瑪格烈女校，即使同在香港的一些同類學校，也可讓我們加以比對。如 1860 年成立的義大利修院學校（後改名嘉諾撒聖心中學），起初招收非華籍男女生，授課語言為英語和葡語。九年後，嘉諾撒又為清貧兒童設置孤子院，亦即今日嘉諾撒聖方濟各書院的肇始。天主教既非殖民政府的國教，又對於異族通婚採取較寬容的態度，因此當時天主教諸校畢業的華籍女童，前途似乎更為平順。

至於同為聖公會背景的畢士泰諸校，不同族屬、階層背景的女童被分派到不同學校，其日後生涯因此也得到規劃。毋庸置疑，畢士泰諸校也面臨類似困境，但卻從未達到女仔館的地步。換句話說，女仔館的關閉彰示了彼時女校最嚴重的後果。至於日字樓孤子院（1869－1891）的創設，多少可視作女仔館在岳士列階段孤兒教育的延續，但日字樓女生

（以混血居多）人數從一開始便少於男生，蓋因當時畢士泰諸校（以及後來的飛利女校）和一些天主教孤子院已成為從事清貧女童教育的主力。故此，混血女童縱然為數不多，但如何安頓仍成為聖公會和日字樓孤子院的一大問題。1890年代伊始，協恩中學的兩個前身 —— 維多利亞書室和飛利女校，納入了所有日字樓女生；但因兩校都是為華籍女童量身訂造，加上教育資源本來有限等客觀因素，此舉只算權宜之計。1900年成立拔萃女書室，才算是對這個問題的終極解決。

早期香港諸女校穩健發展之際，相繼出現的女仔館和日字樓孤子院在發展路徑上卻相對較多波折。筆者希望對女仔館歷史的探討，可對香港及周邊地區女性雙語教育的研究拾遺補闕。

中編

女仔館餘緒

香港早期女性教育的進程

引言

1869 年，在柯爾福會督主持下，在女仔館原址建立了日字樓孤子院（Diocesan Home and Orphanage），仍以歐裔和混血孤兒為主要招收對象；然該校更把招收的學生擴展至男生，故又名日字樓男女館。在當時社會習俗影響下，兩性的教育資源分配極不均衡。孤子院學生縱然男女皆有，卻並非現代意義上的男女合校（co-education）：在同一屋簷下，實行的是兩套教育模式，可謂離則雙美，合則兩傷。因此，校董們一直思考將該校變回單性（segregational）學校，不過意見分歧主要在於：教會背景者依然關注女性教育，希望變回女校；而工商背景者卻從成本與利益來考量，意圖將之轉化成男校。1878 年起，第二種意見佔了上風 —— 柯督繼任者包爾騰會督那年動議將日字樓變回女校，再度邀請女教會幹事主持教務，引起校董、怡和洋行大班耆紫薇的強烈反對。

從此，與耆紫薇關係密切的年輕人俾士接掌日字樓。1880年，該校不再允許女生寄宿，最後於 1892 年演變成男校。女仔館縱已結業，對日字樓孤子院的教育路線卻依然有所影響。因此，本編擬討論女仔館在後世影響之餘緒，以見香港早期女性教育崎嶇的進路。

第一章

日字樓
孤子院的肇端

1865 年後，女仔館有兩大改變：一則不再對華籍女生講授英文，二則兼收歐裔和混血女童。前者是對社會指責的回應，後者則為擴充生源並嘗試解決混血女童的尷尬處境。然而，這兩批女生的教育方式全然不同，實際是一校之下開設兩個分部。教育資源有待增加，而社會上資助卻日益減少，迫使女仔館於 1868 年先將華籍女生遣散，後更全面結業。[1] 1869 年 1 月 30 日，柯督發出一份呼籲函，開首即曰：

1　Alford, Bishop C.R., *China and Japan: A Charge, Delivered in the Cathedral Church of St. John, Victorica, Hong Kong, February 2nd, 1869*, Hong Kong: London: Noronha & Sons; Seeleys, 1869, pp.56-57.

It is represented that many Children of European and half-caste parentage are to be found living under very deplorable circumstances in Hongkong, China, and Japan; and it is urged as a duty to consider what can be done in their behalf. One of the objects of the Female Diocesan School in Hongkong is to "offer a permanent home for a limited number of Orphans and other Children in necessitous circumstances." The Education of Chinese Girls in Hongkong on Anglo-Chinese principles having been found undesirable, it is proposed to extend the benefits of the Education given in the Diocesan Female School to a few such Children *of both sexes* as has been described- reserving one wing for the Boys and the other for the Girls, and to give them, with board and lodging, an education which may fit them for useful services. [2]

在香港、中國，和日本，有許多歐裔和混血兒童生活在非常糟糕的環境中；應當思考可以為他們做些什麼。香港女仔館的一大目標是「為一小部分孤兒和其他窮苦兒童提供永久居所」。由於中英雙語教學不適合香港華籍女生，學校計劃擴充生源，兼收男女孤兒。校舍一翼安置男生，另一翼安置女生，提供食宿和適合他們的教育。

柯督明確指出，女仔館的結束，是因為雙語教學（實則問題主要在於英文）不適合華籍女生；因而利用現有資源策劃新

2 Appeal for subscription regarding the establishment of an orphanage for destitute European and other children in Hong Kong, Bishop Alford, 1869.

雅瑟夫婦留影（雅瑟家族藏品）

校，所收學生在性別、種族、家庭背景方面將與女仔館皆有
不同。且函中謂校舍一翼安置男生，另一翼安置女生，可見
新校乃是要分成男生部與女生部，並非男女合校。柯督此
函一出，不久便籌得一筆捐款。[3] 當年 9 月，日字樓孤子院
成立，以本地兵房學校教員雅瑟署理校長，其妻擔任女舍監
（Matron）。

　　新校招生的對象包括了英籍、混血及包括中國在內其
他國籍的適齡兒童，男女不拘。當然，這些學童整體來看還
是保持着女仔館後期英文部的兩個特徵：「非華籍」與「非華
化」。新校不僅為學生提供衣食住宿，更以英國國教教義為

3　Featherstone, W. T., *The Diocesan Boys School and Orphanage, Hong Kong: The
History and Records 1869-1929,* Hong Kong: Ye Olde Printerie Ltd, 1930, p19.
按：後簡稱 *The History and Records of DBSO*。

本，引導他們建立基督誠信和勤儉生活的觀念。1870 年 7 月，雅瑟夫婦正式獲得聘任，當時全校共有男女生 23 人。[4] 23 人中，男性 14 人，計有混血 12 人、華裔 2 人；女性 9 人，計有混血 6 人、華裔 3 人。[5] 並無歐裔學生，而混血兒比例明顯高於華裔。且這 5 名男女華童大約也未必來自本地，當如約亞拿、Tai-hosa 等華裔孤女一般，自幼濡染西方文化。因此撇開學生性別不談，孤子院的性質和學生背景與 1866 至 1868 年間女仔館的非華裔分部是有所沿襲的。但女仔館 1860 至 1865 年間畢竟以華籍女童為單一培訓對象，宗旨頗異，再加上創辦單位和人事編制頗為不同，故日字樓孤子院（及其後改名的拔萃男書院）仍將女仔館前後九年的歷史視作整體，稱為「第一建校期」，而以「第二建校期」或「現行建校期」自居。費瑟士東校史轉錄了 1871 年時高年級男生與女生的上課時間表。女生時間表可參上編第三章第二節，不贅。茲將男生時間表迻錄於下（表一）：[6]

　　與女生時間表相比，男生時間表一個顯著的差異是週一至週五下午多出了兩小時的中文課 —— 雖然與中央書院每天四小時的中文課相比，還是頗有差距。[7] 日字樓在 1871 年時，無論男女生都具有「非華籍」或「非華化」的特徵。但該校僅為男生開設中文科，蓋是為男生日後的就業作準備。1879 年後，開始在日校酌量取錄華籍男生；而女生部不僅

4　Featherstone, W. T., *The History and Records of DBSO*, p.1.

5　同前註，p.19。

6　同前註，p.122。

7　按：中央書院的相關資訊可參 Educational Report (1870)。

中編　女仔館餘緒

表一‧1871年日字樓孤子院高年級男生上課時間表

Boys (Grown)

	From 6 to 7.30am	From 8 to 8.30am	From 9am to 12.30pm	From 1 to 1.30pm	From 2 to 4pm	From 4 to 6.30pm	From 6.30 to 7pm	From 7 to 9pm	Remarks
Sun.	--	Breakfast	Cathedral	Dinner	Learning Scrip: Texts	Cathedral	Prayers	Texts, etc.	The younger boys have the same distribution up to 7 p.m. when they are sent to bed.
Mon.	Walking out, as an exercise for heath.	Do.	English School	Do.	Chinese School	Play, etc.	Tea	Preparing Lessons for Next day	
Tue.	Do.	Do.	Do.	Do.	Do.	Do.	Do.	Do.	
Wed.	Do.	Do.	Do.	Do.	Do.	Do.	Do.	Do.	
Thu.	Do.	Do.	Do.	Do.	Do.	Do.	Do.	Do.	
Fri.	Do.	Do.	Do.	Do.	Do.	Church Practice	Do.	Do.	
Sat.	--	Do.	--	Do.	HOLIDAY		Do.	--	

16th May, 1871

限於日校，且依然不錄取華籍女生，其規模很快被男生部超過，是不難想像的。茲再將女仔館及日字樓孤子院學生之性別、血緣、就讀方式、家境及教學語文之異同表列如下：

表二・女仔館與日字樓孤子院概況

	校名	年代	學生				教學語文
			性別	血緣	就讀方式	家境	
第一建校期	女仔館（FDS）	1860－1865	女	華籍	寄宿為主	中上／後不拘	中／英
		1865－1868	女	華籍		不拘	中
				歐／混／華裔		孤兒	英
第二建校期	日字樓孤子院（DHO）	1869－1878	男	歐／混／華裔	寄宿為主	不拘	中／英
			女	歐／混／華裔			英
		1879－1891	男	歐／混／華裔	寄宿為主	不拘	中／英
				華籍	日校	中上	
			女	歐／混／華裔	日校	不拘	英
	拔萃書室（DSO）	1892－1902	男	歐／混／華裔	寄宿為主	不拘	中／英
				華籍	日校為主		
	拔萃男書室（DBSO）	1902－1926	男	歐／混／華裔／華籍	不拘	不拘	中／英

＊ 表中將本地、內地華人稱為「華籍」，非華籍、非華化者稱為「華裔」。

由表二所列，不僅可見兩個「建校期」之間的沿革，也可了解各「建校期」內的巨變。筆者曾指出：「香港第一代混血兒多為非婚生，華化生活習慣令洋人不適，洋氣外貌特徵又讓華人側目，在社會上飽受歧視。他們的父親多數在約滿後返回原居地，另行婚配。母親被迫成為全家支柱，經濟匱乏者還要外出幫傭。此時，1869年成立的日字樓孤子院，給予了這些家庭一線轉機。混血兒童粵語流利不在話下，有的還讀過書塾，具有文言讀寫能力。因此，日字樓既讓混血兒童寄宿，又提供廉宜而高水準的英文教育，使他們成為中英兼善的人才，改變命運。十九世紀後期，混血群體逐漸成為香港經濟發展的生力軍。」[8] 不僅如此，孤子院這些學童還有廈門、臺灣、上海等外埠洋人的混血子女（無論婚生與否）。

　　港英政府為保持英人「血緣純正」，以及避免混血下一代傾側於有競爭性的中國文化，並不鼓勵華英通婚，因為這些混血兒童往往並非婚生，故而被視為墮落的象徵。在族群分類上，佔統治地位的英人仍把混血兒歸入華人。如 Peter Hall 記述長輩 Archibald Roberts（1891–1987）就讀中央書院（Central School, 即今皇仁書院）時："Until 1911, like the Chinese and other Eurasian students he had his hair tied up in a queue or Chinese 'pigtail'."（1911 年之前，他與華籍學生和其他混血學生一樣，把頭髮紮成一股中式長辮。）[9] 可知中央書院的混血男生仍被視為華人。而日字樓孤子院方面，早期的學生如陳啟明（1859–1919）、洪千（1871–1954）、施炳光（1872–1906）等混血兒入學時皆以中文姓名註冊，[10] 也得見一斑。直至 1893 年，羅旭龢（1880–1949）方以 Robert Kotewall 的英文姓名入學。[11] 再觀何崎姿（Irene Cheng, 一名何艾齡, 1904–2007）追憶其父何東爵士（Sir Robert Hotung, 1862–1956）對英文名字的採用：

8　　陳煒舜：〈男拔萃的混血校長們〉，《大公報》（2014.06.30.）。

9　　Hall, Peter, *In the Web*, Birkenhead: Appin Press, 2012, p.105.

10　　按：陳啟明註冊姓名為 Chan Kai-ming 而非 George Tyson，洪千註冊姓名為 Hung Atsin 而非 Henry Gittins，施炳光註冊姓名為 Shi Ping-kwong 而非 Andrew Zimmern。見 Featherstone, p.154.

11　　Featherstone, W. T., *The History and Records of DBSO*, p.160.

陳啟明

On June 3, 1915, Father was knighted by King George
V. I never knew that Father had an English name until it was
announced in the newspapers that he had become Sir Robert Ho
Tung. [12]

> 1915 年 6 月 3 日，英王佐治五世冊封父親為爵士。直到
> 報紙上稱呼他為羅伯特・何東先生，我才知道他原來有
> 個英文名字。

何東雖不曾肄業於日字樓，卻是與陳啟明、洪千同輩的混血
兒，其人生軌跡可資參照 —— 雖然他在發跡後堅持華人認
同，並未採用父親的 Bosman 一姓。由何崎姿所言，可見何

---

12 Cheng, Irene, *Intercultural Reminiscences,* Hong Kong: Hong Kong Baptist
University, 1997, p.75.

東在 1915 年冊封爵士以前，其英文名字 Robert 甚至不為子女所知。當然，這並不能阻止部分混血兒在語言和生活習慣上日益歐化的傾向。

日字樓 1869 至 1873 年間的收生名單已經不存，故雅瑟 1870 年就任時的 23 名混血及華人男女學生，可考者僅陳啟明一人。至於從女仔館留下的 Bessie Rickomartz 和 Tai-Hosa，此時是學生抑或助理教師，尚待進一步求證。[13] 根據前章所引 1871 年的課程表，男生上午為聖經及英文課，下午為聖經及中文課。而女生則是英文、聖經及針黹課，並無中文課。[14] 可見這份女生的課表是為英籍、混血和華裔女生所設：有懲於女仔館之失敗，日字樓女生部不可能將華籍女生與非華籍、非華化女生混合授課，更不可能冒天下之大不韙而繼續為華籍女生講授英文，而全無中文課。再觀 1873 至 1891 年的收生名單，所錄女生僅 60 人，不及男生人數五分之一。且這 60 名女生中，56 位皆為英文姓名，所餘 Lumina Sunshing、Ham Sü Adelaide、Ethel Hun-yip、Rose Hun-yip 等 4 位，則顯然是歸化澳洲籍的海外華人，與本地華人不同，[15] 視為華裔（而非華籍）應無問題。以當時本地華人一般不取洋名的情況觀之，這 56 名女生顯然若非洋人即為混血。復觀 Dora Hazeland、Winifred D. Hazeland

---

13　按：費瑟士東校史 1873 年以前的收生紀錄中，男生部僅 1870 入學的陳啟明
　　　一人，女生部僅 1867 年的 Tai-Hosa 一人。Tai-Hosa 入學於日字樓孤子院成
　　　立以前，體例上並不應該列入日字樓的收生紀錄。因此筆者以為，兩人之
　　　名乃是費瑟士東校史編者依據其他材料補入，而非紀錄中原有者。Tai-Hosa
　　　之事，可參前章。

14　Featherstone, W. T., *The History and Records of DBSO*, p.123.

15　同前註，p.153。

取錄於 1873 年，Ernest M. Hazeland 取錄於 1875 年，[16] 而
當時教員名單中又有 Frank Hazeland 一人，於 1877 至 1878
年擔任助理教師（assistant master）。[17] 根據《皇仁書院校
史》，皇仁早期畢業生有 F. Hazeland 者，當即日字樓之
Frank Hazeland。其蓋為居港英童，中學畢業後遂短暫執教
於日字樓。[18] 估計費瑟士東校史中三位姓 Hazeland 之學童
皆為其弟妹。換言之，這所學校除了孤子院性質外，還有英
童學校的功能。由於當時香港教育資源匱乏，而英人來港工
作往往以數年為度，因此日字樓孤子院也就成為其子女入學
的一種選項了。站在校方立場，取錄英童也有好處。據校董
會 1872−73 年度報告之言：

> The Diocesan Home and Orphanage was established more
> especially to afford a Christian education, on the principles of the
> Church of England, to Children whose parents were able to pay
> towards the expenses of their maintenance. The Orphanage has
> charge, however, of some Children who are maintained entirely
> by charitable contributions. [19]

> 建立日字樓孤子院主要是為了提供基督教育，基於聖公
> 會的原則，面向家裡承擔得起學費的學童招生。不過，

16　Featherstone, W. T., *The History and Records of DBSO*, p.154.

17　同前註，p.132。

18　Stokes, Gwen and John, *Queen's College: Its History*, Hong Kong: Queen's College
Old Boys' Association 1987, pp.232-233.

19　Featherstone, W. T., *The History and Records of DBSO*, p.20.

‖ 孤子院還取錄了一部分完全依賴慈善捐助的學童。

實際上，校方為本地混血兒童提供義務教育，經費除社會贊助外，也來自英童的學費。類似情況後來也出現在華人學童的學費上，如 1885 年 4 月 28 日的會議紀錄：

> At the suggestion of Mr. Piercy [the headmaster] the terms of admission of boys above 15 years of age was fixed at $18, instead of $15, since "Chinese boys who can afford to learn English at that age must belong to rich families and ought to pay the whole cost of their education." [20]

‖ 在俾士先生（校長）的提議下，十五歲以上男生的入學費用從 15 元改為 18 元，因為「這個年紀的華人男生如果學得起英語，那麼他一定來自富裕家庭，理應全額繳納學費」。

可見直到 1880 年代，孤子院的慈善事業主要仍是針對混血學生而實施的 —— 縱然並非所有混血兒都是孤子。

此外，縱然 1873 年以前的註冊名單已經不存，但尚有蛛絲馬跡可尋。根據何鴻鑾所言，其祖父何福（1863−1926）的正妻羅絮才（Lo Sui Tsoi, aka Lucy Rothwell, 1861−1949），曾由定居上海的英籍父親羅富華（Thomas Rothwell, 1831−1883）送往香港的日字樓孤子院：

20　Featherstone, W. T., *The History and Records of DBSO*, p.104.

He placed her, as Lucy Rothwell, in the Diocesan School and Orphanage, then newly established in Hong Kong. [21]

他將羅絮才（入學時使用的姓名是 Lucy Rothwell）送往香港新成立的日字樓孤子院就讀。

"Diocesan School and Orphanage" 之名始用於 1892 年，就羅絮才的年齡而言顯然不可能，當為 "Diocesan Home and Orphanage"（日字樓孤子院）之訛。據費瑟士東校史所言，1873 年以前之註冊表已遺失，而 1878 年以前離校之女生並無紀錄。[22] 則羅絮才離開日字樓必在 1878 年以前。羅富華為英國茶商，長期在長江沿岸工作。他與香港一位名叫曾有的蜑家女子同居，1861 年在上海生下羅絮才，[23] 其後又生下羅長業、羅長肇（羅文錦爵士之父）。羅富華對家庭具有責任心，他知道羅絮才如果不接受教育，日後恐與其他混血女性一般淪為洋人情婦。因此 1869 年後，羅絮才被送到日字

21 Ho, Eric Peter, *Tracing My Children's Lineage,* Hong Kong: The Hong Kong University Press, 2010, p.59. 參梁雄姬：《中西融和：羅何錦姿》，香港：三聯書店，2013，頁 12。按：梁氏徵引何氏之說，卻誤以日字樓孤子院為拔萃女書院，不確。

22 Featherstone, W. T., *The History and Records of DBSO*, p.153.

23 按：根據 Rothwell 家族所言，經過 DNA 檢測，羅絮才並非羅富華親生。換言之，她可能是曾有在邂逅羅富華以前與另一洋人所生。（見 Rothwell, B. J., *Biography of Thomas Rothwell (alias Lo Fu-wah) of Carlisle and Shanghai (1831-1883)*, manuscript, 2019.）但無論如何，羅富華將她視為己出，庶無疑問。

羅絮才

樓孤子院接受教育。[24] 且該校新成立，一改前此女仔館之動盪面貌，故羅富華才放心選擇。（羅富華雖未居住於香港，卻了解日字樓孤子院的性質。）由於父親的明智決定，羅絮才畢業後嫁給混血商人何福為妻，成為一個香港大家族的老祖母。羅絮才雖然一輩子生活華化，但參以 1871 年的授課時間表，當可窺見她求學日字樓時，接受的必然是英文教育。

羅富華與曾有似乎處於一種相對長期而穩定的同居關係，因此羅絮才姐弟的成長過程也較為幸福。Brian Rothwell 指出，羅富華 1883 年在漢口去世後，曾有及其

24　按：參梁雄姬據何鴻鑾之說而引申云：「一些偶有良心的洋婿，好像羅長肇的父親羅富華（Thomas Rothwell, 1831-1883）因為不想女兒羅絮才長大了，要作洋人的伴侶，或落入更悲慘的命運，便送她來香港，入讀拔萃女書院。」（《中西融和：羅何錦姿》，頁12）然梁氏所謂「拔萃女書院」，實為日字樓孤子院的女生部。

子女繼承了他的全部遺產。[25] 可知羅富華直至臨終都並未另娶。何鴻鑾又談及嫡祖母的英文姓名道："There at the Diocesan School and Orphanage she was called Lucy Rothwell, a name she seldom used subsequently."[26]（在日字樓孤子院讀書時，她使用的姓名是 Lucy Rothwell。之後她便很少使用這個名字了。）羅絮才在日字樓使用英文姓名，由此也可推測其父親的支持。然而，更多混血兒童的華籍母親是遭到遺棄的，被華洋社會視為失足婦女，而其混血女兒也會被認為繼承了母親的「惡劣品質」和「罪惡生活」。有傳教士認為，把混血和華籍女生安排在同一屋簷下接受教育，必須把前者對後者的負面影響盡量減至最低，但這樣仍然充滿問題。直到 1893 年，飛利女校的 Mrs. Eyre 依然指出，若能為混血女童成立一所英文學校，對於香港會有實質好處。[27] 可見問題仍待解決。

此外，Dora Hazeland 的情況也值得注意。1873 年，她與姊妹 Winifred 一同入讀日字樓孤子院，屬於現存註冊表中最早的一批學生。[28] 其弟 Ernest 則於 1875 年入學。[29]

25　Rothwell, B. J., *Biography of Thomas Rothwell (alias Lo Fu-wah) of Carlisle and Shanghai (1831-1883)*.

26　Ho, Eric Peter, *Tracing My Children's Lineage*, p.197. 按：費瑟士東校史中的入學名冊中，1873 年以前入學的已不齊全，而羅絮才於 1869 年入學，故不見其名。然而由此可知，1873 年以後入學的女學生大部分雖皆為英文姓名，但其中應有一定數目的混血兒。

27　Chiu, Patricia Pok-kwan: "A position of usefulness: gendering history of girls' education in colonial Hong Kong (1850s-1890s)", *History of Education: Journal of the History of Education Society*, 37:6 (2008), p.800.

28　Featherstone, W. T., *The History and Records of DBSO*, p.153.

29　同前註，p.154。

1937 年聖士提反女校第二級學生與班主任 Dora Hazeland（前排中坐者）合影。（圖片出處：Kathleen E. Barker, *Change and Continuity, A History of St. Stephen's Girls' College, Hong Kong, 1906-1996*。圖片由聖士提反女子中學提供。）

Hazeland 姐弟的情況與一般英童有所差異。據旅臺英籍學者龔李夢哲（D. C. Oakley）所言，他們的父親 Francis 去世於 1871 年，[30] 當時幾兄妹顯然尚未成年。而 Kathleen Barker 指出，他們的父親為英籍，在大清海關任職，母親則為葡裔。而 Dora 能說流利的粵語。[31] 換言之，他們的母親很有可能是港澳的土生葡人；而他們兄妹失怙，似乎也帶有幾分「混血孤兒」的意味。Dora 先任教於飛利，後來長期在

30　龔李夢哲著、徐雨村譯：《福爾摩沙的洋人家族：希士頓的故事》，高雄：高雄市文化局，2019，下冊，頁 320。

31　Barker, Kathleen E., *Change and Continuity: A History of St. Stephen's Girls' College, Hong Kong, 1906-1996*, Hong Kong: St. Stephen's Girls' College, 1996, p.40.

聖士提反女校（St. Stephen's Girls' College, 即聖士提反女
子中學）任教英文科。她在工作之餘，積極參與社會事務，
在 1920 年代曾代表學校參加監獄探訪活動，並為女囚開設
針黹課，讓她們領略成就感。Dora 雖在太平洋戰爭爆發前
夕退休，但繼續在校講授英語口語。日軍佔據香港後，年高
體弱的 Dora 病倒，在被臨時改作醫院用途的聖士提反女校
中去世。[32] Dora 似乎終生未婚。與華化而傳統家庭觀念濃
厚的羅絮才相比，Dora 顯然傾向於以洋人自居，並終身任
職英文教師，體現出更為獨立的女性意識。羅絮才和 Dora
Hazeland 的文化取向和生涯規劃，足可視為日字樓孤子院初
期女生的兩種典型。

32　Barker, Kathleen E., *Change and Continuity: A History of St. Stephen's Girls'
College, Hong Kong, 1906-1996*, p.34, 112, 123.

第二章

從男女館
到男校

　　儘管女仔館已於 1868 年結業，但直到 1881 年，香港華人社會仍沿用舊名，把新成立的日字樓孤子院稱為女仔館或女書館。但即使是孤子院，其宗旨也並不止於庇育孤兒，而是要將包括孤兒在內的所有學童培養成才；日字樓提供的教育不能只停留於啟蒙識字，還要有更高的水準與要求。因此在校方看來，轉型為男校是最可行的發展方向。而飛利女校的創辦，為日字樓孤子院的轉型提供了極大幫助。不過如此轉型，對於日字樓女生部乃至混血女生教育事業的發展，顯然頗有延緩。1922 年時，剛退休的拔萃女書院校長史及敦（Elizabeth D. Skipton, ？－1950, 1900－1921 在任）寫道：「距今多年以前，上世紀六十年代的某年，一所教區女子學校在香港開業了。他們最初收錄小男生，隨着這些男生的成長，學校也變成男女合校，直到男生人數多到遮蓋了女生，以致女生不再被取錄。想想有多諷刺！當所有女生離校，學校變成了單一的男校 —— 拔萃書室。」[1] 雖然「最初收錄小男生」云云相對史實而言有認知誤差，但如此表述體現出 1900 年成立（或云復校）的女拔萃甚或此前的日字樓女性舊生對當年轉型男校的一種持有保留的態度。龔李夢哲也認為轉型男校的舉措是富爭議（controversial）的。[2]

一、轉型男校的決定

港英政府於 1873 年推出補助學校計劃（Grand-in-Aid Scheme）。由於計劃條款過度強調受補助學校的「非宗教」（secular）教學性質，故而政府大約受到來自聖公會、天主教會的各種施壓。到 1877 年 2 月，政府推出修訂方案（一般稱作 Revised Code），條款變得更為寬鬆。[3] 1878 年出版的年度教育報告顯示，修訂方案到 1877 年底才正式實行。據 1877—78 年度報告所言，日字樓於 1877 年 4 月 19 日獲得政府批准成為補助學校（Grant-in-Aid school）：

> The School was placed under the Grant-in-Aid Scheme on the 19th of April last, and the Committee have great pleasure in reporting that the Examination in December was a very

1　Skipton, E. D., "The Diocesan Girls' School, Hong Kong 1900-1921", *The Outpost,* July-December 1922 Issue, p.18.

2　龔李夢哲著、徐雨村譯：《福爾摩沙的洋人家族：希士頓的故事》上冊，頁 312。

3　*Hong Kong Government Gazette* (July 6th, 1878).

satisfactory one. Thirty children were presented for examination, of whom 26 passed, being an average of nearly 87 per cent. The amount placed to the credit of the Home on this occasion was $169.80. [4]

> 本校於 4 月 19 日獲得補助學校身份，校董會極為高興地彙報，12 月的考試結果非常令人滿意。三十名學童出席了考試，其中二十六名合格，佔了平均比例的百分之八十七。日字樓這次獲得的資助額為港幣 169.80 元。

修訂方案在 1877 年底才實行，而日字樓卻聲稱於當年 4 月 19 日便獲得補助學校身份。筆者猜測，可能會督或校董前此已透過非常規渠道得知該方案，並決定加入。據 1873 年頒佈的《資助學校條例》可知，日字樓屬於 Class IV（第四組）資助學校，屬於 "Schools in which a European education is given in any European language"（以任何歐洲語言作為教學語言的歐式教育學校）。[5] 政府於 1877 年 12 月為日字樓安排的考試，首度了解其教育質量與學生程度。考試過關，日字樓作為資助學校、獲得津貼的資格就更保險一些了。換言之，資助學校的身份，不僅能進一步令日字樓保持教育水準，也一定程度上提升了該校的知名度。查 1877 年，日字樓有男生 24 人、女生 12 人；1878 年，有男生 27 人，女生 10 人（詳後文表四）。因此，參加政府這次考試的學童中

4　Featherstone, W. T., *The History and Records of DBSO*, p.23.

5　"Grants-in-Aid 1873", *Hong Kong Government Gazette* (April 26th, 1873).

肯定有一定數量的女生。《資助學校條例》對第四組學校的水準要求共分為六級，第六級包括對閱讀、寫作、算術、語法、地理、歷史六科的要求。以算術為例，要求學生理解複利率、平方與立方根、損益帳目、等差數列等。[6] 由此可見，大抵是今天的初中程度。就日字樓女生部而言，1877 年起是否全部增設了這些課程，目前尚不清楚；但原有的針黹課（needlework），此時依然保留着。根據年度教育報告，日字樓在 1877 年視學後在針黹課獲得以下獎金：

表三・1877 年日字樓針黹課視學獎金

級別	每人獎金額	總收
優（very good）	$2.00	$9.60
良（good）	$1.50	$2.40
常（fair）	$1.00	$1.60

由於每人獎金額無法除盡總計額，筆者估計可能在加入補助學校初始，金額無法以全年來計算。翌年，日字樓則獲得針黹課優級獎金共 14 元。[7] 如此看來，共有 7 名女生獲得優級。不過隨着校務的發展、學生對知識與升學的需求漸增、家長與社會的期待日殷，日字樓自然不可能止於提供初中教育。因此，日字樓又於 1886 年引入劍橋本地試（Cambridge Local Examination, 後於 1889 年改為牛津本地試），以便學生海外升學。不難想像，升學與就業問題又以男生為甚。故 1878 年起，在校方政策與社會需求的引導下，

6   "Grants-in-Aid 1873", *Hong Kong Government Gazette* (April 26th, 1873).

7   Educational Reports, 1878, 1879.

十九世紀的拔萃書室（俾士家族藏品）

日字樓男生數量日增，班級課程也發展到高中部分。而龔李夢哲以 1889 年 —— 亦即劍橋本地試因課綱送達香港延遲而被牛津本地試取代那年為例，指出：「這時在拔萃書室有 110 名學生，其中 19 名日間部女生；但是不清楚的是，拔萃書室的女生是否進入牛津本地考試，或者是否由於政府補助金的條款而被確實排除了，她們因此被迫用針黹課程來替代高等數學，這一點尚不清楚。」[8] 雖然詳情考察有待進一步史料發現，但不難想見在日字樓轉型男校的十二年歷程中，女生部的課綱大抵未如男生部之完足。相形之下，女生部在規模上裹足不前，最終在 1891 年遭遇裁撤的命運。招璞君教授認為：人員配備是提昇女生教育的關鍵。這些年中，幾乎

中編　女仔館餘緒

8　龔李夢哲著、徐雨村譯：《福爾摩沙的洋人家族：希士頓的故事》上冊，頁 307。

所有女教會幹事都並非高素質教師。她們在派遣前夕接受過一些教師培訓，卻沒有像牛津、劍橋的男教師和傳教士那般具有高級水平。因此，女教會的幹事們自身很難提昇女校的水平。相對而言，中央女校開辦後，港府從英格蘭聘請了一名合格教師。後來開設拔萃女書室時，首任校長史及敦也是一位合格教師。如果曰字樓孤子院想要提高女生部的教育水平，必須僱用英國人，但如此教育成本無疑十分昂貴。

茲依據港府藍皮書（1869－1892）及報紙所見曰字樓年度報告（1883－1890），[9] 將每年男女生人數表列如下：

表四．曰字樓孤子院學生人數一覽（1869－1892）

年度	男生	女生	總計
1869	12	9	21
1870	20	9	29
1871	18	11	20
1872	16	11	27
1873	16	9	25
1874	18	13	31
1875	23	13	36
1876	24	12	36
1877	24	12	36
1878	27	10	37
1879	31	14	45
1880	35	13	48
1881	35	13	48
1882	55 (42)	4 (4)	59 (46)[10]

9　按：1891 及 1892 年度校長報告並未言及人數。

10　"The Diocesan Home and Orphanage", *Hongkong Daily Press,* June 1st, 1883.

年度	男生	女生	總計
1883	63 (63)	5 (5)	68 (68) [11]
1884	59 (59)	9 (§)	68 (§) [12]
1885	59 (54)	9 (§)	68 (§) [13]
1886	89 (89)	6 (6)	95 (95) [14]
1887	91 (91)	9 (9)	100 (100) [15]
1888	108 (§)	17 (§)	125 (125) [16]
1889	123 (123)	20 (20)	143 (143) [17]
1890	121 (§)	17 (§)	138 (110) [18]
1891	137	11	148
1892	130	0	130

　　港府藍皮書所載學生人數於每年年底結算，校長年度報告則在每年農曆年假前舉行的頒獎日上發表。然由於演講行文及記者紀錄等原因，校長報告中的數字未必如藍皮書精確，僅以括弧標出而供參考。由表四可見，在 1869 至 1878

11　"Prize Distribution at the Diocesan Home and Orphanage", *Hongkong Daily Press,* January 24th, 1884.

12　"Prize Distribution at the Diocesan Home", *Hongkong Daily Press,* January 31st, 1885. 按：此年僅言及男生人數。報告中未言及之數字，以「§」符號標示。

13　"Distribution of Prizes at the Diocesan Home", *The China Mail,* January 27th, 1886. 按：此年僅言及男生人數。

14　"Prize Day at the Diocesan Home", *Hongkong Daily Press,* January 21th, 1887.

15　"Distribution of Prizes at the Diocesan Home", *Hongkong Daily Press,* March 12th, 1888.

16　"Distribution of Prizes at the Diocesan Home", *Hongkong Daily Press,* January 23rd, 1889. 按：此年俾士校長報告並未詳細分列男女生人數，唯云："The number on school-roll has risen to 125, being an increase of 25. This is chiefly due to the greater number of girls that come to school daily."

17　"Prize Day at the Diocesan Home", *Hongkong Daily Press,* January 11th, 1890.

18　"Diocesan Home and Orphanage: Annual Distribution of Prizes", *The China Mail,* March 7th, 1891. 按：此年校長報告並未詳細分列男女生人數，唯謂男宿生有66人。

年間，男生人數已略多於女生。1878年雅瑟辭職、俾士繼任，男生人數開始增加。步入1880年代，女生人數仍維持在20人以下，相對男生已不佔多數。尤其是1886年引入公開考試後，日字樓男生部自此每年參與。如1887年，該校學生修斐（Frederick Southey, 1873–1948, 1879–1890在學）便在初級試各科取得優異成績，高居全港之冠。[19]而當時日字樓男女生學制差異甚大（女生部的課程架構似乎不及男生部齊備，難以輕易參與公開試），日字樓致力保持公開試之整體優異表現，則更難以妥善照顧女生之需要。因此，將日字樓轉化為男校，女生轉往他校，已經勢在必行。那麼，日字樓何時啟動了從男女館到男校的轉型過程呢？

二、1878年的轉型風波

實際上，校方早在1878年已決定將日字樓轉為男校。當年3月8日，校長雅瑟因夫人長期勞累、身體虛弱，提出辭職。3月26日，包爾騰會督提議把日字樓變回女校：

> Proposal, by the Bishop, of altering the Constitution of the School, by excluding the admission of any more boys. In this way he thought the School might be placed on a more permanent footing by connecting it with the Female Education Society, London, which the Bishop thought would be willing to supply at

---

19　Fung, Yee Wang, and Chan-Yeung, Mo Wah Moira, *To Serve and to Lead: A History of the Diocesan Boys' School, Hong Kong*, Hong Kong: The Hong Kong University Press, 2009, p.28.

least one, perhaps in course of time, two agents of their own to conduct it under the Superintendence of the Bishop. [20]

> 會督提議學校轉型，不再招收男生。他認為這麼做可以
> 使學校重歸倫敦女教會管理，從而實現長期辦學。會督
> 期盼女教會派出至少一位幹事 —— 之後可能還會加派一
> 位，在會督本人的監管下完成學校轉型。

這個提議得到校董會的贊同。包爾騰長期在華傳教，1874年來港接任柯爾福成為會督。而 1865 年 10 月至 1866 年 2 月間，包氏正好在香港聖保羅書院，與華倫牧師一起。因此，對於女仔館向華籍女生教授英文而導致的嚴重後果，他應該能獲得第一手資訊。對於華倫在女仔館的工作，他也十分了解。如他在 1865 年 11 月的一封信中便提到：

... I am sorry to say that the Girls' Schools meaning by these that [are] known as the Diocesan Girls' School and one or two of those under the late Miss Baxter have given and are still giving Mr. and Mrs. Warren a good deal of trouble. A good deal of discussion is going on as to the course to be pursued with reference to them- some proposing an amalgamation, some separate establishments. The majority of the Committee of the Diocesan School seems opposed to having the Chinese element in it at all, and certainly are opposed and in this many of the Community are agreed with them – to the way in which the

---

20　Featherstone, W. T., *The History and Records of DBSO*, p.102.

包爾騰

School has hitherto been conducted. How it will end I know not, but I trust that our friends, Mr. and Mrs. Warren, will soon be freed from the annoyances to which they are at present exposed. It is I believe Mr. Warren's intention (if not Mrs. Warren's too) to retire altogether from connection with these schools when once the present discussion is settled. [21]

> ……我很遺憾地說，女子學校，亦即女仔館和已故畢士泰女士的一兩所女校，曾給華倫夫婦造成很大麻煩，麻煩如今還存在。就它們（這些學校）的相關進展方向正在進行大量討論──有的提議合併，有的提議保持獨立。

21　J. S. Burson's letter to Mr. Venn of the CMS Committee (dated November 13th, 1865), CMS/C/CH/O22/46. 按：關於畢士泰諸校，詳見前章第二節第一目。

女仔館校董會大多數委員似乎反對保有任何中國元素，當然也反對該校迄今為止的運作方式——校董會中很多人都同意。我不知道結局如何，但我堅信，我們的朋友華倫夫婦將很快就會擺脫目前面對的煩惱。我相信華倫先生——如果不包括華倫夫人的話，打算在目前這項討論得出結果後完全退出與這些學校的聯繫。

顯而易見，包督早就知道女仔館的問題，也了解到香港華籍及混血女童的苦難，因此想趁雅瑟辭職之機，把日字樓改回女仔館，歸還女教會管理。包督也應該清楚 1860 年代後期的社會相關指責，卻仍欲繼承其前任施督夫婦之理想，解決女童教育的問題。女教會 1878 年 5 月 9 日的會議紀錄寫道：

A letter was read from the Right Rev. Bishop Burdon, of Hong Kong, respecting the School established in that city several years ago by Mrs. Smith, V.P., then known as the Female Diocesan School; but, since her departure, diverted from her original plan, viz., for boarding and educating Chinese girls. The Bishop states that it became a mixed school for Eurasians; but that the Master and Matron having recently resigned, he has proposed to the Local Committee that the Institution shall revert to Mrs. Smith's plan, and that the Committee have agreed to this, on condition that the change shall be gradual, so that no injustice shall be done to the children at present in the Home. [22]

---

22   Entry 6834 in the Minute of the Committee of the FES (Entry date: May 9th, 1878).

香港包爾騰會督來函，談及施美夫夫人幾年前在那裡開設的、當時稱為女仔館的學校。但自從她離開以後，該校就不再依照原來的計劃，亦即為華籍女童提供寄宿和教育。會督指出，該校已成為混血兒的男女合校，但校長和女舍監最近已辭職，於是他已經向校董會提議將該機構恢復至施美夫夫人的計劃。校董會已同意，但條件是變化要循序漸進，以免對目前日字樓中的學童造成不公正的安排。

該日會議紀錄中，還記載了會督計劃如何促成這個改變：

The Bishop states that only the boys are likely to be left when the proposed change became known, that these are mostly under ten years of age, and that should this Committee take the School, he would do his utmost to make some other provision for them as soon as possible. He adds, that there are but a few girls there, perhaps half a dozen; and that although the transition will necessarily be accompanied with some difficulty, these may all be eliminated in less than two years, by which time a number of Chinese girls may be received into the School; and, further, that the building will easily accommodate thirty boarders, and if day scholars from the neighbourhood were received, a large and important plan of work would be presented. [23]

會督說，提議之變更公諸於世時，只剩男生有待處置。

23　Entry 6835 in the Minute of the Committee of the FES (Entry date: May 9th, 1878).

這些男生大多在十歲以下，如果（女教會的本地）委員會接管學校，他將竭力儘快為他們做出其他安排。他補充說，那裡只有幾個女生——也許六個。儘管過渡必會帶來一些困難，但所有這些困難不到兩年內都會消除，到那時可能會有一批華籍女童入校。而且，該校舍能輕鬆容納三十名宿生。如果再招收附近的走讀生，要提出的就是一項重大的工作計劃了。

會議紀錄又記載了包督對女教會提出的要求：

The Bishop expresses his conviction that the expenses of the School, such as the boarding of the girls, salaries of the Chinese Teachers, and repairs of the building may be met, as hitherto, by local contributions, and he asks the Committee to send out and support Two English ladies to re-organize the School on its original basis, and to conduct it under its former name "Female Diocesan School". [24]

會督表示，他堅信學校的開銷——諸如女生寄宿、中文教師薪水以及建築物維修，迄今都可通過當地捐款來支付。他請求委員會派遣、資助兩位英國女士依原本的基礎來重組學校，並以原來的「女仔館」名義進行管理。

換言之，包督只需要女教會支付這兩位重組學校之幹事的費用，重組後由她們來主持校政。會議記錄還指出，包督曾直

24　Entry 6836 in the Minute of the Committee of the FES (Entry date: May 9th, 1878).

接致函施美夫夫人，請求她帶着女兒回港主持復校事宜。[25]
進一步說，當時香港適學年齡的兒童大抵可分為三種：一為
男童，二為華籍女童，三為混血、華裔及歐裔（非華籍及非
華化）女童。當時華籍女童教育已有畢士泰諸校負責，日字
樓男生可以送往包督重開的聖保羅書院，只剩下混血及英裔
女童的教育問題有待解決。從全盤角度來看，深刻了解女
仔館當年問題的包督若要恢復女校，更應優先應對非華籍及
非華化女童的教育需求，而非回到純華籍女校。當然，也許
他想的是恢復到岳士列時期分成中英文兩部的狀態，也未可
知，有待吾人進一步考證。

　　包督的這項計劃，已呈現在日字樓校董會於當年 3 月
31 日發佈的年度報告中。該報告今已難見，但根據《德臣西
報》的相關評述文章，可知報告內容與女教會會議記錄所言
大抵相同。不僅如此，該文還有進一步的資訊補充：

> The right reverend gentleman is said to have two
> reasons for advocating this step – one that it would enable the
> establishment to be brought under the auspices of the Society for
> the Promotion of Female Education in the East, and the other
> that he holds the institution, as a home and training place for
> Eurasian youths from various parts of the China coast, as a sort
> of indirect encouragement or recognition of immorality, and that
> as such it is hardly a proper subject for which to invoke the aid of

---

25　Entry 6837 in the Minute of the Committee of the FES (Entry date: May 9th, 1878).

the charitable. [26]

> 據說會督先生倡導這一步驟的原因有兩個：一則讓該校
> 能在女教會的主持下重建；二則這間為來自中國沿海各
> 地區混血青年提供寄宿和培訓場所的學校只要由他掌
> 管，一定程度上就是對不道德行為（按：指混血兒父母
> 的「苟合」）的間接鼓勵或認同，如此辦學幾乎是不可能
> 招徠慈善援助的。

此文強調不應對混血兒抱持成見，又針對與女教會「結盟」
的舉措批評道：

> An alliance of the institution with the Society for the
> Promotion of Female Education in the Far East would, we
> presume, result in some substantial aid being accorded by the
> latter to the former, but as the boys at present being trained in
> the establishment here number 27, and the girls only 10, it would
> seem to us rather a pity to turn the greater part of the present
> inmates of the establishment out in the world, and devote the
> institution entirely to females, to enable it to receive aid which,
> judging from the financial statement now laid before the public,
> it does not require. The institution appears to be in a flourishing
> condition, and we neither see the necessity nor the desirability
> of making it a wholly female establishment, especially when in
> this part of the world so much importance is attached to the

---

26   "Correspondence: The Diocesan School", *The China Mail* April 25th, 1878.

education of boys, and so little to the education of girls. [27]

> 我們認為，該校與女教會結盟後，後者會給予前者一些
> 實質性援助；但目前該校男生有 27 人，而女生只有 10
> 人，衡量現在向公眾發佈的財務報表，我們以為將校內
> 佔了多數的男生拒之門外，讓學校完全為女生提供服
> 務，以獲取援助，是並不需要的。該校似乎處於蓬勃發
> 展的狀態，我們既無必要、也無意欲使其變成一所純女
> 校，尤其是此地這般重視男孩的教育，而對女孩的教育
> 並不重視。

此文大概表露了包括商人在內的在港西人社群對包督這項
計劃的看法。當然，包督一向注重教育，不可能置混血兒於
不顧。西人社群的這項傳聞，蓋針對包督所恢復的是華籍女
校。無論如何，同年 7 月 15 日的會議上，包督宣告女教會
願意接掌日字樓，施美夫夫人母女打算自英返港主持工作。
然而這次，包督的決定卻遭到因返英而缺席上次會議的校
董、怡和洋行大班耆紫薇強烈反對：

> In strong terms he denounced the change as an injustice
> to the subscribers who had for years given large sums toward
> the support of the Institution as at present constituted, and to
> the class of children whom it was now proposed to exclude. He
> doubted moreover whether the Committee had power thus to
> pass over the Building to a Society in England, and he had reason

---

27　"Correspondence: The Diocesan School", *The China Mail*, April 25th, 1878.

to believe that if the change were carried out, this power would be disputed, probably in Law Courts. [28]

> 他表示強烈反對，指責這一轉變是對數年以來為現行體制下的學校提供大額捐助的捐助者的不公，也是對有可能被排除在招生對象以外的學童們的不公。他進一步懷疑校董會是否有權把學校交由一個位於英格蘭的協會掌管，他還有理由相信一旦學校變更，校董會所作所為的權力會受到爭議，而如此爭議可能需要在法庭上才能平息。

誠然，從 1873 年開始，日字樓的營運費用已全然依賴社會人士的捐助。[29] 耆紫薇認為一廂情願地決定將日字樓變回女仔館，對於捐助者、校舍產權受託人乃至男生皆不公平。實際上，前此 4 月 17 日的《孖剌西報》已刊出一篇署名 One Interested 的來函，意見與耆紫薇頗為相近：

> This change appears to be most unfair to the parents or friends of the boys, who have for a number of years paid the school fees, and now when the children are making progress, and showing some return for the money expended on them, they are to be cast on one side without any provision being made for their further education, the almost total absence of other suitable schools making it very nearly an impossibility.
>
> It is surely to be regretted that the excellent work carried

28 Featherstone, W. T., *The History and Records of DBSO*, p.102.
29 同前註，p.21.

耆紫薇（楊震鴻素描）

on under the able charge of Mr. and Mrs. Arthur for the past eight or nine years, should thus be thrown away, especially as the success and great usefulness of the school have been more assured each year. [30]

> 這種改變對於男生的父母或朋友來說似乎是頂不公平
> 的，他們多年來已支付學費，現在，當孩子們有進步，
> 他們的花費也有回報的跡象時，孩子們卻在沒有任何繼
> 續求學安排的情況下被扔到一邊，幾乎全無其他合適的
> 學校，令繼續求學變得幾近沒有可能。
> 令人遺憾的是，雅瑟伉儷過去八、九年領導下的出色業
> 績都會付諸東流——特別是當該校年復一年的成功和巨
> 大實用性令人鼓舞之際。

---

30 "The Diocesan School: to the Editor of the Daily Press", *Hongkong Daily Press,* April 17th, 1878.

俾士夫婦（俾士家族藏品）

耆紫薇可謂這些歐籍人士的代表與喉舌，所言自能引發他們的共鳴。在耆紫薇力爭之下，包督收回成命，但仍指出男女同校並不相宜。耆紫薇提名曾擔任自己家庭教師的青年人俾士為校長，同年 11 月 1 日獲得投票通過。此後十餘年，日字樓開啟了向男校轉型的過程。此後的 1882 年 1 月 28 日，包督在一封信中透露，日字樓的校舍自施美夫會督夫婦建造開始，產權就一直屬於在港的西人社群。[31] 由此吾人不難理解包督的計劃為何功敗垂成 —— 原來以耆紫薇為代表的英商就是校舍產權的所有者。直到 1891 年，日字樓新翼建成並成功轉型男校之際，產權才終於無償轉予校方。

---

31 Excerpt from Bishop Burdon's letter to Mr. Fenn of the CMS Committee, (Date of letter: January 28th, 1882).

三、日字樓學生的種族情況

1869 至 1878 年間，日字樓男生基本上以混血兒為主。根據 1878 年校董會年度報告的紀錄，當年日字樓生員情況如下：[32]

表五・日字樓孤子院學生人數一覽（1877－1878）

	寄宿學校			日校		
	男	女	合計	男	女	合計
歐裔	1	--	1	3	3	6
混血	18	5	23	2	1	3
華裔	2	1	3	1	--	1
合計	21	6	27	6	5	12

在寄宿學校中，混血男女學童的人數都佔了絕對多數。男拔萃 1959 年校刊 *Steps* 中，刊登了一篇高齡八十一歲的混血舊生 John F. Howard 的文章。Howard 於 1886 年至 1894 年間就讀日字樓，他寫道：

> There were a little more than 100 students, most of them being boarders. There were not many day students, and these were mostly Chinese. The Chinese students wore short coats, and had queues (pig-tails).
>
> Among the students, there were several nationalities, namely, English, Americans, Germans, Japanese and Chinese.
>
> Many of the boarders came from the outports, where their

---

32 *The China Mail*, April 25th, 1878.

fathers were employed, and I was one of these, as my father was employed in Amoy, and I used to go back to my home in Amoy during summer holidays. [33]

> 學校當時有 100 多名學生，其中大多數是寄宿生。日校學生很少，而且大多數是華人。中國學生穿着馬掛，留辮子。
>
> 在這些學生中有幾種國籍，分別是英籍、美籍、德籍、日籍和華籍。
>
> 許多寄宿生來自外埠，他們父親就在那裡工作。我也屬於這類寄宿生，因為家父在廈門任職，我只有在暑假期間回家。

雖然已是七十多年前的記憶，但所言大抵不虛，解釋了當時寄宿生的來源不僅是孤兒，還包括了來自外埠的混血兒。日字樓華籍男生辮髮，與前引 Archibald Roberts 所言中央書院的情況接近，只是 Roberts 還點出了中央書院的混血學生如果有華籍認同，也一樣留辮。龔李夢哲也指出 1879 年時，在臺灣淡水的英商 John Dodd 將自己與本地女子所生的一對子女——John 和 Elaine（Ellen）送到日字樓就讀。而 1883 年時，臺灣南部的英商 Robert John Hastings 將混血長女 Elizabeth Hastings 送到日字樓；[34] 其後，Harry（1885, 1889）、Charles（1892）、Paul（1895, 1898）、John（1900）

33　Howard, John F., "Tours Made An Old Student", *Steps*, 1959, p.47.

34　龔李夢哲著、徐雨村譯：《福爾摩沙的洋人家族：希士頓的故事》上冊，頁 294。

John F. Howard

四子也先後負笈日字樓。[35] 此外，龔李氏指出日字樓另一位優等生修斐生於上海，其父 Thomas Southey 供職大清海關。[36] 可見修斐和 John Howard 一樣是來自外埠的混血男生。而 1891 年的校董會報告也特別提及修斐：

> For the first time the School won the valuable prize of the Government scholarship, F. Southey having come out first of the candidates in Hongkong. This success redounds much to the credit of the Institution, as Southey knew but very little English when he entered the School in 1879. [37]

35 Featherstone, W. T., *The History and Records of DBSO*, pp.155, 157, 159, 161, 163, 165.

36 龔李夢哲著、徐雨村譯：《福爾摩沙的洋人家族：希士頓的故事》下冊，頁 345。

37 "Diocesan Home and Orphanage", *The China Mail,* June 5th, 1891.

本校首次獲得可貴的政府獎學金，修斐在香港候選人中位居榜首。這項成就對於本校的榮譽大有助益，因為修斐在 1879 年進入學時只懂得非常少量的英語。

修斐入讀日字樓時年方六歲，一般同齡小孩至少對與母語口語已運用自如。此時修斐「只懂得非常少量的英語」，說明他在上海時乃是與華籍母親同住，而 Thomas Southey 卻並未與他們母子居住在一起。準此觀之，關於 John Howard 乃至其他來自香港本地混血男生的家庭情況，思過半矣。

至於日字樓文獻中時用華裔（Chinese）、時用「亞裔」（Asiatic），一來視乎是否有日本、印度、馬來、菲律賓等華裔以外的學童，二來則指涉華人血統而並非來自本土家庭者（亦即華籍）。舉例而言，表五所列寄宿學校那一位華裔女生，絕對不可能是本土人士，否則校方鑑於女仔館覆轍，不可能錄取。以此類推，那兩位華裔男生的情況也大抵相似。但是在當時整個香港社會而言，混血人口畢竟比例不高。日字樓於 1877 年成為補助學校，1886 年又引入劍橋本地考試，此後若要保持學業水平、維持財務運作，擴招包括華籍學童在內的生員，勢在必行。將女生限於日校，所錄仍以混血與英裔種族為主，當然避免了女仔館式的「災難」。而男生方面，混血、歐裔、華裔者一起求學於寄宿學校，卻不會有什麼問題。因此，校董會於 1879 年 5 月 31 日決定，有限度在日校錄取華籍男生。[38] 觀 1882 年《香港索引》首次使用「拔萃書室」之名，除因「女仔館」、「日字樓」、「俾士書館」

38　Featherstone, W. T., *The History and Records of DBSO*, p.103.

等名不正式、不雅馴外，恐怕還有向華人招生的意圖。再觀 1885 年頒獎日報告，對於生員情況列表如下：[39]

表六·日字樓孤子院學生人數一覽（1884－1885）

	寄宿學校	日校		合計
	男	男	女	
歐裔	2	1	2	5
混血	26	2	4	32
華裔	8	10	--	18
合計	36	13	6	55

由表六可見，此時女生果然只限於日校。而男生方面，寄宿學校中雖然混血者仍占多數，但華裔相對於 1878 年已有所增加。至於日校男生，則為數更多。參 1883－84 年度的日字樓校董會報告云：

There are fifty boys and girls of various ages from 6 to 17, sent from almost every port in China. [40]

> 有五十位男女兒童來自中國各口岸，年齡介乎六至十七歲之間。

這段文字因為是節錄，已無法考核上下文。但與表六相比勘，可知日字樓不可能完全吸納這五十人。不過據費瑟士東

39　"The Diocesan Home and Orphanage", *The China Mail*, May 19th, 1885.

40　Featherstone, W. T., *The History and Records of DBSO*, p.25.

校史所言，孫中山在 1883 年時為日字樓日校生。[41] 孫氏生於 1866 年，至 1883 年剛好十七歲。同書註冊表中，1883 年錄取的 Sün Tui-chew（孫帝象），便是其人。[42] 可見孫氏雖非香港本地人，但幼年接受過中國文化教育，與 Tai-Hosa 的情況迥然不同。又費瑟士東校史註冊表中，1884 年有 Kwan King-leung（關景良），[43] 即著名西醫、養和醫院創辦人關心焉（1869－1945）。關景良之父關元昌相傳係香港第一位華人註冊牙醫，關景良乃是生長於香港的華人。由此可見，關景良大概屬於 1879 年以後日字樓日校取錄的本地華籍男生。復觀 1891 年的校董會相關報告：[44]

表七．日字樓孤子院學生人數一覽（1890－1891）

	寄宿學校	日校		合計
	男	男	女	
歐裔	7	14	3	24
混血	41	4	2	47
亞裔	14	35	--	49
合計	62	53	5	120

此時已是日字樓孤子院轉型為男校的前夕，120 人中，女生僅佔 5 人，比例僅為 4% 左右。而男生方面，被視為核心的寄宿學校仍以混血兒居多，而日校男生則以「亞裔」為主，這些「亞裔」學生中，本地華籍男生應該不在少數了。

41　Featherstone, W. T., *The History and Records of DBSO*, p.25.
42　同前註，p.155。
43　同前註。
44　"The Diocesan Home and Orphanage", *The Hong Kong Telegraph*, June 4th, 1891.

十九世紀末的拔萃書室男生（俾士家族藏品）

回觀前引 Howard 之文回憶求學時代，日校以華籍學童為主，固然不虛；但謂日校人數不多則並不然，參表五、表六可知。 Howard 有如此印象，蓋因這些日校學童並未一起住宿，比較分散，故而看似不多爾。

四、女生部的裁撤

日字樓女生部的裁撤過程，校方是有規劃的，並非簡單如前文諸表所列的數據那般，只是一種人數的直線減少。首先，如包督於 1886 年提出了擴建日字樓的計劃。其次，此時莊思端女士建立飛利女校、何約翰牧師（Rev. J. B. Ost）夫婦建立維多利亞孤子院（Victoria Home and Orphanage），[45]

45　按：J. B. Ost 中文名何約翰，見 CMS／G1／CH／1／O／1891／087。後世或譯為何思悌。

動機之一皆是為混血女生提供住宿。這些舉措皆可謂與裁撤配套而行。

1879 年 5 月 31 日，校方決定不再招收女生。[46] 然觀註冊表內 60 名女生，53 名皆為 1878 至 1891 年間取錄，[47] 兩種記載似乎有所扞格。復參日字樓校董會 1891−92 年度報告："Twelve years ago the Committee decided not to receive girls as boarders."（十二年前，校董會決定不再招收女宿生。）[48] 如果將這幾種紀錄合而觀之，可以推斷，1879 年時本來決議完全不收女生，但考量實際情況後略為放寬，收錄之女生僅可走讀，不得住宿，這樣方能對包督「男女同校」的批評有所回應。如前文所論，註冊表內的女生當皆為歐裔或混血兒童，她們自 1879 年起皆不得寄宿，當毋庸置疑。

女生部的裁撤，或可追究於校方的重視未及，但更可歸根於當時華洋兩界對女性社會角色之整體期待。僅就住宿來看，這些女生變成日校生，並不代表她們有家可歸；即使她們果真有家人在香港，也未必能上學放學、當日來回。正因如此，包督仍一直在策劃擴建日字樓，為女生提供宿位。[49] 在 1886 年 4 月致代理輔政司史劍域函中，包督指出：

> The Committee are convinced that the time is come when the building at present in use must be enlarged so as to

46　Featherstone, W. T., *The Diocesan Boys School and Orphanage*, p.103.

47　同前註，p.153。

48　同前註，p.30。

49　參 "Distribution of Prizes at the Diocesan Home", *The China Mail*, January 20th, 1887.

accommodate more boys and to re-admit girls to the benefit of the Home.

> 校董會深信，是時候必須擴大目前正在使用的校舍了，這樣不但可以容納更多男生，還可重新接納女生，如此對孤子院更為有利。

信中，包督希望擴建之後的日字樓，可以為女生提供 20 個宿位，日校女生也能從當下的 4 名增至 25 名。他甚至還提到操場的設計不能只以考慮男生為主，也要顧及女生的需要。[50] 而根據政府檔案，殖民地官員馬師（W. H. Marsh）於 1887 年致函內閣大臣時也提到：

> The object, it will be I think be recognized, is – one deserving of encouragement, and as the premises have, become too small, the Committee wish to construct an additional wing, for the purpose of providing accommodation for the girls. [51]

> 我相信人們會認可這一想法是值得鼓勵的：由於現有校舍空間不足，校董會計劃新建一翼，為女生提供住所。

如表四顯示 1887 年該校有男生 91 人，女生僅 9 人。然而此函卻謂增建新翼的目的為收納更多女生，似乎自相矛盾。筆

---

50 Paragraphs 5, 6 and 9, Bishop Burdon's letter to Acting Colonial Secretary (dated April 3rd, 1886), CO129/231, pp.82-100.

51 Letter No. 26 of January 13th, 1887, CO129/231, pp.85-88.

者以為，這顯示身為日字樓校董會主席的包督依然對女性教育的問題念茲在茲，希望盡早解決。然如前文已論及，當時男女生的就學形式是有差異的。再參招璞君所言：

> In the 1870s, the kidnapping of girls and women to be sold as mui tsai (bond servant girl), concubines and prostitutes became a serious problem in South China and colonial Hong Kong. It was reported that parents were reluctant to send girls to schools away from neighbourhood for fear of kidnapping. Girls from respectable families who had had their feet bound would also find it impossible to walk across the town. Sometimes these young girls had to be carried on the back of their servants for even a short walk to the school. Thus, it was recommended girls' days schools be opened in various districts, rather than centralizing in large premises as with the boys' schools. [52]

> 在 1870 年代的華南地區及殖民地香港，婦女遭誘拐販售為妹仔（奴婢）、侍妾、妓女是嚴重的問題。根據報導，家長們由於擔心誘拐，並不願意將女兒送往離家較遠的學校。望族女孩因為纏足，也並不可能在城內往來行走。有時那怕是走一小段路，這些幼齡女孩也要靠僕役揹着才能行動。因此，與校舍廣闊、生員集中的男校不同，女子日校更傾向於在各區分設。

由此可見，日字樓在 1879 年起停止招收女宿生後，女生人

52　Chiu, Patricia Pok-kwan, *Promoting All-Round Education for Girls: A History of Heep Yunn School, Hong Kong*, Hong Kong: Hong Kong University Press, 2020, p.18.

數基本上並無顯著增長，這顯然是受制於日字樓女生「非華籍」、「非華化」的特徵，以及作為日校生的性質。日字樓若要成功轉型為男校，就必須為女生部提供妥善安排。如 1881年 3 月 8 會議紀錄云：" The question of a Girls' School was also considered." （同時討論了設立女校的問題。）[53] 但在當時，設立一所同質性的寄宿女校不僅在財務與人手方面不可行，也可能讓社會再度聯想起此前的女仔館風波。1883 年 4月 13 日會議紀錄則云：

> The Hon. Secretary stated, that in the event of any urgent applications for the admission of girls into the Home, Miss Johnstone of the Baxter Mission, who had gone to live in that neighbourhood, had expressed her readiness to take them into her house as Boarders, and suggested their attending the Home as Day Scholars, until there were sufficient numbers to form a separate School. [54]

> 校董會榮譽秘書指出，一旦有女生緊急申請入讀日字樓，畢士泰諸校負責人莊思端女士表示願意為她們在自己的住所提供住宿，並鼓勵她們作為日校學生在日字樓就讀，直至達到足夠人數後單獨設立一所女校。

日字樓校董會秘書指出，莊思端表示願意為日字樓的日校女

---

53   Featherstone, W. T., *The History and Records of DBSO*, p.104.

54   Extracts from the Minute Books of the Committee of DHO (dated April 13th, 1883), from Featherstone's book. See also: Symons, C. J., *Diocesan Girls' School, Kowloon, A Brief History 1860-1977*, Hong Kong: Hing Yip Printing Co., 1978, p.5.

生提供住宿，直至她們達到足夠人數另外設立一所女校的條件成熟。這無疑為日字樓的日校女生提供了很大方便。莊思端的建議，大概還包括了為她開辦的寄宿學校另設一混血女生分部：

> A letter was read from Miss Johnstone, dated Hong Kong, December 28th [1884], expressing her earnest desire to begin a School for Eurasian girls, for which there is ample accommodation in the premises, she is now occupying. She also states her conviction that such a School would be self-supporting, and begs that Miss de Jersey may be sent out to establish and conduct it. [55]

> 莊思端女士（1884 年）12 月 28 日由香港寄出的信中寫道，她迫切希望為混血女生設立學校，而她所在的校舍（按：指飛利樓）目前住宿空間充足。她堅信這樣一所學校可實現資金自給，同時請求派出 Miss de Jersey 設立並管理這所學校。

但是，莊思端的建議遭到華差會 Rev. Edmund Davys 的反對。根據女教會 1885 年 2 月 12 日的會議紀錄：

> A letter from the Rev. E. Davys was read, giving his reasons for considering it most undesirable that any work for Eurasians should be carried on under the same roof as the Chinese School,

---

55　　Entry 8482 (dated February 12th, 1885), the Minute of the Committee of the FES.

and by the same Missionaries who are working in the latter, and the result of Miss Oxlad's experience in Hong Kong on the same subject being communicated to the Committee, it was Resolved that Miss Johnstone shall not be permitted to carry out her plan. [56]

> Rev. Edmund Davys 在信中寫道，他認為混血兒童不應在華人學校接受教育，也不應由在華人學校工作的傳教士負責教育，並列出了種種理由。他向華差會報告了岳士列女士在香港所做的類似嘗試。華差會由此決定不允許莊思端女士開展她的計劃。

招璞君據而闡發道：

> Davys's comments could allude to the marriage-sale scandal mentioned earlier, or merely the prejudice generally held against Eurasian girls in the Chinese community. The complications involved in giving an English education to Eurasian girls, and a purely vernacular education to Chinese girls under the same roof, with all necessary measures to minimise the influence of the former on the latter, made Eurasian education problematic. [57]

> Davys 的說法可能暗指此前提到的買賣婚醜聞，又或者僅指大眾對華人群體中的混血女生普遍抱有偏見。在同

56　Entry 8483 (dated February 12th, 1885), the Minute of the Committee of the FES.

57　Chiu, Patricia Pok-kwan: "A position of usefulness: gendering history of girls' education in colonial Hong Kong (1850s-1890s)", *History of Education: Journal of the History of Education Society*, 37:6 (2008), pp.799-800.

> 一屋簷下為混血女生提供英文教育、為華籍女生提供純中文教育，即便採取所有必要措施，力圖使前者對後者的影響最小化，其複雜性仍導致混血教育困難重重。

如前所論，這樣自然有可能造成課程設計乃至教育理念之紊亂。Davys 之指責，蓋就此而發。不過，歐德理 1889 年致史剑域函中，已認為對華人及混血女性進行英文教育不足為患：

> At the present day there are numerous little evening Schools scattered over the Colony where these girls can learn what little English they require, whilst all the existing Girls' Schools have as many applicants as they can accommodate, and public opinion is now strong enough in these Schools to frown out any open supporters of immorality. [...] As regards Eurasian girls, the offspring of these illicit connections, a most important change has of late taken place, in that these girls, who formerly used to become concubines in turn, are now commonly brought up respectably and married to Chinese husbands who themselves have received an English education in the local Boys' Schools. [58]

> 時至今日，無數小型夜校遍佈全港。這些女生可以在夜校學到所需的英文。與此同時，現有女校全部生源爆滿。強有力的公眾輿論使意圖不軌者無法在這些學校內立足。〔……〕至於混血女生，即違背社會常規締結婚姻

58　Eitel, E.J., Letter to the Colonial Secretary on July 5, 1889, Letter no. 41, CO 129/342, 80 ff, pp.275-276.

者的後代，近來在她們身上發生了一個顯著的變化：過去她們只能嫁與他人作妾室，但現在這些女生通常受過良好教育，她們的華人丈夫自身也在當地男校受過英文教育。

由是可知，此時華人家庭顯然已願意讓女兒接受正規的英文教育，與女仔館時代不可同日而語。而混血家庭的境況也有所改善，家中女孩能獲得更令人滿意的婚配。因此，另有所圖者已不易在正規學校內立足。此外，前文所言羅絮才與何福的婚姻，也證明成長環境良好的混血女子已漸能得到較佳的歸宿。再如何東、何福同母異父的兄弟何甘棠（1866－1950）實為華人，他與混血的施蓮玉（Edith McClymont，1868－1964）在 1885 年成婚，[59] 也可視為歐德理之言的註腳。

歐氏有關女性教育的新看法，很快在飛利女校得到了實現。招璞君指出飛利在 1890 年代初的收生變化道：

> In 1890, and English division with twelve girls was added and the total number of girls amounted to forty-two. When the nearby Diocesan Home and Orphanage, originally a school for European and Eurasian children, planned to switch to a boys' school, the girls in that school were transferred to Fairlea in 1892 and were housed in the English division. The number of girls in the English division grew to twenty-five in that year, while thirty-

59 Tse Liu, Frances, *Ho Kom Tong: A Man for All Seasons*, Hong Kong: Compradore House Ltd, 2003, p.49.

six were enrolled in the Chinese division. [60]

> 1890 年，添設了一個有 12 名女生的英文部，全校女生增至 42 名。當左近的日字樓孤子院——原來是一所為歐裔和混血兒童開設的學校——計劃轉型為一所男校，該校的女生也於 1892 年轉入飛利，並安置在英文部。那一年，英文部女生增至 25 名，而中文部則有 36 名。

招璞君根據 *Female Missionary Intelligencer* 刊載的眾多信件摘錄，相信在 1880 年代末期，前此 Davys 提出的道德影響顧慮對於莊思端來說已不成問題。主要問題仍在於人力與物力。莊思端一類的傳教士只負責講授宗教知識，學校還需要物色本地說英語的女士來講授不同科目——而這些教師與接受女教會支持的傳教士不同，是需要獲取報酬的，這自然會帶來財務影響。因此就以飛利的體量而言，同時運作中英文兩個分部實在捉襟見肘。筆者以為，1890 年飛利開設英文部，乃是權宜之計，可能一方面配合日字樓的轉型，另一方面暫時緩和混血女生教育困境，直至問題得到進一步解決。實際上，中英文部的女生雖然並不一起上課，卻因校園褊小而能時時見面。再參考《南華早報》1936 年 10 月 15 日的報導，足見飛利女校在設立英文部不久，華人與混血女生已不無交流、乃至共同接受教育的機會：

> In Miss Johnstone's boarding school, the Eurasian girls took

---

60 Chiu, Patricia Pok-kwan, *Promoting All-Round Education for Girls: A History of Heep Yunn School, Hong Kong,* p.17. 按：飛利於 1890 年設置英文部，可參 *Hong Kong Government Blue Book* 1891, p.4.

English lessons upstairs and the Chinese girls studied their own language in the lower rooms. When a student had finished the seven Chinese classes, she went upstairs and studied English. [61]

> 莊思端女士開辦的寄宿學校裡，混血女生在樓上學習英文，華籍女生則在樓下教室裡學習中文。學生在中文部讀完第七級後便可上樓進修英文。

飛利的華籍女生在中文部讀完第七級（Class VII），就可以開始學習英文。招璞君教授指出，中央書院和中央女校也採取了一樣的方法。華籍學生在開始學習英文之前，應已對自己的母語有一定的了解。因此這裡會出現一個問題，那就是在中央書院裡年齡較大的華籍男生會與較年幼的非華籍男生一起學習；同理，中央女校裡年齡較大的華籍女生會與較年幼的非華籍女生（可能是印度裔）一起學習。[62] 類似情況必然也會在飛利出現。

飛利於 1890 年設置英文部，至 1900 年將混血及歐裔女生轉至新成立的拔萃女書室，可見《南華早報》這段報導雖未明言年代，但所描述的狀況發生在 1890 年代無疑。無論「樓下女生」中有完全不諳英文的混血兒，抑或「樓上女生」中有進修英文的華童，都可證明香港社會此時對於華籍女生學習英文的禁忌，以及華人與混血女生隔離教育的認知已經大為改觀。

再看維多利亞孤子院。如其創辦人何約翰牧師在 1889—

---

61 "Fairlea School Celebrations: Next Week's Jubilee Opened as Boarding School in 1886 by Miss Johnstone", *South China Morning Post*, October 15th, 1936.

62 招璞君教授致筆者函，2020 年 11 月 27 日。

Girls Writing.

飛利女校的女生

Hong Kong Schoolroom : Dismissal of Girls.

飛利女校的女生放學

90 年度報告中寫道：

Before I close this Report of the school. I must say a few words about the Eurasian Section of it. This Branch has been carried on, with much difficulty, owing to the lack of a proper teaching Staff. The younger children, in order to receive an English Education, attend daily the classes at the Diocesan Home Boys' School; but with the elder ones – 2 Eurasians, and 2 Americanized Chinese, of age varying from 17 to 27, the difficulty is great. We hope, ere long, the way will be open for us to establish a separate Boarding and Day School for girls; lack of funds for the present, prevents us from doing this. Meanwhile we should be glad to secure the services of a teacher here. We are in communication with friends at home, and hope to soon hear of the appointment of a suitable lady to take charge of this branch of the work. [63]

> 關於校內混血學部，我必須在報告結束前說幾句話。由於缺乏合適的教員，該分部的開展非常困難。為了接受英語教育，年幼的孩子每天都在拔萃男校上課。但是對於年齡較大的學生——介於 17 歲至 27 歲的兩位混血兒和兩位美籍華人而言，難度很大。長久以來，我們希望

63 "The First Annual Report of the Victoria Home and Orphanage, 1888-89", contained in "Hong Kong Memory Project", https://www.hkmemory.hk/MHK/collections/education/All_Items/PreWarEdu_Prints/201303/t20130311_57554.html?f=classinfo&cp=%E5%A0%B1%E5%91%8A&ep=Report&path=http://www.hkmemory.hk/collections/education/All_Items/./8178/8844/8854/8857/index.html.（2020 年 7 月 30 日瀏覽）

獲得機會，建立獨立的女子寄宿和走讀學校。由於目前缺乏資金，我們無法如此進行。同時，有一位老師保證留校服務，我們應該為此高興。我們正在與祖家的朋友溝通，希望很快聽到適任的女士前來主持該分部的消息。

報告中提及的四位較年長的女生，兩人為混血兒、兩人為美籍華人，這與女仔館英文部、日字樓孤子院女生「非華籍」、「非華化」的特徵是一致的。可以推想，維多利亞孤子院混血部的其餘女生，大抵往往也具有這種特徵。對於混血部的教學，該年度報告指出：

In our Eurasian Section of the Home, the children are all to be brought up as English girls and to receive an English education. [64]

在我們學校的混血部，孩子們都以英國女孩的方式撫養，並接受英語教育。

進一步說明了教學方式與女仔館、日字樓的一脈相承。這自然為日字樓女生的轉學提供了條件。除了混血部，維多利亞孤子院還有華籍部。如何約翰夫婦 1891 年辭職離港之際，包督在當年 8 月的一封信中寫道：

---

[64] "The First Annual Report of the Victoria Home and Orphanage, 1888-89", contained in "Hong Kong Memory Project", https://www.hkmemory.hk/MHK/collections/education/All_Items/PreWarEdu_Prints/201303/t20130311_57554.html?f=classinfo&cp=%E5%A0%B1%E5%91%8A&ep=Report&path=http://www.hkmemory.hk/collections/education/All_Items/./8178/8844/8854/8857/index.html.（2020 年 7 月 30 日瀏覽）

The Girls' Boarding School left by Mr. and Mrs. Ost is called the Victoria Home and Orphanage. It was opened in the Jubilee year of the Queen and hence its name. It was intended, by being called a "Home and Orphanage" for girls brought to Hongkong for immoral purposes but by the help of Government rescued before they had in any way been transferred with. Those received varied in age from 6 to 16 years of age, and during the 2 years under the Osts some 30 girls had been taken in. When they left, there were about 20 girls of this class in the School. But they did not confine their school to this class. They received girls belonging mostly to Christian families either of our own or other missions. This mixture of the different classes of classes I considered very dangerous, but under Mrs. Ost's vigorous management no harm seemed to come. Others however who did not sympathize with her system could not be expected to be very enthusiastic about carrying it out when the Osts left. [65]

何約翰夫婦留下的女子寄宿學校稱為維多利亞孤子院。它在女皇登基鑽禧年開業,故而得名。它的宗旨一如其孤子院之名,是要為被政府拯救的那些因不道德目的被拐至香港的女孩們提供住處——在她們可能轉往他處之前。接收的這些女孩,年齡從 6 歲到 16 歲不等。在何約翰夫婦任職的兩年中,約接收了 30 個女孩。當他們離職時,校內這類女孩大約還有 20 個。但是他們並沒有把學校限制於接收這一類女孩。他們還接收來自基督家庭的女孩,

---

65 Bishop Burdon's letter to Mr. Fenn (Date: August 1891). CMS/G1/CH1/O/1891/194.

> 這些家庭多半利屬於我們或其他教會。我認為把不同的類別混合在一起是非常危險的，但是在何約翰夫人的戮力管理下，似乎沒有出現問題。但當何氏夫婦離開後，我們難以期待那些不支持她這個系統的人來接手經營。

即使是華籍部，至少還要分成被拐孤女和良家女孩兩類；再加上混血部，維多利亞女生成份之複雜，由是可見。難怪包督認為這種混合「非常危險」，而一旦何氏夫婦離職，後繼者既無興趣也無能力和精神來運作如此一所學校。整體而言，1890 年代的香港女校對待不同族群的學生，仍是傾向於隔離教育，雖如飛利因配合日字樓轉型而臨時成立英文部，以及維多利亞孤子院兼收各種學生，但如此狀況大都是暫時性的。

另一邊廂，日字樓孤子院於 1891 年增建新翼後，決定改名 Diocesan School and Orphanage，次年終於踏出男女分校的第一步。根據俾士校長之言：

> All girls left when Fairlea School, under the superintendence of Miss Johnstone, was opened to them in 1892; the Diocesan Girls' School was opened in 1900. [66]

> 1892 年，日字樓女生全數轉入莊思端女士掌管的飛利女校；1900 年，拔萃女書室成立。

66　Featherstone, W. T., *The History and Records of DBSO*, p.48. 按：查飛利成立於 1880 年，並非 1892 年專為日字樓女生而設立。俾士所用 "opened" 一詞，不宜誤讀。

日字樓女生轉入飛利女校，兌現了莊思端的承諾。當然，體量不大的飛利，要消化 1891 年從日字樓轉來的女生，一定頗有壓力。再者，考前此維多利亞孤子院於 1888 年成立，隨即錄取了 35 名華籍女生和 9 名原來就讀日字樓的混血女生；這 9 名女生轉校前都是接受英文教育的日校生。[67] 可以推測，9 名混血女生的轉校大抵並非個人決定，而是日字樓轉化成男校的階段性安排。除此之外，1889 年入讀日字樓的 Elizabeth A. Olson 和 Hannah M. Olson 姊妹，[68] 不久也轉學於新成立的中央女子書院（後改名庇理羅士女子中學）。《德臣西報》1893 年 2 月 1 日關於頒獎日的報導中，提及 Hannah Olson 得到針黹獎；[69]《士蔑報》(*The Hong Kong Telegraph*) 1896 年 7 月 30 日的頒獎日報導，就讀 Class One 的 Lizzie 獲得語法和默書獎，就讀 Class Two 的 Hannah 獲得歷史獎。[70] 而前文所言，飛利 1890 年始設英文部時的十二名女生也應以混血兒為主，甚至頗有一部分來自日字樓。換言之，日字樓女生非僅於 1891 年一次性離校，而是以數年時間分批轉走的，1891 年底最後轉走的一批女生大約僅有十餘人而已 —— 儘管這些情況未必能夠透過表四的數據清晰呈現。無論如何，直到 1900 年創設女拔萃，日字樓女生問題才基本得到解決。

67　*1st Annual Report, Victoria Home and Orphanage 1888-1889.*

68　Featherstone, W. T., *The History and Records of DBSO*, p.153.

69　"Government Central School for Girls: Presentation of Prizes by Lady Robinson", *The China Mail*, February 1st, 1893.

70　'Belilios Public School Midsummer Prize Distribution', *The Hongkong Telegraph*, July 31st, 1896. 按：以上兩筆資料蒙招璞君教授賜告。

第三章
飛利女校與
拔萃女書室

　　如前章所言，莊思端於 1883 年提出願意為日字樓女生提供住宿，1884 年提出希望在飛利開設混血女生分部，1890 年設立英文部，1892 年接受所有日字樓女生，1900 年又將二十多位混血女生轉入新設的拔萃女書室。對於日字樓孤子院轉型成男拔萃，以及女拔萃的成立，飛利女校皆扮演了承上啟下、不可或缺的角色。而從 1900 年建校至 1941 年香港淪陷，女拔萃都與飛利（以及協恩）、聖士提反女校（1906 年創立）在女性教育方面採取了分工合作的策略。

一、飛利女校的淵源

　　飛利女校的淵源可以追溯至畢士泰。莊思端之父為一鰥居的愛爾蘭軍人，她於 1864 年，隨父駐守香港，獲得畢

The late Miss Margaret John-
stone returned to the Colony in
1880 to take up the work of The
Female Education In The East
Society and started a school for
girls—The Fairlea Girls' School
—which has just completed its

舊報紙中的莊思端留影
（圖片出處：*Hong Kong Sunday Herald*, 1935 年 10 月 25 日）

晚年岳士列

士泰的英童學校取錄。在校期間，莊思端親炙畢士泰、岳士列兩位女士，深受影響。後來，莊思端隨父返英。父親病故後，申請加入女教會，接受培訓。據女教會 1873 年 11 月 13 日會議紀錄，莊思端正式成為幹事，前往中國工作。[1] 翌年初，被委任為岳士列助手，着儘快啟程。[2] 不久後，莊思端乘坐溫哥華號郵輪重返香港，[3] 在畢士泰諸校協助岳士列。1877 年，岳士列奉命轉職日本，莊思端開始執掌諸校。

　　1880 年，莊思端在般咸道西尾里（West End Terrace）為華籍女生開辦了一所小型寄宿學校，[4] 大約 1883–84 年間，遷入同在般咸道左近的飛利樓（原址現為聖保羅書院），俗稱飛利女校。[5] 飛利後來則把 1886 年視為正式創校年份。[6] 飛利剛開辦時只有「高小部」（higher primary standard），至 1930 年代初才先後增設初、高中部。[7] 所謂「高小部」，大概是相對男校中開設了幾何、地理、歷史等科目的「高級部」（higher standards）而言。再參招璞君所言：

1　Entry 5953 (dated November 13th, 1873), the Minute of the Committee of the FES.

2　Entry 6012 (dated February 12th, 1874), the Minute of the Committee of the FES.

3　Entry 6025 (dated March 14th, 1874), the Minute of the Committee of the FES.

4　Ms. Johnstone's letter (dated November 18th, 1880), contained in Entry 7403 (dated December 28th, 1880), in the Minute of the Committee of the FES.

5　按：根據莊思端 1884 年 12 月 28 日的信函，可知學校當時已遷往飛利。（見本編第二章註 55）招璞君教授據此指出：遷校時間當在 1883–84 年間，這也可視為飛利正式成立的年份。

6　"Fairlea School Celebrations: Next Week's Jubilee Opened as Boarding School in 1886 by Miss Johnstone", *South China Morning Post*, October 15th, 1936.

7　"Fairlea School's Day: Presentation of Certificates by Mrs. Ts'o at Annual Events", *South China Morning Post*, October 24th, 1935.

In 1880 Johnstone opened the Fairlea School, a boarding school designed to house homeless girls and to seclude lowest class girls completely within the missionaries' teaching, away from bad influences at home. It was believed that in this way the missionaries would be able to see such girls respectably married, instead of being sold by their parents to some rich husband. [8]

More than a school, Fairlea functioned as a refuge, a new home, replacing the original ones of the students who came from poor heathen families, whether fatherless, kidnapped and rescued, sold as servant girls, abused or abandoned. Through baptism, the girls acquired a new Christian name symbolising a new identity and affiliation. [9]

> 1880 年，莊思端開辦飛利女校。這是一所面向孤苦女童的寄宿學校，讓這些來自社會最底層的女童接受傳教士的教導，與來自原生家庭的負面影響徹底隔絕。校方認為通過這種方式，傳教士們將有望見證這些女生體面出嫁的那一天，而不是被她們的父母隨便賣給有錢人作妻妾。
>
> 飛利不僅是學校，更是孤苦女童的避難所和新家園，取

8 Chiu, Patricia Pok-kwan: "A position of usefulness: gendering history of girls' education in colonial Hong Kong (1850s-1890s)", *History of Education: Journal of the History of Education Society,* 37:6 (2008), p.801. 參 *Female Missionary Intelligencer II* (1882): pp.191-193. 按：招氏後在協恩校史中指出，這所 1880 年開設於西尾里的女校，只能視為飛利女校的前身。

9 Chiu, Patricia Pok-kwan: "A position of usefulness: gendering history of girls' education in colonial Hong Kong (1850s-1890s)", *History of Education: Journal of the History of Education Society*, 37:6 (2008), p.802.

Fairlea School, Hong Kong.

1901 年的飛利女校

1910 年代的飛利女校

代了她們貧窮、異教的原生家庭。這些女童或幼年喪父，或遭人綁架後成功解救，或被賣與他人為奴，或遭受虐待乃至遺棄。經過洗禮，她們獲得了新的教名，象徵着全新的身份和社會關係。

該校既收錄孤女和清貧人家之女，又是日校教師培訓所和女教會傳教屋。[10] 值得注意的是，莊思端在 1880 年已執掌畢士泰諸校；此時她仍執意創辦該校，多少蓋有協助日字樓女生寄宿的動機 —— 日字樓孤子院已於 1879 年提出，女生部以後只取錄日校生。日字樓 1881–82 年度報告寫道：

> The Committee find that applications are made from time to time for the admission of girls, which have most reluctantly to be refused. It is difficult to advise the applicants where to place these girls, as there seems to be no similar Institution in connection with the Church of England in China. [11]

> 校董會不時會收到女童的入學申請，不得已之下卻唯有加以拒絕。很難向申請者建議如何安置這些女童，因為聖公會在中國似乎沒有另外開辦性質相似的學校。

龔李夢哲論及 1884 年入學日字樓的一位女生 Elizabeth Hastings（暱稱 Lizzie）的住宿情況，或者可持作這段話的印證：

---

10 Holdsworth, May, and Munn, Christopher (ed.), *Dictionary of Hong Kong Biography,* Hong Kong: Hong Kong University Press, 2012, p.215.

11 Featherstone, W. T., *The History and Records of DBSO*, p.25.

When Elizabeth Hastings entered the Diocesan Home and Orphanage school in 1884, she must have boarded at Miss Johnstone's house, called "Fairlea", in Bonham Road. [12]

> 當伊莉莎白‧希士頓在 1884 年進入拔萃書室就讀時，她必須寄宿在莊思端在般咸道的屋子，稱為「菲莉女校」。

如此推斷是很有道理的。1886 年，包督以日字樓孤子院校董會主席名義向政府提出擴建計劃。但是到了 1891 年，日字樓新翼落成，卻不僅沒有成為女生部，而女生更於全數轉入飛利。包督饒益女生的計劃再次未能實現，如此情況可能仍是日字樓校董會中工商背景校董之意見佔上風的結果。至於飛利向日字樓女生敞開大門，似乎透露其與日字樓的教育理念有一定的相近性。當時一些就讀日字樓的混血兒姐弟或兄妹往往都是這種安排：男生在日字樓寄宿，女生為日校生，晚上在飛利或維多利亞住宿。如 Benning 姐弟四人中，大姐 Annie 於 1888 年入讀日字樓，而在維多利亞住宿，[13] 她三個弟弟 Frederick、Thomas 和 George 則皆在日字樓。再如日字樓舊生 John F. Howard 晚年自云於 1886 年至 1894 年間就讀此校，正值轉型男校之際。他回憶當時的女生情況，有如此描述：

---

12 龔李夢哲著、徐雨村譯：《福爾摩沙的洋人家族：希士頓的故事》上冊，頁 306。按：龔書譯文採用徐雨村譯本。

13 W. Machell's letter to the CMS Committee (January 1890), CMS/G1/CH1/O/1890/25.

There were also some girl students, who came to the boys' school to study together with the boys. These girls came from Fairlea, a school for girls, which was not far from the boys' school. The headmistress of this girls' school was Miss Johnstone. These girl students were sisters of some of the boys in the school. My sister, Mary Howard, was one of these girl students. At that time, there was no Diocesan Girls' School. [14]

> 還有一些女生,到男校來和男生一起學習。這些女生來自飛利,飛利是一所女校,距離男校不遠。這所女校的校長是莊思端女士。這些女生是學校中一些男生的姐妹。我的姊妹 Mary Howard 便是其一。那時還沒有拔萃女書院。

費瑟士東校史註冊表有一位 John Francis Howard,當即此人,然其入學於 1884 年,[15] 與 Howard 自言相差兩年,當是歲月太久,記憶略誤。此外,Howard 將日字樓稱為「男校」,一方面在 1892 年後固然成為事實,另一方面則應是他當年觀察與印象的積澱所致。1892 年以前,日字樓女生雖與男生「一起學習」,但人數本就不多,且一來男女分開授課,兩個分部的學生鮮有過從,二來女生晚間要到飛利寄宿,故 Howard 會認為她們「來自飛利」。其妹 Mary Howard 也見錄於費瑟士東校史註冊表,1888 年入學,[16] 明顯是日

14　"Tours Made An Old Student", *Steps,* 1959, p.47.

15　Featherstone, W. T., *The History and Records of DBSO*, p.155.

16　同前註,p.153。

字樓女生。兩兄妹間不可能沒有溝通，但 Howard 卻仍將她視為飛利女生。查前引包督 1886 年致代理輔政司函中還特別提到男生與女生使用操場時，必須錯開時間，不得令其相見。[17] 這進一步證明了日字樓男女生之間鮮有互動。由此可知，在當時日字樓男生眼中，飛利便是與日字樓男校相對應的女校 —— 在女拔萃尚未於 1900 年正式成立的環境下。透過本節所論，可知 1891－92 年莊思端主持的飛利女校向日字樓女生放開懷抱，並非驟然之舉，而是從 1880 年代早期開始逐步發展的結果。

二、轉學飛利的日字樓女生管窺

1977 年，女拔萃校長西門士夫人發表學校簡史，其中有一段關於 1895 年鼠疫的敘述，引自 Winifred A. Wood 所著 *A Brief History of Hong Kong* 一書：

> A number of Eurasian girls who have been educated in English at the Diocesan School for girls expressed themselves desirous of undergoing nurse's training but were discouraged by the Colonial authorities. [18]

17　Paragraph 9, Bishop Burdon's letter to Acting Colonial Secretary (dated April 3rd, 1886), CO129/231, pp.82-100.

18　Wood, Winifred A., *A Brief History of Hong Kong*, Hong Kong: South China Morning Post, 1940, pp.176-177. Symons, C. J., *Diocesan Girls' School, Kowloon, A Brief History 1860-1977*, p.5.

部分在女拔萃接受了歐式教育的混血女生,渴望學習護理課程,卻得不到殖民地當局的支持。

如前所言,日字樓孤子院於 1891 年把所有女生移往飛利女校,成為純男校的拔萃書室。當時女拔萃猶未成立,那麼,1895 年又何來一所 "Diocesan School for girls" 呢?筆者以為,這批女生大概曾經肄業於日字樓孤子院的女生部,1895 年時或已畢業,或仍負笈飛利;宣稱自己曾就讀日字樓,應是藉以顯示英文能力足夠爾 —— 同時當然也流露出她們對日字樓的歸屬感。[19] 而這批女生,可能有前節談到的 Elizabeth Hastings(1873−1923)及其學妹 Annie Benning(1881−1923)兩位在內。

　　Elizabeth 之父係在南臺灣工作的英國商人 Robert John Hastings(1842−1912),娶當地女子黃恭(Yunna)為妻,育有八名子女,而 Lizzie 為長女。由於 Robert 與黃氏是當時罕見的正式婚姻,因此 Lizzie 姊弟得以蒙受父親的養育,命運遠較其他混血兒童為幸運。龔李夢哲指出:Robert 長期身處東方,覺得自己欠缺學校教育;而自己的孩子們都是混血兒,會面臨社會的歧視,只有教育才能改變處境。因此,

19　按:Winifred A. Wood 在這段文字後又評論道:"On this matter the government were short-sighted and intolerant, they concurred with local British residents in their opinion that Eurasian and Chinese girls could never be trained to become expert nurses and sisters though they might be useful as servants in the hospitals. In the light of subsequent development this was a totally unjustifiable point of view."(「在這件事上,政府是短視和不寬容的,他們同意本地英國居民的意見,認為混血和華籍女孩永遠都不可能接受培訓成為專業護士,只能在在醫院當女傭。鑑於後來的發展,這是完全不合理的觀點。」)

1890 年代飛利女校的混血女生。右立者為助理教師 Lizzie Hastings，前排身穿淺色衣裙者為 Annie Benning（CMS 檔案）

他決定讓他們既可能接受最好的學校教育。[20] 在 Robert 看來，香港的日字樓孤子院是一所能提供良好英語教育的學校，又接受混血兒童入學，遂於 1884 年將 Lizzie 送入日字樓。[21] 如此情況與前章所言，遠在上海的羅富華在 1869 年左右將女兒羅絮才送入日字樓，頗為類似。龔李夢哲指出，Lizzie 入讀日字樓後的十年中，只有 1889 年左右見到母親一次。這是因為香港到安平或打狗（高雄舊名，後同）的船期非常不固定，而且八月有颱風，因此成為橫渡臺灣海峽的

20　龔李夢哲著、徐雨村譯：《福爾摩沙的洋人家族：希士頓的故事》下冊，頁 188。

21　龔李夢哲著、徐雨村譯：《福爾摩沙的洋人家族：希士頓的故事》上冊，頁 286。

危險月份。雖然在華人傳統上，母親會承擔養育子女的責任，但 Robert 這類英國人的信念卻是：在寄宿學校便能夠得到最佳教育。[22] 根據費瑟士東校史註冊表，Lizzie 曾兩度入學日字樓，一次在 1884 年，名為 Lizzie Hastings；一次在 1887 年，名為 Elizabeth Hastings。[23] 可見 Lizzie 在首度入學後，大抵曾轉往他校，因此才後二度入學之事。Lizzie 轉學原因不詳，大概與日字樓女生部學額不足相關；而她轉學之處，似有可能即莊思端主持的寄宿學校（亦即稍後的飛利）。[24]

　　相形之下，Lizzie 好友 Annie Benning 的原生家庭則沒有那麼幸運。Annie 在 1881 年生於香港，母為本地華人，父為美籍船長 Augustus Benning，兩人並未正式成婚，共同經營一艘往來港澳的汽船。除了 Annie 之外，他們還生下了三個男孩。1887 年，船長拋妻棄子，返美與表妹結婚，從此鮮有踏足香港。次年，Annie 四姐弟全被送入日字樓孤子院。和 Lizzie 一樣，Annie 在日字樓只能當走讀生，住宿處則為日字樓附近新開張、華差會旗下的維多利亞孤子院。[25] 維多利亞的照料水平似乎不及飛利，當時日字樓副校長 W. Machell 曾致函華差會投訴，信中便舉了 Annie 所受「苛待」

22　龔李夢哲著、徐雨村譯：《福爾摩沙的洋人家族：希士頓的故事》上冊，頁 294。

23　Featherstone, W. T., *The History and Records of DBSO*, p.153.

24　按：Lizzie 之弟 Harry 和 Paul 雖為男生，卻也有兩度入學的紀錄。Harry 入學年分為 1885 及 1889，Paul 則為 1895 及 1898。年份皆不相同，原因待考。

25　龔李夢哲著、徐雨村譯：《福爾摩沙的洋人家族：希士頓的故事》上冊，頁 294－295。

為例。[26] 稍後，Annie 便轉宿飛利。至 1891 年 12 月時，Annie 則已正式和包括 Lizzie 在內的十幾位日字樓師姊妹一起成為了飛利的學生。[27]

離開日字樓之際，Lizzie 已屆十八歲，翌年便在飛利畢業，擔任助理教師，不僅在飛利，也在女教會的其他學校協助莊思端教導年輕學妹。[28] 至於 Annie 則在 1895 年畢業。龔李夢哲說：Lizzie 和 Annie 原先計劃一同前往英國接受醫護訓練，然而 Lizzie 之母黃氏在 1895 年突然逝世，使她不得不放棄理想，返回臺灣照顧三個年幼的妹妹。此時剛畢業的 Annie 也未馬上赴英，而是接手 Lizzie 留下的助理教師空缺；她直到 1904 年底才從飛利離職，翌年前往英國接受訓練，並通過了「倫敦普通護理和助產士證書」檢定。[29] Lizzie 和 Annie 有聯袂留洋接受醫護訓練的志向，Annie 在 1895 年畢業時，又正值香港鼠疫橫行。因此，Winifred A. Wood 一書提到的那幾位「在女拔萃接受了歐式教育」、「渴望學習護理課程」的的混血女生，很有可能包括 Lizzie 和 Annie，但她們畢業之處是飛利女校而非日字樓孤子院女生部，更非所謂 "Diocesan School for Girls"，是無庸置疑的。

大概 Lizzie 在香港時，已知道 Harry Arthur（1870—

26 Machell's letter to the CMS Committee. (Dated January 1890) CMS/G1/CH1/O/1890/25.
27 見 Annie Benning 致其父函（1891.12.19.），錄入龔李夢哲著、徐雨村譯：《福爾摩沙的洋人家族：希士頓的故事》上冊，頁 296。
28 龔李夢哲著、徐雨村譯：《福爾摩沙的洋人家族：希士頓的故事》上冊，頁 299。
29 同前註，頁 300。

Annie Benning（中坐者）在臺灣友人合影。希士頓家族的 Harry（左二）、John（左四）皆為拔萃書室校友。（雅瑟家族藏品）

Lizzie Hastings 與 Harry Arthur 於 1904 年 6 月 20 日在臺南安平英國領事館舉行婚禮。（雅瑟家族藏品）

1934）其人。Harry 是日字樓前校長雅瑟的長子，1886 年左右從中央書院畢業。1890 年起，Harry 前往臺灣，在打狗和臺南擔任怡記洋行（Elles & Co.）的職員，後來更成為英國駐南臺灣代理領事。[30] 1904 年 6 月 20 日，Lizzie 與 Harry 在安平英國領事館舉行婚禮。1906 年，Harry 更成為英國在南臺灣的代理領事。[31] 1909 年，在英國取得專業資格的 Annie Benning 從倫敦經香港來到安平，在臺南醫院擔

30　龔李夢哲著、徐雨村譯：《福爾摩沙的洋人家族：希士頓的故事》上冊，頁 353。

31　龔李夢哲著、徐雨村譯：《福爾摩沙的洋人家族：希士頓的故事》下冊，頁 110、118。

任護士。[32] 如此決定，很有可能是受到好友 Lizzie 的影響。不過工作一年後，Annie 就辭職了，大概與 Harry 夫妻住在一起。1912 年 1 月，Lizzie 又誕下一子，嬰兒遂由 Annie Benning 幫忙照顧。[33] 隨着時局和商業環境的變化，Harry 決定離開臺灣。1913 年夏，Harry 帶着妻子 Lizzie 和四個孩子、妻妹 Dorothy，在 Annie Benning 的陪同下乘坐輪船前往加拿大卑詩省，定居於彼。[34] 1914 年，Annie 回到英國，繼續擔任護士。1923 年，Lizzie 和 Annie 先後在居住地去世。

Annie 和 Lizzie 這對混血好友，前者誕生於香港本地，後者來自臺灣。在混血女童教育資源非常匱乏的年代，她們不約而同被安排入讀日字樓孤子院女生部，後又一起轉入飛利女校，畢業於彼。Lizzie 和 Annie 的故事，具體而微地反映出十九世紀後期日字樓和飛利混血女生的生活情況。

三、拔萃女書室的成立

飛利本來只收華籍女生，前節所引《南華早報》談及混血女生之招收正始於日字樓的轉型。所謂 "upstairs" 和 "downstairs girls" 的區隔，令人想起女仔館及日字樓孤子院中華裔和歐裔／混血女生分開授課的情況。而飛利體量較小，如此變化需要更多資源。因此，莊思端曾不止一次向政

32　龔李夢哲著、徐雨村譯：《福爾摩沙的洋人家族：希士頓的故事》下冊，頁 198。

33　同前註。

34　同前註，頁 203。

府申請經費，擴建校舍。如港府視學官 1899 年 10 月 4 日的
信件即謂：

Miss Johnstone, who has managed the schools of the
Female Education Society for many years, applies for a grant
to defray the cost of a school-room built the year before last in
the grounds of Fairlea on the Bonham Road, where she has a
school and orphanage. Miss Johnstone made a similar application
in 1897, (see C. S. O. 1809 of 1897), but it was refused on the
ground that the property did not belong to the Society. It had
since been brought, so the objection no longer holds good. The
cost of the building is $1861.

I have to add to my report on Miss Johnstone's previous
application that the school is in future to be confined to Chinese,
and that I am still of opinion the Building Grant under the Code
should be confined as much as possible to day schools, and
should not be made to defray the cost of class-rooms attached to
Homes and Orphanages. [35]

> 莊思端女士多年來掌管女教會名下的幾所學校。她向政
> 府申請經費，用於支付前年般咸道飛利女校新建校舍的
> 費用。她還負責掌管附近的一所孤子院。莊思端女士
> 1897 年曾向政府提出過類似申請（詳見 C. S. O. 1897 年檔
> 案之 1809 號），但卻遭到拒絕，因為當時土地所有權不

---

35 Extract from letter No.62 of October 4th, 1899, from the Inspector of Schools.
CO129/294/p565.

屬於女教會。女教會隨後買下該土地，反對意見於是不再成立。新建校舍費用為 1861 元。

在此我要額外補充：莊思端女士此前申請經費時曾提到，學校未來將僅面向華籍學童開放。我堅持認為建築撥款只應用於私立日校，不應用於支付日字樓孤子院名下校舍的建設費用。

由於混血及華裔女生人數日增，其中不少人還是宿生，飛利縱於 1897 年增建教室，也難以容納這些學生。由於校舍非女教會所有，而是租賃，女教會當時亦無經費購入，[36] 政府故而認為無論擴建或重建皆不可行。加上教會方面依然不支持讓華籍和混血女生在同一屋簷下受教，因此唯一解決方法便是仿效日字樓 / 拔萃書室模式為混血女生另建一所英文學校。對於此事，當時的霍約瑟會督和莊思端皆推動甚力。據《孖剌西報》報導：

A public meeting was held in St. Paul's College on Thursday afternoon [9th February, 1899] for the purpose of considering a proposal to establish in Hong Kong a boarding and day school for Eurasian and other girls. The Bishop of Victoria presided, and there were also present the Rev. R. F. Cobbold, Sir John Carrington, Mr. May, Dr. Wright, Mr. G. Piercy, Mr. Ho Tung, and about 20 ladies. The BISHOP said that in June last when he was at home a lady wrote to him pointing out the necessity of starting some kind of home for girls — especially Eurasian

---

36　按：1900 年，女教會併入華差會（Church Missionary Society），其後華差會終於為飛利購入校舍，但這已是後話。

霍約瑟

girls — in Hong Kong. It was pointed out that there were large numbers of Eurasian girls who to a great extent were uncared for — that whilst the boys were cared for in the Diocesan Home certainly the Church of England had no school for the Eurasian girls in this place. [37]

> 週四下午（1899 年 2 月 9 日），一場公開會議在聖保羅書院舉行，旨在商討是否在香港為混血及其她女生設立一所寄宿和走讀學校。霍督主持了會議，出席者包括戈伯牧師、John Carrington 先生、梅含理先生、黎璧臣博士、俾士先生、何東先生以及約二十位女士。霍督在會上說道，自己去年六月於祖家收到某女士來信，指出有必要為女生 —— 尤其是混血女生 —— 在香港提供某種住所。

---

37 'School and Orphanage for Girls: Public Meeting in St. Paul's College', *Hongkong Daily Press*, February 13th, 1899.

> 信中還寫道，香港有大量混血女生很大程度上未有適當育養，而與此同時，男生卻在日字樓接受良好教育。聖公會顯然不曾在此為混血女生開辦學校。

在這次拔萃書室校長俾士、飛利校長莊思端、中央書院校長黎璧臣、何東和梅含理（時任警察隊長，後於 1912－18 年出任港督）、戈伯牧師皆有出席的會議上，霍督謂去年 6 月便收到某女士來函，提出香港大量混血女童皆未有適當育養，故希望教會仿效拔萃書室而開辦一所女校。有人認為，飛利女校和義大利修院學校（Italian Convent School, 即後來的嘉諾撒聖心書院）皆收錄了混血女生，不必架床疊屋。但支持聲音認為，一來聖公會不宜讓天主教會專美，二來飛利女校也有侷限：

> With regard to Miss Johnstone's School, everyone appreciated the excellence of the work done by that School, but it would be no break of confidence if he [the Bishop] said that the original move towards starting a home of this kind came to him from Miss Johnstone's School, and it was because Miss Johnstone had already a certain number of Eurasian girls in her school and was proposing to move these girls out of her school and devote herself entirely to native work that the necessity of starting such a school as the one proposed was forced upon them. If the school was started the first step would be to pass a dozen or twenty Eurasian girls who were in Miss Johnstone's school into it. [38]

38 'School and Orphanage for Girls: Public Meeting in St. Paul's College', *Hongkong Daily Press*, February 13th, 1899.

人們讚揚莊思端女士和她的飛利女校做出的傑出貢獻，但他（霍督）理應說明為混血女生開辦學校這一想法最早來源於莊思端女士。她的學校已經取錄了一定數量的混血女生，現計劃轉走這些女生以全身心投入實現學校宗旨，因此才不得不提議專門開辦這樣一所學校。如果新校順利成立，首先要做的就是把約二十位混血女生從飛利女校轉入該校。

正因飛利體量不足，兼且以教育華籍女生為宗旨，故莊思端縱使收錄了少數混血女生，此時卻也同樣希望為她們另設一所學校。若新校成立，飛利的混血女生即可轉入。反覆磋商後，協議終於達成，由霍督組成籌委會，開始組建拔萃女書室（Diocesan Girls' School and Orphanage，稍後改稱拔萃女書院）。當年3月發出一份通報，其言曰：

At a public meeting held at St. Paul's College, on the 9th February, 1899, the following Resolution was unanimously carried:–

"That it is desirable to establish in Hongkong a boarding and day School for girls, according to the doctrines of the Church of England, and that this meeting pledges itself to do all it can in support of that scheme."

[…] The need for the establishment of such a School is well known: it is made more apparent by the fact that by the end of this year Miss Johnstone will be unable to make provision for European or Eurasian girls at Fairlea.

The Baxter Mission, over which Miss Johnstone presides, is intended for Chinese girls only, and with the continued increase in application for girls of Chinese nationality, there remains no room for the accommodation of others. Thus Miss Johnstone, who for many years has provided education for a limited number of Eurasian girls at a very low cost, is compelled reluctantly to give up that part of the work. [39]

> 1899 年 2 月 9 日,一場公開會議在聖保羅書院舉行。會上一致達成如下決議:
> 同意遵照聖公會的教義,在香港創辦一所面向女生的寄宿和走讀學校,且本次會議承諾盡一切所能支持該校創立。
> [……]創立這樣一所學校的必要性顯而易見:更直白的原因是,截止今年年底,莊思端女士將無法繼續支持歐裔或混血女生在飛利女校接受教育。
> 莊思端女士目前主管畢士泰女子教育事業,而該事業僅服務於華籍女生。隨着越來越多華籍女生申請入學,學校不再有餘力招收其他背景的學生。因此,儘管莊思端女士多年來以極其低廉的學費為一小部分混血女生提供教育,但現在她不得不放棄這方面的努力了。

1900 年 2 月 15 日,拔萃女書室於正式在般咸道玫瑰行成立,由史及敦擔任校長。[40] 當年的視學官報告中,補助學

39 "Diocesan Girls' School and Orphanage: under the Patronage of Her Excellency Lady Blake", March 1899.

40 按:根據政府藍皮書,1900 年首度出現女拔萃的校名,有學生 32 人,並無校長姓名。(*Hong Kong Government Blue Book 1900*, p.2.)1901 及 1902 年度,負責人皆標為荷嘉。(*Hong Kong Government Blue Book 1901*, p.2. & *Hong Kong Government Blue Book 1902*, p.2.)然史及敦當已於 1900 年到任。

校一欄列出四所新開張的學校，女拔萃便在其中，其原文如下：

Diocesan Girls School, a Church of England School, principally for Eurasian girls. [41]

拔萃女書室，聖公會學校，主要收錄混血女生。

而同年 1 月 23 日，戈伯牧師致函《孖剌西報》談及女拔萃的創設情況，提到在募款、籌建和招聘校長同時，莊思端起了重要作用：

Miss Johnstone has kindly promised to superintend the purchase of sufficient furniture for the school, and to go into residence on February 1st with those girls who are to be transferred from Fairlea and who, during the holidays now passing, have no home to go to. Thus all will be in readiness for the formal opening of the school and the commencement of the work on February 15th. [42]

莊思端女士慷慨答允負責監管該校家具的購置，並將於 2 月 1 日帶領即將從飛利女校轉入該校的女生搬入新宿舍，而這些女生在臨近尾聲的假期裡無家可歸。如此一

41　"Report of the Inspector of Schools, for the year 1900", *Hong Kong Government Gazette* (July 12th, 1901), p.1232.

42　"Diocesan Girls' School and Orphanage", to the Editor, *Hongkong Daily Press*,, January 23rd, 1900.

來，一切都將準備就緒，以迎接學校的正式開幕及 2 月
15 日的正式開學。

可見莊思端不僅答允負責監管家具的購買，並會帶領即將從
飛利轉入女拔萃的學生搬入新宿舍。關於這批女生的種族和
人數，《南華早報》後來有所追述：

> In 1900, Miss Eyre handed over twenty-four of the
> "upstairs" girls of Fairlea to Miss Skipton (who is now living in
> retirement at Home) and Miss Hawker, who had just arrived in
> the Colony. They then opened the Diocesan Girl's School. [43]

> 1900 年，Eyre 女士將 24 位飛利女校的「樓上」女生交由
> 史及敦女士（現已退休）和抵港不久的荷嘉女士接管。在
> 那之後，兩位女士開辦了拔萃女書室。

由此可知，拔萃女書室開辦時所收學生中，有 24 位是由飛
利轉來的混血女生。而女拔萃成立前夕，飛利女校的情況如
何？曾任職於飛利的碧嘉女士（A. M. Baker）在一篇文章中
有所描述：

> In 1899 we had one hundred girls in our school, seventy-
> two Chinese and twenty-eight European and Eurasian; but last
> year a diocesan girls' school was started for the latter, so we have

---

43 "Fairlea School Celebrations: Next Week's Jubilee Opened as Boarding School in 1886 by Miss Johnstone", *South China Morning Post*, October 15th, 1936.

only Chinese girls now. [44]

> 1899 年，我們學校有一百個女孩，七十二名為華籍，
> 二十八名為歐裔和混血。但是去年（按：指 1900 年），
> 為後者開辦了一家拔萃女書室，所以我們現在只有華籍
> 女生。

不過據政府藍皮書記載，飛利英文部直至 1908 年方才結
束，此蓋 1900 至 1908 年間，飛利仍有女生轉入女拔萃之
故。而前節謂 Annie Benning 至 1904 年底方才辭去飛利的
助理教師一職，這說明 1900 年後，飛利名下仍有少數混血
女生，需要 Annie 幫忙教導。龔李夢哲關於 Lizzie Hastings
之妹 Winifred 的記載可視為一條佐證：Winifred 從 1897 年
左右開始在飛利女校接受教育，直到大約 1906 年為止。[45]
可見 1900 年時，Winifred 並未隨着那二十多位同學一起轉
學新成立的女拔萃，而是留在飛利。

　　1903 年 12 月 15 日的《南華早報》刊登了一封聖約翰座
堂 Rev. F. T. Johnson 的署名來函，非常詳盡地講述了女拔萃
在拔萃書室附近的西玫瑰行成立、其後擴張至東玫瑰行的情
況。只是東、西玫瑰行皆為租用，這就為該校於 1913 年遷
往九龍埋下了伏筆。至於辦學宗旨，這份信函也有說明：

　　　　The first object of the school is to provide a Christian

44　Baker, A. M., "In School at Hong Kong", *The Round World* (February 1st, 1901), p.25.

45　龔李夢哲著、徐雨村譯：《福爾摩沙的洋人家族：希士頓的故事》上冊，
　　　頁 300。

Mr. Chan Ting Fong & Mr. W. Vivash

1908 年，男拔萃學生陳珽芳與教師歪胡士（W. Vivash）合影。

training and education for girls of European and mixed parentage, and the committee are always prepared to consider applications for the admission of orphans and children in necessitous circumstances. The education given is an ordinary English elementary education, arranged in accordance with the Government grant-in-aid scheme. The girls are also trained in household duties, and are taught to make most of their own clothes and to keep them in order. [46]

---

[46] "Correspondence: Diocesan Girls' School", *South China Morning Post*, December 15th, 1903.

> 學校的首要目標是為歐裔及混血女童提供基督教訓練和教育，且十分樂意取錄孤兒及窮苦兒童。學校推行傳統歐式教育，與政府補助計劃相適應。在校女童還會學習家政，學會自製和整理衣物。

1902 年，拔萃書室更名拔萃男書室（Diocesan Boys' School and Orphanage），[47] 以示與新成立的女拔萃相區隔。

---

47   Featherstone, W. T., *The History and Records of DBSO*, p.132.

從女仔館到
女拔萃的統緒

Gillian Bickley 指出：

It is true that the Diocesan Native Female Training School, established by Mrs. Smith in 1859, was closed a few years after its foundation, but it was revived as a boys' boarding school in September 1869, followed in 1899/1900 by a second foundation of a similar girls' school. [1]

‖ 的確，施美夫夫人於 1859 年成立的女仔館在開辦幾年後

1　Bickley, Gillian, *The Development of Education in Hong Kong 1841-1897: As Revealed by the Early Education Reports of the Hong Kong Government 1848-1896*, p.30.

就關閉了，但它在 1869 年 9 月作為一所男子寄宿學校而重新開張，隨後又在 1899 / 1900 年重開了一所類似的女校，是為第二建校期。

Bickley 筆下女仔館的「第二建校期」即為拔萃女書室。該校於 1900 年正式成立，取錄混血女生、提供英文教育，與女仔館後期英文部相吻合。然而，女拔萃要再花近四十年的時間，才能終於對施美夫夫人於 1860 年創辦女仔館的宗旨遙相呼應。1922 年，剛榮休的女拔萃首任校長史及敦發表一文談及女拔萃的歷史。文中，她固然將女拔萃的歷史上溯至女仔館，但並未直接把女仔館成立的 1860 年視為創校之年，而只是說 "somewhere in the sixties of the last century"（上世紀六十年代的某年）。[2] 史及敦不可能不知道 1860 年這個年份，但如此表述，大抵是要進一步把握女拔萃和女仔館之間的共性，以建立傳承的「統緒」。那麼，史及敦把握的共性是什麼呢？筆者以為當是混血女生與英文教育——如此特徵既屬於二十世紀初期的女拔萃，也屬於岳士列主政時期的女仔館英文部。而女仔館於 1865 年改為「勤懇學校」（Industrial School），也就是從中上階層的「年輕女子寄宿學校」轉變為更實用的「職業學校」，讓女生學習認字、針黹，接受宗教教育；招璞君教授也據而認為，1900 年拔萃女書室成立時，或多或少繼承了這項宗旨。在男拔萃的歷史敘述中，由於女仔館（「第一建校期」）與日字樓孤子院（以及

2   Skipton, E. D., "The Diocesan Girls' School, Hong Kong 1900-1921", *The Outpost*, July-December 1922 Issue, p.18.

此後同屬「第二建校期」的拔萃書室、拔萃男書室）有着不同的建制，因此二者儘管在同一校址，卻不能算作同一所學校。但從教育和收生的角度來看，女仔館後期的英文部、日字樓孤子院女生部、飛利女校英文部，儘管屬於不同建制，卻一脈相承地延續着混血女生的歐化教育事業。這也許正是史及敦和她的繼任者們所要建構的傳承統緒。

史及敦的這種表述，必然有民意基礎。如前節所論，Winifred A. Wood 把曾經肄業於日字樓、而於 1891 年起轉往飛利女校英文部的女生們視為「女拔萃學生」，一方面可能只是語言訛誤，另一方面或許也顯示了這批女生的自我認定。不難想像，當羅絮才、Dora Hazeland、Lizzie Hastings、Annie Benning 等人得悉 1900 年終於有了一所為混血女生設立的英文女校，應該感到欣慰，甚或以校友自居。這種情況，應可在西門士夫人回憶錄中關於母輩的記載中得到印證。李美琪指出，西門士之母 Lucy Perry（1892－1979）兼具奧地利、西班牙和中國血統，幼年在澳門接受華化教育，後來到了香港求學：

> Unlike her cousins who went to Diocesan Girls' School, Lucy, who came to Hong Kong later, went to Church Missionary Society School in Hollywood Road. [3]

與她入讀拔萃女書室的表親們不同，Lucy 抵港時間稍

3　Lee, Vicky, *Being Eurasian: Memories Across Racial Divides*, Hong Kong: Hong Kong University Press, 2004, p.54.

西門士回憶錄書影

晚，入讀的是荷李活道華差會學校。

西門士則回憶道：

> Much to her delight she [Lucy Perry] was allowed to go to Hong Kong, but because she was so far behind in her schooling she could not go with Kitty [Lucy's cousin] to the Diocesan Girls' School, so went to the Church Missionary Society School in Hollywood Road, accompanied each day by her faithful servant girl. [4]

---

4   Symons, C. J., *Looking at the Stars: Memoirs of Catherine Joyce Symons*, Hong Kong: Pegasus Books, 1996, p.1.

> Lucy Perry 對自己獲准前往香港感到非常高興，但由於
> 學業太落後，她不能和堂姊 Kitty 一起去女拔萃讀書，
> 所以去了荷李活道的華差會學校，每天都由忠實的女僕
> 隨同。

Lucy 入學年份固須考證，但她出生的 1892 年，正值日字樓
將所有女生轉至飛利。若她在 1900 年以前來港，並無獨立
實體的 "Diocesan Girls' School" 供她入學；而 1900 年成立
的女拔萃，收錄的混血學生有不少在入學時完全不懂英文
（如西門士自己，及後文提到的羅瑤基姐妹等），因此沒有理
由不取錄混血的 Lucy。可以推斷，Lucy 來港入學的年份或
在 1900 年以前；當時飛利的英文部體量不大，名額有限，
也許無法取錄 Lucy。至於文中所說 Lucy 的表姐如 Kitty 等
皆能入讀的「拔萃女書室」，很可能是對日字樓孤子院女生
部的簡化描述。Lucy 這些表姐日後在西門士面前，大概是
以女拔萃校友自居的。她們的如此認知，對於史及敦的統緒
建構大有幫助。

不過 1900 年以迄 1941 年太平洋戰爭爆發前夕，作為這
個統緒主要特徵的混血女生、歐化教育，已隨着女拔萃的
發展而有所減弱：首先是 1921 年開始招收華籍女生，然後
是 1939 年終於開設中文科。混血女生人數本來有限，華籍
女生人數的大增會「沖淡」校內的混血色彩；而中文科的出
現也結束了校內的純英語環境。當然，華化的新特徵也為女
拔萃在戰後將創校年份名正言順地推前至 1860 年造就了背
景。由於女拔萃戰前的官方史料現存甚少，本章將結合當時
報刊文章和若干校友的回憶文字，以考察女拔萃對女仔館後
期伊始的混血女生、歐化教育統緒有怎樣的接續與改造。

1930 年代的女拔萃風紀生。後排左一為 Joyce Anderson
（後來的西門士夫人），前排左三為羅美基。

幼年的西門士夫人（Joyce Anderson）及其母 Lucy
Perry、其妹 Marjorie 合影。

一、何東諸女的求學情況

何東爵士諸女和孫女的年齡比 Lucy Perry 小，入學選擇更多。這些何家女子的求學主要在兩間學校：過繼長子何世榮的女兒們，以及亡妾所生的三女純姿便都入讀聖士提反女校 —— 世榮、純姿皆由何東正妻麥秀英（Lady Margaret Hotung, 1865－1944）撫養。平妻張靜蓉（Lady Clara Hotung, 號蓮覺, 1875－1938）的女兒錦姿、慧姿、嫻姿、崎姿、文姿、堯姿、孝姿皆入讀女拔萃。長女錦姿（Victoria Jubilee Lo, 1897－1994），於 1903 年入讀還在玫瑰行的女拔萃，為時最早。據六女文姿（Jean Gittin, 1908－1995）所説：

> Our cousins went to St. Stephen's Girls' College on the island, not far from *Idlewild*. [...] St. Stephen's was recognized as *the* school for daughters of Chinese gentlemen but instruction in English at this school was not, in Mother's opinion, of the standard that she had determined to be essential for her daughters. The same, she thought, applied to the French and Italian convent schools run by sisters of their respective religious denominations. [5]

> 我們的表親就讀於距離紅行不遠的聖士提反女校。〔……〕聖士提反被看成是為華籍紳商的女兒們開設的學校，以英語教學。而母親認為，高英文水平對於女兒們是必須的，但那裡提供的英語教學水平還不夠。在她看

5　Gittin, Jean, *Eastern Windows- Western Skies*, p.26.

來，由各個宗教團體的修女主持的法國和義大利修院的情況也一樣。

對於聖士提反女校的創校宗旨，何文姿的認知是準確的。[6] 該校雖為華差會所辦的英文女校（1906年成立），卻開設中文科，與女拔萃不同，更能照顧本地女童的需要。[7] 對於女拔萃的英文教育水平，五女崎姿（Irene Cheng, 1904－2006）也有齒及。她在為母親撰寫的傳記中談到母親張靜蓉對女拔萃的觀感：

> By 1914, when Eva and I were to begin school after having spent several years studying under "The Old Master" and various English teachers, Mamma considered the alternatives and decided that the most suitable choice, despite its distance from our home, was the Diocesan Girls' School because of its high standard of spoken English. [8]

> 1914年時，嫻姿和我已隨「老夫子」和幾位英文老師求學了好幾年，要正式上學了。媽媽考慮了幾個去處，但

6　Barker, Kathleen E., *Change and Continuity: A History of St. Stephen's Girls' College, Hong Kong, 1906-1996*, Hong Kong: St. Stephen's College, 1996, p.14.

7　梁雄姬：《中西融和：羅何錦姿》，頁70。按：值得注意的是，飛利女校甚至於1915年將儒家經典納入中文科，以陶冶學生的道德情操，男性中文教師也由一位增至三位。見 "Prize Distribution, CMS 'Fairlea' School", *South China Morning Post*, March 29th, 1915.

8　Cheng, Irene, *Clara Ho Tung: A Hong Kong Lady, Her Family and Her Times*, Hong Kong: The Chinese University of Hong Kong, 1976, p.75.

| 《中西融和：羅何錦姿》書影 | 何崎姿回憶錄書影 | 何文姿回憶錄書影 |

> 確認最適合的選擇是拔萃女書院 —— 儘管它離我們家很遠，但英語口語教學水平很高。

不過梁雄姬指出，1903 年時，聖士提反女校尚未開辦；到 1906 年聖士提反開辦時，張氏讓錦姿繼續在女拔萃讀書，多半是不想轉校。[9] 而文姿還講到，當大姊錦姿入學時，友人得知女拔萃是一所有孤子院的寄宿學校，便質疑為什麼張靜蓉作出如此選擇。但張靜蓉卻堅持己見，並說錦姿只當走讀生。[10] 如果女拔萃那時便已因英文教育馳名，是否孤子院根本不成問題，應不會招致友人如此質疑。這說明 1903 年時，新成立的女拔萃在家長心目中還未建立聲響。崎姿於 1914 年入讀女拔萃，文姿更晚（1917 年），當時校舍已遷往

9　梁雄姬：《中西融和：羅何錦姿》，頁 58。
10　Gittin, Jean, *Eastern Windows-Western Skies*, Hong Kong: South China Morning Post Ltd., 1969, p.27.

九龍，此時距離錦姿入學已有十多年之久。換言之，崎姿和文姿入學時，女拔萃已漸漸成為名校，她們故而會理所當然地以後規前。而 1903 年的張靜蓉，是否對女拔萃的英文教育有認知與信心，卻不無疑問。難怪何世榮的外孫女梁雄姬說：「我們不知道張氏送女兒們入讀拔萃女書院時，有沒有計劃她們的前途，因為早期的拔萃女書院，只是準備學生畢業後出任文員、護士那些不需要有大學學位原也可出任的職位。」[11] 而何崎姿在自己的回憶錄中，還提到自己對女拔萃創校的認知：

> Mamma knew of DGS only as a good school for teaching English, and that is why she sent us there, in spite of its being partly or mainly the intention of the founders to provide a good Christian education and orphanage for children of mixed parentage. I suppose the founders thought that many of these children would eventually go to England, and the curriculum was designed to meet their needs. [12]

> 媽媽只知道女拔萃是一所英文教得好的學校，這也是為什麼她把我們送去那裡讀書，儘管學校創辦者的意圖部分或主要是為了給混血兒童提供良好的基督教教育和庇護所。我猜他們認為這些兒童中有很多最後會前往英格蘭，而學校的課程就是專門為他們設計的。

第四章：從女仔館到女拔萃的統緒

11　梁雄姬：《中西融和：羅何錦姿》，頁 71。
12　Cheng, Irene, *Intercultural Reminiscences*, p.76.

如此認知，與女拔萃創校理念基本上吻合。如女拔萃史及敦
校長寫道：

> All this time, from 1900-1913, we had no Chinese scholars,
> the reason being that there were three or four schools for Chinese,
> whereas ours was the only Protestant school where a purely
> English education was given; and so we only took those children
> whose future lives would in all probability be European. [13]

> 從 1900 年到 1913 年的這段時間裡，我們沒有華籍學生，
> 原因是當時已有三四所為華人開設的學校，而我們是唯
> 一一所純英語教學的聖公會學校。因此，我們只取錄未
> 來生活極可能歐化的那些孩子。

而另一方面，西門士之母 Lucy Perry 在學生時代無法獲得歐
化教育，可以作為一個參照：Lucy 早年失怙，隨澳門姨婆居
住，生活完全華化，姨婆甚至聘請一位先生到家中為她上中
文課。其後她來到香港，在荷李活道華差會學校繼續接受中
文教育：

> This arrangement [attending CMS School] kept her on
> the fringe of the Westernized Eurasians. In the absence of
> a firm mastery of the colonial language, Lucy Perry was not
> only excluded from contact with the expatriate society which

---

13　Skipton, E. D., "The Diocesan Girls' School, Hong Kong 1900-1921", *The Outpost*,
July-December 1922 Issue, p.20.

the larger Eurasian community aspired towards, but she was also marginalized from within the Eurasian community where the mastery of the colonial language played a crucial role in determining one's social status. [14]

> 這一安排（就讀華差會學校）使她難以融入西化的混血群體。在這一群體中，英文水準是決定個人社會地位的重要標準。由於未能熟練掌握英文，Lucy Perry 不僅在混血群體遭到邊緣化，也不得不置身於本地西人社群之外 —— 而西人社群正是廣大混血兒極其嚮往的。

這段文字清楚說明了香港混血兒希望熟練掌握英文的根本緣故。這也印證了何東、張靜蓉夫婦將女兒們送入女拔萃的原因之一。

然而，崎姿又憶述自己在女拔萃曾修讀聖經、數學、歷史、地理、自然、衛生、家政、音樂、體育、針黹等科，卻並無中文課。因此，當史及敦遊說張靜蓉將年紀較小的文姿和堯姿（Grace Lo, 1910－2001）也送來時，張氏卻並不熱衷，更表達了如此意見：

> You only teach English at your School, and unless you get a teacher to teach them Chinese, I'm going to send them somewhere else. [15]

14 Lee, Vicky, *Being Eurasian: Memories Across Racial Divides*, Hong Kong: Hong Kong University Press, 2004, p.54.

15 Cheng, Irene, *Intercultural Reminiscences*, pp.82-83.

你們學校只教英文。除非你找來一位中文教師，不然我就要把孩子們送去別的學校讀書了。

她甚至考慮把文姿和堯姿送往聖士提反女校。於是史及敦專為她們聘請了一名中文教師，利用針黹課的時間學習——儘管何崎姿認為這位教師的能力不足。[16] 史及敦如此安排大概只是權宜之計。據何崎姿之弟何世禮（1906－1998）所言，張靜蓉曾多次請求女拔萃校長開設中文科，皆不得要領。[17]

就血緣而言，何東與麥秀英、張靜蓉夫婦乃是混血兒，但就社會身份而言，卻是華人領袖。家庭背景和社會身份進一步加強了他們對華人文化的認同，以及傳承華人文化的意識。因此，他們選擇能提供完整中文教育的中央書院作為其子世榮、世儉、世禮的求學之處（而不選擇專為混血兒開辦的拔萃書室），至於純姿和世榮諸女入讀聖士提反，也是出於這種意識。另一方面，何東的社會身份又令他成為混血社群的代表人物，並參與女拔萃的創建。此時大部分混血家族因生活日益優渥而追求歐化，而女拔萃正為歐化生活的學生而開設，可謂「量身訂造」。何東自然了解女拔萃的教育方針，他雖仍保持着華化生活，卻安排自己與張靜蓉所生長女錦姿負笈女拔萃，如此不但是對參與籌辦的這所新校表示支持，同時還有示範意義，吸引其他混血家族的女兒入讀——當然，他和張靜蓉也了解到讓女兒接受優質英文教育的重要

16　Cheng, Irene, *Intercultural Reminiscences*, pp.82-83.

17　何世禮：〈何母張太夫人蓮覺女士生平懿行補遺〉，載區建群等編：《東蓮覺苑辦學七十週年紀念特刊》，香港：香港高級科技有限公司，2002，頁44。

性。可是，女拔萃這種不開設中文科的教育模式，對於其他追求歐化的混血家族也許並無不妥，但在華化的何東夫人張靜蓉看來，便有所不滿了。這正源於何東夫婦混血血緣與華人認同之間的深層扞格。不過就何東諸女而言，愈年幼者生活愈歐化，因此對女拔萃的認同也就愈強烈。由此可見女拔萃遷往九龍後，不僅規模和影響力擴大，對學生亦產生了更強的凝聚力。

二、雙語教育時代的開啟

女拔萃雙語教育時代於二戰前夕終告來臨，隱隱呼應着施美夫夫人最初的擘畫 —— 雖然女拔萃的教育不會再以培養「基督徒妻室」為方針。這個過程可說有兩個里程碑：其一是招收華籍女生，其二是開設中文科。女拔萃自 1921 年起，開始錄取華籍學童，不再設限於混血和英裔，而「第五級插班」（Class V Remove）也於此時設立。[18]《南華早報》1922 年 2 月 13 日關於女拔萃頒獎日的報導中提及 "Remove 5"，[19] 就是現存最早的記載。如此可見，「第五級插班」的設置的確與華籍女生的招收在時間上是契合的。儘管如此，中文科在女拔萃一直未有正式開設。年輩較晚於何家姊妹的羅瑤基（Cicely Kotewall Zimmern, 1919－2006）回憶自

18　"A Glimpse of D. G. S.: In the Days Gone By", extract from a Talk by Mrs. Dunbar on Founders' Day 1947, *Quest*, 1950-1951, p.45.

19　"The Bishop's Fall: Amusing Prize Distribution Incident", *South China Morning Post*, Feb 13th, 1922.

己剛入讀女拔萃時，根本不懂一句英文，而當時的學科則如此安排：

> The entire School was run by one Headmistress together with four teachers for each subject- English, Mathematics, Botany and Gymnastics. Only the Botany teacher was Chinese, or at least looked Chinese. There were no male teachers during that time. [20]

> 整所學校只有一名女校長和四位教師，每位教師負責一門科目：英文，數學，生物學和體育。只有生物學老師是華人——至少看起來像是華人。當時校內沒有男教師。

而年級稍低於羅瑤基的黃星（1923- ）則說：

> We recalled the time when we were at school in the 1920s how Miss Sawyer never allowed us to speak Chinese in the school. [21]

> 我們記得 1920 年代我們上學時，蘇雅女士從來不准許我們在校園中講中文。

可見 1920 年代的女拔萃仍無常規的中文科。黃星出生於香

---

20 "Interview with Mrs. Cicely Kotewall Zimmern - A Recollection of Memories of DGS in the 1930's", http://www.doga.org.hk/index.php/conversations/112-interviews/old-girls-profiles/144-mrs-cicely-kotewall-zimmern.（2020 年 7 月 30 日瀏覽）

21 Wong, Frances, *China Bound and Unbound: History in the Making — An Early Returnee's Account*, Hong Kong: Hong Kong University Press, 2009, p.20.

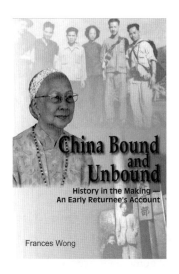

黃星自傳書影

港本地華人望族,根據她的回憶:

> My parents chose Diocesan Girls' School because it was well-known, with a good English standard and taught by English teachers. They considered that, in the British colony, English was most important, and that with it I could get a good job later. [22]

> 我父母選擇拔萃女書院,因為這是一所著名的學校,有優良的英文水平,由英籍教師授課,他們考慮到在英國殖民地,英文至為重要,我把英文學好,以後就可以找一份好工作。

22　Wong, Frances, *The Lost Schools*, Hong Kong, 2019, p.65.

1928 年，五歲的黃星便入讀女拔萃幼稚園，至 1940 年高中畢業，在女拔萃前後十二年之久。黃星父母並未像何東夫人那樣介意女拔萃沒有提供中文科，香港社會觀念之變化，由此可見一斑。稍後，情況有了進一步地改變。根據羅瑤基之妹、與黃星同班的羅美基（Patricia Kotewall Fenton, 1923－ ）所言：

> Pat recalls one class named "Class Five Remove". Girls from the "outside" who mainly spoke Chinese and did not attend DGS before Class Five had to study one year of "Class Five Remove" before going on to regular classes. [23]

> 羅美基回憶起有一個「第五級插班」。一群來自「外界」、主要說中文的五年級女生來到女拔萃。她們需修讀為期一年的「第五級插班」課程，之後才能開始常規課程的學習。

根據何崎姿所言，戰前女拔萃的班級共分為十級，第一級即高中畢業班，第八級還細分為上中下三級，相當於小學低年級。一至五級稱為高校（Upper School，相當於中學部），六級以下稱為初校（Lower School，相當於小學部）。[24] 在此之下有幼稚園。將插班置於第五級，顯然是要錄取更多升讀

23　"The Fentons: One Family Unbroken -Across Three Generations", http://www.doga.org.hk/index.php/112-interviews/old-girls-profiles/136-the-fentons.（2020 年 7 月 30 日瀏覽）

24　Cheng Irene, *Interculture Reminiscences*, p.73.

中學的女生。但在羅氏姊妹、黃星等幼稚園、初校便在女拔萃求學的學童眼中，這些並非與自己一起成長的插班生自然是來自「外界」。蘇雅校長在 1928 年發表於 *Outpost* 的文章中，已提及「第五級插班」：

> Class V Remove, is one specially formed for Chinese girls, whose knowledge of English is too small to allow them to take the position in school appropriate to their age. They have special English teaching, and as soon as they can do the work of the class to which they ought to belong they are drafted into it. [25]

> 「第五級插班」是專門為華籍女孩開設的班級，她們的英語知識太少，無法讓她們在本校的適齡級別就讀。她們要接受特殊的英語教學，一旦有能力完成她們原來所屬班級程度的作業，她們就會被分入此班。

插班生多為香港本地華人，小學時代接受中文教育，因此中學考入女拔萃後，必須努力提昇英文能力。高校部擴招，自然令人想起 1879 年以後日字樓開始招收華籍男生的先例：如此既可保持學業水平，也可保障財務健全。但無論如何，「第五級插班」的設置多少改變了女拔萃的教育生態及學生種族比例。不過，中文科的開辦卻遠遠遲於「第五級插班」的設置。羅美基追述道：

25　Sawyer, H. D., "The Diocesan Girls' School, Kowloon", *The Outpost*, January 1928 Issue.

It was Miss Gibbins who introduced Chinese lessons into the curriculum. One of the school rules enforced at DGS for many years was banning Chinese being spoken on campus. However, sooner or later, everyone spoke in Chinese. [26]

> 吉賓思女士將中文科設為必修科目。「禁止在校園裡說中文」是女拔萃多年來實施的一項校規，但漸漸地，每個人都說起了中文。

吉賓思（Elizabeth Mary Gibbins, 1911–1992）於 1939 至 41 年在任，女拔萃的中文科於 1939 年才首度設為必修（歐裔生除外）。[27] 當年 7 月 8 日的頒獎日上，吉賓思致詞云：

We have made an important change this year with the introduction of Chinese into the School Curriculum. This was done primarily to fulfil the Director of Edcuation's instructions that Chinese girls most[must] receive education in Chinese at School. So far we have had to restrict the Chinese Classes almost entirely to girls of Chinese parentage.

Next year, however, I hope to be able to extend it, and we hope soon to be able to offer facilities for Chinese study to anyone who would like to take it up.

Children growing up in Hongkong are, as you know, in a rather unusual position. They the growing up confronted by

---

26   "The Fentons: One Family Unbroken — Across Three Generations".

27   Symons, C. J., *Diocesan Girls' School, Kowloon, A Brief History 1860-1977*, p.9.

two great civilizations- the Chinese and the English. There are disadvantages as well as advantages in this situation. But if we use them rightly I think that the advantages would easily outweigh the disadvantages.

That is what we are hoping to do in this school- to give our students the best that the Chinese and English civilizations afford.

And what an advantage that can be- especially in the world in which we are living to-day. Women who start out in life understanding something of at least two civilizations must be able to contribute in a special way towards international cooperation and peace. [28]

今年，我們在學校課綱中引入了中文科，這是一個重要的變化。這樣做主要是為了滿足教育司的指示，即華籍女孩務必在學校接受中文教育。到目前為止，我們幾乎完全必須將中文科限於為華人血統的女生來開設。

但是，我希望明年能夠擴展，希望很快能夠替任何想修讀中文科者提供資源設施。

大家知道，香港的孩子處境相當特殊。他們在成長中面臨著兩個偉大的文明——中國和英國文明，如此情況得失互見。但我認為，若能正確運用它們，明顯利多於弊。這就是我們希望在本校做的——讓學生學到兩種文明的精華。

尤其我們生活在當今世界，這可能是一個優勢。女性在

28 *South China Morning Post*, July 10th, 1939.

生活中開始了解至少兩個文明，必能以特殊方式為國際合作與和平作貢獻。

當時抗戰已經爆發，香港華人熱烈支持國府。教育司的如此要求，順應了當時的社會需要。故吉賓思提出「為國際合作與和平作貢獻」，語非虛發。1947 年，女拔萃校刊 *Quest* 談及中文教學道：

> Prior to 1938 no Chinese was taught in the School for it was essentially an English school with a minority of Chinese girls enrolled. As year by year the number of Chinese girls steadily grew, and as Chinese was a language required of Chinese pupils in the School Leaving and Matriculation Examinations, its teaching was found to be indispensable and hence a Chinese Department was created. At first Chinese lessons were taught mostly in the afternoons, and pupils were allocated according to their Chinese standard to different groups. In the teaching of Chinese the classics and composition in the literary style were emphasized, in conformity with the Examination requirements and prevalent in the Colony. [29]

> 1938 年之前，女拔萃不開設中文科，因為當時學校以英文為主，在讀華籍女生數量很少。隨着華人女生數量穩步攀升，加之中文成為華籍學生大學入學試的必考科目，教授中文變得不可或缺，學校也因此開設了中文科。

---

29 *Quest*, 1947, p.18.

中文課程最初主要安排在下午。學生們根據各自的中文水準分成不同組別。文學經典和文學寫作是中文科的兩大重點，這與當時入學試的普遍要求相適應。

女拔萃開設中文科的另一原因，乃是當時香港大學要求華籍學生在入學試中必須考中文科。如混血而華籍的何崎姿在中文科考得優秀成績，但其妹何文姿就沒有那麼幸運。何文姿的生活習慣和語言取向更為西化，加上女拔萃沒有正規的中文教育，因此在大學入學試中文科敗陣。[30] 戰前女拔萃中文科開設僅兩年而已，情況已難全面了解，但在戰後的記載中，仍可窺見蛛絲馬跡。如 1949 年校刊 *Quest* 的中文科報告，講述當年的幾個重要調整，包括：一、從幼稚園到中六全部採用固定課本，二、高中納入中英翻譯環節，三、將無須必修此科的歐裔、混血及海外華僑學生安排在特別班，四、停止講讀《四書》，以及增入更多白話文教材等。而華籍學生不僅入學、升學都要必考中文，該科不及格更須留級。[31] 由此不難逆推二戰以前的學科情況。

30　Gittins, Jean, *Eastern Windows-Western Skies*, p.36.

31　*Quest*, 1949, pp.24-25.

結語

　　女仔館 1860 年成立的宗旨為華籍女童提供中英雙語教育，如此嘗試失敗後於 1865 年改組，隨即分為華籍女生的中文部和混血孤女的英文部。縱因諸種問題而在 1868 年宣告結業，女仔館留給後世的遺產和教訓仍是頗為重大的。如華籍女生不得學習英文的觀念、華籍與混血女生不宜共同上課的安排，要到 1890 年代才逐漸改變。日字樓孤子院轉型為男校，飛利女校、維多利亞孤子院的開設，更進一步增加了女性教育的複雜性。而女拔萃 1900 年的成立，標誌着本地混血女生終於擁有了一所獨立的學校；但若要回溯女仔館的創辦宗旨，那麼女拔萃 1913 年兼收華籍女生、1939 年開設中文科，皆可視為女仔館餘緒中的重要紀事。換言之，華籍女性雙語教育從 1864 年的失敗，到 1939 年的成功，其間已相隔七十五年。香港社會之變易、有心人士之努力，可以想見。放眼今日香港各級學府，中英雙語教育乃是男女二性皆可平等接受而不可或缺者。但在開埠初期，由於政治、文化、種族、宗教的隔閡，雙語教育並非必然。相形之下，男性雙語教育的實行則較為易行。聖保羅、皇仁也好，日字樓孤子院也好，無論校方期待男生畢業後進入宗教界、政界或商界，都希望他們精通中英雙語，在工作上游刃有餘。即使是歐裔男生，家長和社會也樂見他們對中文有所了解，遑論本土混血兒。如自 1869 年日字樓孤子院成立伊始，男生部便設有中文科——儘管此後近百年內的男拔萃校園除了中文課以外皆不得使用中文，以創造講英語的環境。這種與女性教育的窘況相比實在不可同日而語。

回觀十九世紀的港英政府及教會，以西方現代文明的「教化使命」(civilizing mission) 自任。而施美夫、柯爾福、包爾騰、霍約瑟等歷任會督，都對於女性教育非常重視，在女仔館、日字樓孤子院、飛利女校、拔萃女書室等機構的創設過程中扮演了重要角色。女仔館始創時教學採用中英雙語，無疑被視為傳播教化的重要媒介。然其 1868 年的結業，不僅標誌着當時華籍女性中英雙語教育的失敗、華洋社會文化矛盾的白熱化，也透露出女性（特別是華裔及混血）地位的亟待改善。從雙語教學到中文教學、從取錄中上層女生到不計背景、從華籍女生到混血女童……短短的歷史卻充滿了變化與動盪，日後香港社會中華籍及混血女性所遭遇的困難，在這九年似乎都具體而微地暴露出來。但是，女仔館的結業並不代表香港的雙語教育和女性教育問題就此告一段落。如本書上編所言，岳士列對女仔館的領導，柯督是予以肯定的。那麼，他何以最終決定將女仔館改組為日字樓孤子院呢？筆者以為有兩方面的原因。首先，柯督對於女仔館作為女性教師、傳教士及「基督徒妻室」訓練基地的功能是贊同的。但伊頓遇襲事件及相關風波的產生，證明華籍女生當時不太可能成為理想的培訓對象。而隨岳士列來到女仔館的混血孤女，更為這個事業帶來了新的希望。如 Rickomartz 姊妹大約中英文兼擅，且在女仔館後期已開始協助岳士列的校務工作，誠為可造之材。因此，柯督於 1868 年遣散華籍女生，卻將混血女生留在女仔館，並讓她們繼續留在新成立的日字樓孤子院，當是柯督對她們寄予期望之故。其次，在 1869 年 2 月 2 日題為 "China and Japan: a Charge" 的演講中，柯督指自己於去年 2 月直接掌管女仔館，是得到「殖民地領袖人物與關注殖民地福祉者」(the leading Gentlemen in the Colony and those most interested in its welfare) 之忠告後才下的決定。[1] 這些人物除了總督等高級官員，還有可能是後來擔任日字樓校董的耆紫薇、羅郭（Henry Lowcock, 1837－1901）、遮打等商界鉅子。參照 1878 年時耆紫薇極力反對將日字樓轉回女校之舉，則 1869 年開始招收男生，似乎已埋下伏筆。日字樓在 1880 年後不再接納女宿生，並最後於 1891 年轉化成男校，是教會與商界角力與妥協的結果；但如此決定的代價，無疑是混血女童教學資源繼續處於嚴重不足的狀態。因此，無論 1880 年創設飛利女校、1891 年飛利接受日字樓女生、抑或 1899 年創設拔萃女書室，都是對於聖公會與會督對於女仔館及日字樓問題嘗試作出的解答。

1　Alford, Bishop C. R., *China and Japan: a Charge*.

以日字樓 1869 至 1891 年間的「男女館」時期而言，該校女生從創校時的與男生比例相埒逐漸變成少數，1879 年後不得寄宿，修讀與男生不同的課程，最後分批轉往維多利亞書室和飛利女校。再者，1880 年代後期，本地混血兒社會地位逐漸提高，華人對英文也日益看重，女性接受英文教育的觀念再次興起。歐德理在 1889 年倡議成立中央女子書院時指出：

In former Educational Reports and especially in my Report for 1888 (paragraph 10), I pointed out that a vast majority of the children in Hongkong who remain uneducated (over 8,000 in number) are girls, that female education as a whole is still in a very backward condition in the Colony, that a good deal had been done indeed to put a purely Chinese education within the reach of Chinese girls, that the Roman Catholic Missions are providing an English education for girls of their own denomination, but that hardly anything has hitherto been done for the girls of non-Catholic classes to offer them that sort of English or Anglo-Chinese education which during the last 25 years has been, with annually increasing liberality, provided for boys, by the Government Central School and by about a dozen similar institutions, and finally that there is no prospect of private effort coming forward to supply this pressing deficiency in the sphere of female education. [2]

2   Eitel, E.J., "Material for a History of Education", *China Revview, or Notes and Queries on the Far East*, Volume XIX (March-April 1892 and June 1892), p.275.

回顧此前提交的 1888 年教育報告，我在本人負責編寫的
部分（第十節）中指出，絕大多數未受教育的香港兒童為
女童（共計超過 8000 名）。可見整體而言，女性教育在
當地仍十分落後。地方已付出卓絕努力，力圖為華籍女
生提供純中文教育。公教諸傳教會的任務是為教徒女童
提供英文教育，因此不曾為非教徒女童提供任何英文或
雙語教育。而在過去二十五年間，中央書院等類似機構
為男生創造了大量教育機會。未來可能不會有私人力量
出面，為女性填補教育領域的巨大空白。

1888 年，全香港竟有 8000 名適齡而失學的女童，即便以
歐氏 93% 的比例計算（實際上，歐裔與印裔女童失學者極
少），其中華人有 7200 名，混血也達 240，可謂怵目驚心。
1890 年，中央女子書院成立，但與如此數字相比依然杯水車
薪。然而在此時許多混血家族已經發跡，混血女孩如數十年
前淪為情婦的情況日益少見。李美琪在研究拔萃女書院校長
西門士的回憶錄時指出：

> The Hong Kong Eurasian culture as delineated by Symons
> is basically a culture that ultimately inclines towards the West,
> despite its adoption of some Chinese practices. According to
> Symons, the typical Eurasian life-style such as food, and certainly
> female dress, were mainly Chinese, but some expatriate ideas and
> habits were admired, and gradually assimilated when a family
> could afford to move up the socio-economic scale. [3]

3　Lee, Vicky, *Being Eurasian: Memories Across Racial Divides*, p.52.

1964 年，江濟梁先生指揮男拔萃、協恩混聲合唱團。

> 據西門士描述，香港混血群體的西化傾向日益顯著，儘管他們依然會遵循一些中式習慣。一個典型混血家庭的生活方式主要為中式，例如飲食及女性裙裝。但隨着家庭經濟社會地位逐步提高，一些西化的思想和習慣漸漸為他們所青睞、吸收。

當香港混血群體的社會地位日益上升，西化傾向也日益顯著。中產以上的混血家庭希望女兒學習英文，固在情理之中。正因如此，以取錄華童為主的飛利女校開設英文部，只能是暫時性的，而女拔萃的成立也是必然的。儘管成立之初的女拔萃幾乎是拔萃（男）書室的翻版，但最大的不同就在於：男校的教學語言為 "Anglo-Chinese"，而女校則純為 "English"。換言之，女拔萃除了參照男拔萃，也參照飛利女校，與之分工合作。如此分工合作，誠然為香港女性教育開啟了一種示範性的模式。1900 年代起，飛利女校自此僅收華籍女生、以中文教學，拔萃女書室則僅收英籍及混血女生、以英文教學，雙語教育仍在長久以來女性的種族與社會身份等因素的影響下未能有效實施。不過這種情況並未維持太久 —— 因為此時將混血與華籍女生強制分隔的舉措已經意義不大了。華籍女性學習英文已非禁忌，故而女拔萃稍後開始招收華籍女生、乃至開設中文科，而飛利女校也開始開設英文科。至此，雙語教育才成為香港諸女校的常態。戰後至今，持女拔萃、協恩之教育模式與男拔萃相比，同質性頗高。但由本編所論可知，這種同質性得來不易，誠為百年艱辛摸索、實驗之後方才達致的成果。

下 編

女仔館
記 憶

兩所拔萃書院的
早期歷史敘事

引言

　　步入二十世紀後，香港兩所拔萃書院的校史敘事，往往會追溯至女仔館的創立。然而，女仔館本身的性質在前期（1860－1865）和後期（1866－1868）便已有頗大差異。兼以時代日漸遠去，文獻難徵，對其認知各有不同，是不難理解的。無論女仔館後期、日字樓孤子院、拔萃書室或男女拔萃書院，其開設的動機皆與混血群體關係密切。正如鄭宏泰所言，華洋社會雖然同樣對歐亞混血族群頗為歧視，或是表面接受、內裡冷待，但英國政府在法律上採取了歧視政策，華人社會或是中國政府反而沒有相類似的政策。何文姿指父親何東選擇中國人身份的原因，是華人社會不會公開無禮地不承認他，暗示了華人社會比英人社會更具包容性，因而才能吸引何東那樣的歐亞混血兒投向華人社會的大家庭。[1] 不過，由於當時中英國力的懸殊，加上香港作為英國殖民地的事實，不少混血家族在發展過程中都經歷了從華化到洋化的過程。即使以華人自居的何東家族同樣無可避免。這種取向也具體而微地呈現在這幾所學校的雙語教學政策上。時移世易，隨着日字樓孤子院轉化成男校，尤其是步入二十世紀以後，兩所拔萃書院在回顧、敘述校史時，如何接受女仔館之存在，並將之融入歷史記憶？而這些敘事之間存在着怎樣異同、扞格與張力？本編嘗試分章而探討之。

1　鄭宏泰、黃紹倫：《何家女子：三代婦女傳奇》，香港：三聯書店，2010，頁 251。

拔萃男書院對
女仔館的歷史記憶

　　由於拔萃男書院的建制可回溯至 1869 年創立的日字樓孤子院，因此百餘年來儘管文獻因拆遷、兵燹而散佚，但對作為自己前身的女仔館，以及日字樓由男女館轉化為男校過程的歷史記憶，雖未必詳盡，且與事實不無出入，但大抵沒有嚴重錯訛。本章分為三節，分別聚焦於四個方面，亦即十九世紀，俾士校長本人，費瑟士東及舒展時期，以及戰後時期，逐一考察拔萃男書院對女仔館之歷史記憶的內涵。

一、十九世紀的記憶

　　現存資料顯示，十九世紀後期，日字樓孤子院及拔萃書室對女仔館歷史的回顧，往往來自頒獎日上的會督致詞。如1885 年 1 月 31 日的頒獎日上，包爾騰會督在頒獎環節開始之前致詞，報導云：

The building was erected during the bishopric of Bishop Smith for the education of Chinese girls, and for training them to become Christian helpers. Through deficient management alone that school got into a bad way, and the matter was considered with the result that it was thrown open to half caste children of both sexes, or to children of Europeans who were without means of helping themselves. When he (the speaker) arrived in the colony he found the school being used for boys and girls, but the building was ill suited to accommodate both sexes, and he was exceedingly anxious to get it back to its original use. That was not deemed advisable, but it was decided that it should be either for girls or boys only, and as there were more boys than girls there, the girls were allowed to drop off. [2]

> 校舍建於施美夫會督任內，旨在教育華籍女童，將她們訓練成弘揚基督教的助手。由於管理不善，校況日益困頓，學校不得不轉而取錄混血男女學童以及無依無靠的歐裔兒童。包督（講者）到任時正值男女合校，但他認為校舍不宜作合校之用，迫切要求其回歸最初的用途。該建議未被採納，但校董會同意學校應轉化為女校或男校。由於當時校內男生較多，遂決定轉走女生。

2　"Prize Distribution at the Diocesan Home", *Hongkong Daily Press*, January 31ˢᵗ, 1885.

包督從校舍談起，指出施美夫會督任內始創女仔館，是為了將華籍女童訓練成弘揚基督教的助手。但由於管理不善，導致校況困頓，於是學校轉而取錄混血男女學童，以及歐裔孤子。當包督到任後，認為校舍不宜作男女合校之用，故而積極提出將該校回歸最初的用途。包督的建議並未得到支持，但校董會達成轉化為單性學校的共識。由於當時校內男生較多，於是最終決定轉走女生，讓該校變成男校。包督言簡易賅，但對女仔館如何管理不善、何時開始接收混血及歐裔兒童、何時成立日字樓孤子院、為何其建議未得支持等問題，並沒有詳細說明。當然，由於他面對的是學生，細節也不必一一交待。接着，包督又指出：

> There were many girls of that class in the colony, and nothing was being done for them by the Protestant bodies in this colony as a class. This was a great want, and he thought if an effort were made a good deal could be done to provide for it. [3]

> 當地那一類女童的人數不少，新教團體不曾出面替她們善後，着實令人歎惋。他認為，如果有人肯出面，可以妥善解決這些女童的教育問題。

所謂「那一類女童」，指的就是混血女童。對於女性教育，歷任會督誠然皆念茲在茲。但要徹底解決這個問題，卻非一

3　"Prize Distribution at the Diocesan Home", *Hongkong Daily Press*, January 31st, 1885.

蹴即就。

此外，港督對於該校的歷史，也往往不太陌生 —— 他們掌握的資料很可能來自政府檔案，或是由會督和校方所提供。如 1892 年 2 月 27 日，拔萃在轉化為男校後首次舉辦頒獎日活動，履新才滿兩個月的總督羅便臣爵士（Sir William Robinson, 1836－1912）擔任主禮嘉賓，他致詞道：

> It was in such financial difficulties in 1869 that the Committee of ladies by whom it had been managed up to that time resolved, and then the Bishop offered to take over the school. It was either to be closed entirely, or the Bishop had to take it up. The Bishop and the Colonial Chaplain took it up and undertook the entire management. It was a mixed school for boys and girls, and it was found this would not do, so it was reconstituted again in 1880, and two years ago it was changed from a mixed school to what it is now, a boy's school. Within the last few months the Government has recognized it under the title of the Diocesan Home and Orphanage, and the lease held from the Government has been endorsed so as to give it legal designation. [4]

> 1869 年時，該校的財政如此困難，乃至一直管理該校的婦委會決定，由會督提議接管。倘若會督未出手接管，學校將被迫關停，會督與殖民地牧師全權負責學校的運

4 "Diocesan School and Orphanage: Annual Prize Distribution", *Hongkong Daily Press,* March 23rd, 1899.

營管理。學校本為男女合校，後因不宜合校於 1880 年重建，並於兩年前轉化為如今的男校。近月來，政府正式承認日字樓孤子院，與其重訂土地租約。

這段文字主要依據包督數月前的一封來函。[5] 對於女仔館結業前的情況，羅督並未花篇幅講解，但他以下幾點卻顯然是清楚的：一、女仔館因財政窘狀遭會督接管，改建日字樓孤子院；二、孤子院兼收男女學童，然自 1880 年開始決定逐步停收女生，至 1890 年左右轉化為男校。三、1891 年，由於校園擴建，1860 年代的政府土地租約已不合用，故趁此機會重訂。不過，這段報導至少也有兩處明顯不夠精確：首先，女仔館在 1865 年改組後，校董會已有幾位男士加入，婦委會從此男士加入，婦委會從此不能全盤代表校董會；其次，據現存文獻資料所見，1880 年決定逐步停招女生，似乎只有會議紀錄，並無任何正式的 "reconstitution"。此蓋羅督所據的歷年視學官報告不可能紀錄太多詳情，兼以羅督初來乍到，不完全了解歷史背景之故，亦屬正常。

到 1899 年，包督的繼任者霍約瑟會督籌劃設立拔萃女書室，有關霍督在當年 3 月 22 日的頒獎日致詞有這樣的報導：

The school was started in 1860 to introduce among the superior class of native females the blessings of Christianity and

---

5　"Diocesan Home and Orphanage: Annual Distribution of Prizes", *The China Mail*, February, 27th, 1892.

of religious training. This he was sure was not the state of the case now. Whatever they might have, they had a very superior class of people, but they were not a superior class of native females. In 1870 a change took place, the school having been placed entirely into the hands of the Bishop. It nearly came to grief, he did not exactly know how, but it was said the school must be closed unless the Bishop took charge of it, which he did in conjunction with the chaplain, and then the school was thrown open to European, Eurasian and Chinese children, presumably male and female, also with the distinct and avowed intention of teaching them and training them in the Christian faith, according to the principles of the Church of England. [6]

> 學校創辦於 1860 年，旨在招收本地（按：即華籍）中上層女童，讓她們沐浴基督聖光、接受宗教熏陶。但他確信當時情況並非如此。不管怎樣說他們是一群很優越的人，卻收不到優越階層的本土女生。1870 年，學校轉為由會督全權接管。他（按：指霍督）不知背後有何緣由，但據稱倘若會督不出手接管，學校就將被迫關停，於是便與牧師一同管理校務。學校取錄歐裔、混血和華籍男女學童，公開宣稱要讓他們接受基督教教導和訓練，遵循聖公會的宗旨。

霍督知道 1860 年創辦的那所學校以招收中上層女童為宗

6　"The Diocesan School and Orphanage Annual Prize Distribution", *Hongkong Daily Press*, March 23rd, 1899.

旨，但對其後九年的情況，以及柯爾福會督關閉該校、1870
年改設日字樓孤子院的原因，卻語焉不詳。他對於日字樓孤
子院轉化為男校的敘述，則有這樣的報導：

In 1878, another change took place. They found apparently
that the buildings were not suited for the boys and girls to be
put up together, and so it was decided to weed out the boys.
They were not going to turn any boys out, but they were not to
take any new boys in, and the boys already there were to work
out until it became a girl's school. In 1880, another change took
place. He did not know what led to the change, unless it was that
Miss Johnston[e] had opened her school at West Point, and was
prepared to take in Eurasian and other girls. It was decided to
make the Diocesan School a boys' school, and so they passed a
resolution that they would weed- he must not say that- that they
would let the girls gradually translate themselves from this to
the other school at West Point, and keep this school simply and
solely for boys. The last girl who boarded at the school apparently
boarded in 1880, and since that time the school had become
gradually a school for boys. [7]

1878 年，校董會認為校舍顯然不宜作男女合校之用，遂
決定剔除男生。此舉並非是要開除男生，而是不再取錄
男生。已入學的男生可正常就讀，直至全部畢業後自然

7　"The Diocesan School and Orphanage Annual Prize Distribution", *Hongkong Daily Press*, March 23rd, 1899.

轉為女校。1880 年，有另一項改變：莊思端女士在西營盤創立了一所學校，計劃招收混血及其他族裔女生——若非此事，他(霍督)不知道改變還有什麼別的原因。校董會於是決定將日字樓轉為男校，並通過決議稱，他們會——不能說剔除女生——讓女生分批轉去西營盤的那所學校，從而使日字樓成為僅取錄男生的單性學校。女生寄宿於日字樓的時間下限顯然是在 1880 年，自此學校便逐漸轉為男校。

1878 年，日字樓決定逐漸轉化為男校，而 1880 年開始不收女宿生，則是這項決定正式落實的開端。不過，霍督將飛利女校的前身於 1880 年成立與日字樓不收女宿生二事相連接，卻可能是因 1891 年飛利取錄了所有日字樓女生而由此逆推，實則猶可商榷。蓋莊思端於 1886 年將她的中文女校遷往飛利樓後，體量尚且不大，得不到永久增設英文部的許可；何況 1880 年在西尾臺成立時，規模更小，不可能完全無條件配合日字樓的改變。查霍督於 1897 年方接任包督，此時到任未及兩年，日理萬機，對於早期的相關檔案不可能仔細查閱。然其所言大抵不誤，足見延續了前任對拔萃書室及女性教育的關注，否則他執意籌辦女拔萃的動機未必那般強烈。而會督的致詞，自然會呼喚、更新師生們的歷史記憶。不過整體而言，由於文獻難徵，十九世紀日字樓孤子院（及拔萃書室）對於女仔館始末及餘緒的記憶，目前主要見於頒獎日上會督的致詞；而校內師生相關論述的記載，則要等到二十世紀以後。

二、俾士校長的記憶

1902 年，拔萃書室改名拔萃男書室（Diocesan Boys' School and Orphanage, 後又改拔萃男書院），以與新成立的拔萃女書室相區隔。但是，由於拔萃男書室乃是從女仔館直接改造而來，使用的也是當年的校舍，中間歷史不曾間斷，故對女仔館的歷史猶頗有記憶。因女仔館與孤子院的不同性質，男拔萃仍將建校年份定在 1869 年，而非女仔館成立的 1860 年。1918 年初，即將退休的男拔萃校長俾士特意藉頒獎日回顧校史，對於女仔館有這樣的陳述：

> Half the present building was erected about 1862 for Diocesan Native Female Training School, founded by Mrs. Smith, wife of the first Bishop of Victoria. The Chinese did not then want European education for their sons, much less for their daughters. The site was far out of town, the roads were lonely and dangerous, without motors, rickshas, or even Sikh Police. The Lady Superintendent having been robbed, carried a pistol, and nearly shot a friend who stopped her chair in the twilight. In 1867, Bishop Alford was begged to take over the bankrupt School, and, by circular to the public in January 1869, appealed on behalf of European and Eurasian children. [8]

8　Featherstone, W. T., *The Diocesan Boys School and Orphanage, Hong Kong: The History and Records 1869-1929*, Hong Kong: Ye Olde Printerie Ltd., 1930, p48.
按：後簡稱 *The History and Records of DBSO*。

俾士

現存有一半校舍建於 1862 年，為首任會督施美夫的夫
人創立的女仔館所用。當時華人不希望他們的兒子接受
歐式教育，更不用提女兒了。學校地處偏僻，道路人煙
稀少、危機四伏，沒有汽車、黃包車，甚至沒有警隊維
持治安。女校長曾經外出遭劫，因此不得不攜槍自衛，
有次甚至險些誤傷了在暮色中截停她坐轎的友人。1867
年，女仔館瀕臨破產，柯爾福會督在百般請求下接管該
校。1869 年 1 月，他向公眾發出通告，為歐裔和混血兒
童募集錢款。

這番話可歸納幾個重點：一、女仔館是由首任會督施美夫
夫人所創，般咸道的校園於 1862 年開始建立，其後（按：
1891 年左右）有所增建。二、當時本地華人並不希望子女接
受歐式教育。三、校園地處偏僻，女校長外出甚至要攜槍自
衛。四、1867 年，女仔館瀕臨破產，柯爾福會督接管該校，
並在 1869 年 1 月發出通告，為歐裔和混血兒童籲請募款。
然而，這幾點背後卻需要補充大量資訊。首先，施美夫夫人
創立女仔館後，隨即邀請女教會派遣幹事擔任校長，負責實

際教務工作，這一點俾士略去了。其次，女仔館創校的職志在於把本地華籍女童培養成信奉基督教的傳教士、教師、配偶，日後可與聖保羅男校的畢業生協力工作。然而當時大多數華人對於西式教育並無興趣，因此學生來源成為一大問題。再者，1864年底，校長伊頓女士遭到華人暴徒襲擊，一般認為襲擊與醜聞有關，這應該是校長日後攜槍的肇因。復次，伊頓於1865年辭職，岳士列接掌校務，岳士列首度將一批歐裔和混血孤兒從畢士泰諸校帶入女仔館。此後，女仔館在華籍女生遣散後關閉，而歐裔和混血女童依然留校（她們本身無家可歸），這些女童大部分成為1869年新創的日字樓孤子院的首批學生。因此，俾士所言柯督籲請募款，幫助的對象便包括了這批孤女。顯而易見，俾士對女仔館的歷史頗為了解，但由於聽眾是男拔萃學生，因此所言不得不言簡意賅、避重就輕。俾士接着說：

The Diocesan Home and Orphanage was opened in September, 1869, "with many guarantees of future success." Mr. W. M. B. Arthur (from the Garrison School) and Mrs. Arthur were appointed Master and Matron in July, 1870, when there were 23 boys and girls. In 1878 the School was placed under the newly-inaugurated Grant-in-Aid Scheme; 26 out of 30 children passed the Inspector's examination.

Coeducation not proving suitable for Hong Kong, in March, 1878, the Committee decided to receive no more boys, but those already admitted should remain; this decision was reversed in July, 1878, and no more girls were received as boarders after 1880, though they still remained as day-scholars. All girls left when

Fairlea School, under the superintendence of Miss Johnstone, was opened to them in 1892; the Diocesan Girls' School was opened in 1900. [9]

> 日字樓孤子院創立於 1869 年 9 月,「未來可期」。雅瑟先生(來自英軍學校)及夫人於 1870 年 7 月分別受命擔任校長和女舍監,當時校內共有 23 名男女學童。1878 年,學校成為津貼學校;30 名學童中有 26 名通過考核、獲發津貼。
>
> 1878 年 3 月,校董會認為男女合校在香港不適用,遂決定不再招收男生,但在讀男生仍可就讀;1878 年 7 月,該決策遭到翻轉。1880 年之後,學校不再招收女宿生,女生仍可走讀。1892 年,所有女生轉去由莊思端女士管理的飛利女校;1900 年,拔萃女書室創立。

實際上,雅瑟於 1869 年便已代理日字樓孤子院校長。如本書上編所言,柯督本想將孤子院交由一對神職人員夫妻主持,[10] 但稍後又決定聘用了雅瑟。可見肇建之始,柯督的計劃是有所變化的。也許請雅瑟主持校務,未嘗不是權宜之策;但一年以後,更合適的人選究未覓得,於是雅瑟便轉為正式校長。

然而,雅瑟雖有教學經驗,卻是軍政界背景,在宗教、工商界人脈不廣。因此,雅瑟夫婦在位九年,固然終於使日字樓孤子院成為補助學校外,努力也得到了校方及社會的肯

9　Featherstone, W. T., *The History and Records of DBSO*, p48.

10　Entry 5142 (dated July 30th, 1869), the Minute of the Committee of the FES.

定，[11] 但校政終難進一步推展。故他於 1878 年辭職，轉到中央書院擔任副校長，官校的性質也許更契合他的背景。另一方面，雅瑟的辭職卻令日字樓孤子院意外覓得當年柯督期待的人選 —— 儘管當時包爾騰已接替柯督之位。歷任會督皆關切女性教育問題，此時的包督也不例外。他藉着雅瑟辭職的契機，計劃把日字樓孤子院轉回女仔館，仍請女教會來港掌管校政。然而，校董兼怡和洋行大班耆紫薇極力反對，並促使包督同意將日字樓轉為男校。耆紫薇此舉，自是站在商業角度：華籍、歐裔、混血女童的教育各各不同，皆需量體裁衣；而男童無論什麼國籍，都可接受一樣的教育（歐裔男童學好中文，日後到清朝經商自然便利許多）。且女童畢業後，只能擔任傳教士、教師、家庭主婦，而男童卻能從商從政，當時政府、律師行及各大洋行非常需求這類人才。因此，轉回女仔館抑或轉為男校，二者的教育成本和日後的獲利幅度，是顯而易見的。

我們目前並未找到資料，證明年僅廿二歲的俾士繼任日字樓孤子院校長是由耆紫薇直接推薦的，但俾士曾擔任耆紫薇家庭教師，其父親老俾士牧師（Rev. G. Piercy, 1829－1913）又是香港循道衛理會的創辦人，如此背景自能令他在工商界和宗教界游刃有餘。他在位的四十年間，不僅使日字樓孤子院發展成著名學府拔萃男書院，也間接促成了女拔萃的成立。當然，俾士出於自謙也好、出於保護私隱也好，不把這

11　見日字樓孤子院第九年報告（Featherstone, W. T., *The History and Records of DBSO*, p.23.）及 "Correspondence: The Diocesan School", *The China Mail*, April 25th, 1878.

1918 年拔萃男書室全校師生合影

樣的情況告知頒獎日上的聽眾，不難理解。

三、費瑟士東與舒展時期的記憶

　　1930 年，男拔萃校長、俾士的繼任者費瑟士東牧師為慶祝六十週年校慶，編纂校史，書中搜集了不少女仔館的年度報告、會議記錄和收生紀錄，彌足珍貴。此書的正標題為 *The Diocesan Boys' School and Orphanage, Hongkong, The History and Records 1869 to 1929*（香港拔萃男書院校史及紀錄），副標題為 "With reference to an earlier Institution, called the Diocesan Native Female Training School, founded in 1860"（前身為女仔館，創立於 1860 年）。如此命名，顯示了男拔萃官方如何在自己的校史中認定女仔館的地位。而該書的簡

費瑟士東

史部分則如此介紹女仔館：

> In 1860, a Diocesan Native Female Training School was
> started at Bonham Road and Eastern Street, Hong Kong. This
> Training School was erected with funds collected by Mrs. Smith,
> the wife of the first Bishop of Victoria. In 1867 and 1868 the
> School was in a precarious position as to funds; there was not
> sufficient demand for Western Education for Chinese girls. [12]

> 1860 年，女仔館成立於般咸道東邊街。該校由首任會督
> 施美夫的夫人出資創立。在 1867 年和 1868 年，學校資
> 金管理不善；華籍女童對西式教育需求不足。

如上編所言，女仔館於 1860 年成立時，是暫借雅彬彌臺，

12　Featherstone, W. T., *The History and Records of DBSO*, p.1.

至 1863 年才搬入般咸道校舍。費瑟士東校史此處所言有誤。費史這段文字後，還敘述到 1878 年雅瑟辭職、俾士接任的情況，以及 1900 年女拔萃的成立。除了增入了一些會議紀錄的細節外，基本上還是依照俾士 1917 年演講的思維和脈絡，但女仔館這一段則因行文與篇幅的限制而更為簡潔。不過此書正式將女仔館稱為「第一建校期」(The First Foundation)，而將日字樓孤子院成立以後稱為「第二建校期」(The Second and Present Foundation)。[13] 儘管二十世紀後半葉，兩所拔萃罕有使用「建校期」之稱，但如此區隔使後人對校史的認知有了更為清晰的概念。

「建校期」之稱並不始於費瑟士東的校史。1929 年 11 月 2 日，男拔萃舉行六十週年校慶，主禮嘉賓港督金文泰在致詞中便用到了這個名稱。他說：

> This is an auspicious day in the history of the Diocesan Boys' School and Orphanage. We are met to commemorate the sixtieth anniversary of its foundation. The school has, however, a longer record even than that, for it was in 1860 that the Diocesan Native Female Training School was erected at the corner of Bonham Road and Eastern Street in Hong Kong island with funds collected by Mrs. Smith wife of the first Bishop of Victoria. The educational progress made in the Colony since then is well illustrated by the fact that this Training School was soon in a precarious financial position, because there was not

---

13 Featherstone, W. T., *The History and Records of DBSO*, pp.126-127.

in those days a sufficient demand for Western education of Chinese girls. In January 1869, this situation of the school was so serious that Bishop Alford, the second Bishop of Victoria, issued an appeal for funds wherewith to reconstitute it. The new constitution provided that the school should be open to boys as well as girls and that, in addition to its educational work, it should be an orphanage for destitute children in Hong Kong, China and Japan. Mr. W. M. B. Arthur and his wife were appointed master and matron of the School in July, 1870, when it contained 28 pupils. This second foundation was undertaken by Bishop Alford "upon the advice of leading gentlemen of the Colony and those most interested in its welfare"; and it is a great personal pleasure to me to record that one of those gentlemen was my own uncle and Godfather, Sir Cecil Clementi Smith, then a cadet officer in the service of the Hong Kong Government. He was a member of the Committee of Management of this school from 1870 to 1878, when he was transferred as Colonial Secretary to Singapore: and he with Mr. William Keswick, then taipan of Messrs. Jardine Matheson and Company, Mr. H. Lowcock and Sir Paul Chater were responsible for guiding the school through its early years and for the appointment of Mr. G. Piercy in 1878 to be the second head master of the reconstituted school. [...] Subsequent landmarks in the history of the school are the year 1878 when it was placed under the newly inaugurated grant-in-aid scheme of the Hong Kong Government; the year 1890, when a separate Diocesan Girls' School was opened, the buildings at the corner of Bonham Road and Eastern Street being retained as the Diocesan Boys' School and Orphanage; and the year 1926, when the Boys' School was transferred from its cramped quarters in Hong Kong island to this fine site on the mainland. [14]

今天是拔萃男書院校史上值得慶祝的一天。我們匯聚一堂，共慶建校六十週年。其實，這所學校的歷史最早可追溯到 1860 年的女仔館，由首任會督施美夫的夫人出資創立，坐落於香港島般咸道東邊街。但女仔館創立不久便陷入財務危機，因為當時華籍女童對西式教育需求不足，當地教育事業未能切實發展。1869 年 1 月，校況愈發窘困，以至第二任會督柯爾福不得不公開募款，用於學校重建。重建後的學校面向男女學童開放，身兼學堂和孤兒院二職，收留來自香港、中國和日本的窮苦兒童。1870 年 7 月，雅瑟先生和夫人受命擔任校長和女舍監，當時校內共有 28 名學生。第二建校期由柯爾福會督開創，「基於當地官紳及關心當地發展之人的建議」；我十分榮幸向大家宣佈，其中一人正是我本人的舅父和教父史密士爵士，當時身為士官效力於香港政府。他於 1870 年至 1878 年擔任校董，此後赴新加坡任總督一職：他與擔任怡和買辦的者紫薇、羅郭和遮打負責建校早年的校務管理，並於 1878 年任命偉士先生擔任學校重建後的第二任校長。〔……〕此後校史上幾大重要事件分別為：1878 年，學校正式成為一所補助學校；1890 年，拔萃女書室創立，位於般咸道東邊街的校舍更名拔萃男書室；1926 年，男拔萃從擁擠的香港島校區遷至九龍現址。

14　"Diocesan School Sixtieth Birthday Celebrations", *Hong Kong Sunday Herald*, November 3rd, 1929.

學者型的金督將男拔萃稱為「第二建校期」，對於女仔館為華籍女性提供西式教育、施督夫人籌募經費、女仔館陷入財政困境、柯督改建日字樓孤子院等事實，認知大體不差。此蓋由於其舅父史密士爵士曾於雅瑟時期擔任校董，於校務多有參與，加上費瑟士東校史即將付梓之故。唯女仔館 1860 年成立於雅彬彌臺，般咸道校舍 1862 年建成後方遷入，列入補助學校在 1877 年（而非 1878），而女拔萃也非成立於 1890 年，金督一時失檢。無論如何，金督雖非男拔萃成員，但其關於女仔館的敘述卻代表了 1920 年代末男拔萃對「第一建校期」的認識。再觀費瑟士東在 1926 年一次佈道中談及校史：

> In 1869-70 the Constitution of the Institution was somewhat changed and Orphan Children of both sexes, sound both in body and mind, of European, Chinese and Eurasian parentage and such other children as may be deemed 'eligible' were admitted. [15]

> 1869 年至 1870 年，學校改變了招生的組織結構。身心健全的男女孤兒，不論歐裔、華裔還是混血，只要符合條件即可取錄。

基於佈道性質，自然無法詳細談及重建（reconstitution）問

15　"Be Strong and Work: Sermon by the Rev. W. T. Featherstone", *The China Mail*, September 30th, 1926.

題，遑論「建校期」的提出，但說法與金督之言無大差異。
當然，金督與費瑟士東的這種認識在當時也有一定的表述彈
性。如校董 W. L. Pattenden 在金督致詞後說：

> Although the school was originally founded in 1860 it
> was then solely for Chinese girls, and it was not until 1869 that
> its scope was enlarged and it became the Diocesan School and
> Orphanage, an institution for the education of children of both
> sexes of European, Chinese and Eurasian parentage. [16]

> 學校創立於 1860 年，但最早為女校。1869 年，學校轉化
> 為日字樓孤子院，且招生範圍擴大，取錄歐裔、華裔和
> 混血的男女學童。

女仔館與孤子院是兩所學校，還是同一學校的兩個階段，
Pattenden 似乎有更多或然之詞。但是，包括費瑟士東和
Pattenden 在內的校董會將六十週年校慶訂於 1929 年，所修
校史則使用「第一建校期」、「第二建校期」的字面，依然雄
辯地說明了當時男拔萃官方如何看待女仔館的歷史。

　　1932 年，舒 展（Rev. Christopher Birdwood Roussel
Sargent, 1906－1943, 1932－1938 在任）繼費瑟士東擔任男拔
萃校長。1933 年 8 月 25 日《孖剌西報》中，刊登了拔萃男
書院的簡介：

16　"Anniversary of Diocesan School: H. E. The Governor and Leading Citizens Attend
Brilliant Celebrations", *South China Morning Post*, November 4th, 1929.

舒展

The School is one of the oldest in the Colony, having been original founded in 1860, as a School for Chinese Girls. This was situated at the corner of Bonham Road and Eastern Street. There was not a sufficient demand for such a school, and in 1869, boy and girls of Chinese, European and Eurasian parentage were admitted. A separate Girls' School was started in 1890, since when only boys have been admitted. [17]

> 該校是當地歷史最悠久的學校之一，創立於 1860 年，最早僅取錄華籍女童。學校位於般咸道東邊街。由於華籍女童對歐式教育需求不足，1869 年，華裔、歐裔和混血的男女學童均可入學。1890 年，單獨開設一所女校，自此學校轉變為男校。

---

17 "The Diocesan Boys' School: Prospects For The New Term", *Hongkong Daily Press*, August 25th, 1933.

這段文字大抵不差，基本上依據費瑟士東校史。唯值得注意的是：文中提及 1890 年開設的女校二字採用大寫字母，似乎指涉了女拔萃。但如前引俾士所言，日字樓的女生是在 1891 年悉數轉往飛利女校，而女拔萃是 1900 年正式開張。謂 1890 年將日字樓女生分出去後直接成立女拔萃，並不正確。此處顯然採用了金文泰總督 1929 年頒獎日上的說法，沿襲其誤而未察也。再者，簡介謂 1869 年所收的學生包括 "Chinese parentage"，此語本身具有含混性，既可指涉華裔，也可指涉華籍。如本書中編所言，1869 年時所收學生的標準是「非華籍」和「非華化」，即使血緣上是華人，但文化認同卻是西化的。直到 1879 年起，華籍男生才獲得正式收錄。不過，如此含混有助於 1930 年代向華人社群招生，毋庸置疑。

四、戰後的記憶

二戰以後，香港重光。但就男拔萃而言，幾位前校長皆在戰爭期間去世，老成乏人，加上絕大部分校史文獻皆毀於兵燹，故校史記憶開始產生變化。1955 年，施玉麒牧師繼任校長，曾一度將創校年份改為 1860 年。然至 1959 年，又改回 1869 年。[18] 施玉麒為男拔萃校友，長期從事法律、神職、社會工作，至 1955 年回到男拔萃。其夫人 Mrs. Dorothy She 又曾協助港大歷史系教師 G. B. Endacott 撰寫

18　參本書楔子。

《香港域多利教區百年史》(*The diocese of Victoria, Hong Kong: a hundred years of church history, 1849－1949*)，對女仔館、日字樓孤子院、男女拔萃的歷史都頗有涉及。[19] 男拔萃 1951 年 7 月號校刊記載，施牧將珍藏之費瑟士東校史贈予學校圖書館。[20] 而 1959 年賣物會開幕致詞中，施牧對女仔館與日字樓的歷史有所述及，並特別強調耆紫薇之影響，所言與費瑟士東校史大致相合。[21] 由是可見其對校史頗為了解。不僅施牧，當時男拔萃學生中也有對校史認知精準者。如 1957 年出版的畢業紀念冊 *Footprints* 中，刊登了韋漢賢所撰的一篇學校簡史。關於女仔館，韋氏是這樣寫的：

> In 1860, the Diocesan Native Female Training School at Bonham Road and Eastern Road was founded by Mrs. Smith, the wife of the first Bishop of Victoria, Hong Kong. It was from this Institution that both the Diocesan Boys' and Girls' Schools originated.

> 1860 年，香港首任會督施美夫的夫人在般咸道東邊街創立女仔館，此為男女拔萃的前身。

此外，韋漢賢對 1869 年日字樓孤子院的創立、1878 年關於轉為男校的決議，皆有簡潔明確的敘述。他在行文中直接

---

19 "The Diocese of Victoria: Educational Work and the Growth of Mission Schools: Early Hongkong History", *South China Morning Post*, June 15th, 1949.

20 "Grateful Acknowledgements", *Steps*, July 1951, p.6.

21 "Big Gathering at School's Fete: Close Association between D.B.S. and Jardine's", *South China Morning Post*, November 1st, 1959.

把 1880 年停收女宿生和 1892 年女生全數轉至飛利二事列在 1878 年雅瑟辭職、俾士繼任之後：

> By then it was beginning to be felt that the Home should become a Boys' Institution. As a result, no more girls were accepted as boarders since 1880, but it was not until 1892, when the Fairlea Girls' School was opened, that the school was cleared of all girls. [22]

> 當時，校董會認為女仔館應轉為男校，遂自 1880 年起學校不再招收女宿生。但直到 1892 年飛利女校創立後，校內才不再有女生就讀。

後文還提到："In 1900, a Diocesan Girls' School was opened."[23]（1900 年，女拔萃創立。）韋氏此文，大概是以學生身份撰寫校史的第一篇作品。其後記謂從施玉麒校長處借閱費瑟士東校史，又向楊俊成（J. L. Youngsaye）、孟克士（B. J. M. Monks）等資深教師處取得資料，故所言較為精準（除沿襲費史之誤，以 1860 年建校即在般咸道校舍之外），且行文要而不繁，誠佳作也。可惜的是，此文因收錄在畢業紀念冊，未能廣為流傳，否則其後修史者應可作為憑依。

1969 年 2 月 28 日，男女拔萃與拔萃小學分別在立法局立案。同年，施牧的繼任者郭慎墀開始籌辦百年校慶活動。

22　Wei, Hon Yin, "A Short History of Diocesan Boys' School", *Footprints*, p.39.
23　同前註。

郭慎墀（張宏偉攝）

1969 年 1 月 17 日的發佈會上，郭氏就早期校史有所介紹，[24]
所言與 1959 年賣物會上的施牧致詞相近，可謂一脈相承。
稍早之前，郭氏又邀請離任教師司馬烈重撰校史。也許當時
去古已遠，司馬烈僅能從費瑟士東校史輯出女仔館史料而加
以編年，但基本上並未搜集到太多相關的新史料。1978 年
男拔萃校刊有專欄講述校史，其中有關女仔館的介紹雖然簡
短，基本無大問題。唯一需要商榷的是：

> A separate girls' school was started in 1890, called "The
> Fairlea Girls' School". However, it was not until 1892 that the
> Diocesan Home and Orphanage became a complete boys'
> institution.[25]

---

24   "Diocesan School to celebrate Centenary this year", *South China Morning Post*,
January 18th, 1969.

25   *Steps*, 1979, p.9.

1890 年，單獨開設一所女校，即「飛利女校」。但直到
1892 年，曰字樓孤子院才正式轉為一所男校。

此處行文可能誤導讀者，以為飛利女校乃專為曰字樓孤子院
女生而設立 —— 實際上其創立並非在 1890 年，而是早在十
年以前。1990 年編輯的簡史《傳》(*Perpetuation*)，復以司
馬烈史稿及 1978 年現稿為依據，且將女仔館時期稱為 "The
Origin"（起源），將 1869 年曰字樓孤子院的成立稱為 "The
Beginning"（肇始），以示區別。然而女仔館九年中有何經
歷，最後又因何故而結業，僅一筆帶過。校長列表中，1860
至 1868 年間僅有一位名為 Mrs. R. Eaton 的校長。且 1892
年曰字樓女生轉校飛利、1900 年女拔萃成立等事，皆略去
未言。[26] 2004 年，拔萃舊生會印行 135 週年校慶晚宴專刊，
仍將女仔館時期稱為 "The Origin"，而男女分校事件則是如
此敘述：

> Round about 1890, it was decided that no more girls would
> be admitted to DHO. All girls would be put into a separate
> institution, called the Fairlea Girls' school, which later became
> the Diocesan Girls' School. However, it was not until 1892 that
> the Diocesan Home and Orphanage became a complete boys'
> institution. As the first school founded in 1860 was a girls'
> school, the Diocesan Girls' School therefore considered this to

26 Diocesan Boys School, *Perpetuation*, Hong Kong: Diocesan Boys' School, 1989,
    pp.2-5.

be the year they were founded, while DBS used the year 1869, the commencement of the DHO as our founding year. [27]

> 1890 年前後，孤子院不再取錄女生。所有女生轉去另一所學校，即飛利女校，後來變成女拔萃。但直到 1892 年，曰字樓孤子院才正式轉為一所男校。最早於 1860 年創立的學校為女校，因此女拔萃視該年份為創校年份，而男拔萃則視孤子院創立的 1869 年為創校年份。

對於兩間拔萃目前所認知之創校年份的解釋，庶無問題。唯謂飛利女校後來變成女拔萃，則未免有張冠李戴之嫌矣。

直到 2009 年，馮以浤、陳慕華撰寫《役己道人：香港拔萃男書院校史》，在一定史料的累積下，撰寫了 "From DNFTS to DHO" 一節，[28] 才對這九年的歷史有了較為客觀、細緻而真實的描述。此書總結道：

> Throughout the nine years of its existence, the school suffered from a number of setbacks, such as the unfavourable opinion of the local people, an insufficient number of students, financial difficulties and serious administrative mistakes. [29]

> 女仔館存續的九年間，學校面臨重重阻礙，包括當地人

27　DSOBA, *DBS 135th Anniversary*, Hong Kong: DSOBA, 2004, p5.

28　Fung, Yee Wang, and Chan-Yeung, Mo Wah Moira, *To Serve and to Lead: A History of the Diocesan Boys' School, Hong Kong*, Hong Kong: The Hong Kong University Press, 2009, pp.10-11.

29　同前註，p.11。

> 對學校評價低、學生數量不足、財務狀況不佳、行政問
> 題嚴重等等問題。

所言甚是。此書又指出：

> Also, Bishop Hoare, who supported the idea of separating
> European and Eurasian from Chinese girls, established the
> Diocesan Girls' School and Orphanage in 1900 at Rose Villas for
> European and Eurasian girls and let Chinese girls remain in the
> Fairlea School. [30]

> 此外，霍約瑟會督認為歐裔和混血女童應與華籍女童分
> 開教育，並於 1900 年在玫瑰行創立拔萃女書室，供歐裔
> 和混血女童就讀，而華籍女童則繼續留在飛利女校。

縱然從俾士的頒獎日演講開始，都提及 1890 年代飛利和女
拔萃二校與男拔萃的關係，但此處卻是首度談到為什麼飛利
吸納了日字樓女生後還須成立女拔萃的原因：那就是霍約瑟
會督依然認為單獨為華籍女童開辦學校、歐裔和混血女童另
外設校進行教育，更為可行。可惜的是，因為受限於主題與
篇幅，此書無法對女仔館九年的歷史及其餘緒作進一步的深
入論述。

---

30 Fung, Yee Wang, and Chan-Yeung, Mo Wah Moira, *To Serve and to Lead: A
    History of the Diocesan Boys' School*, p.9.

第二章

拔萃女書院對
女仔館的歷史記憶

　　1899 年，霍約瑟會督為了解決混血和歐裔女童的教育問題，提出創立拔萃女書院。1900 年，女拔萃在般咸道的玫瑰行成立。由於女仔館的英文名稱、創辦性質皆與女拔萃有相似處，故女拔萃剛創設時，以女仔館的直系後裔自居。此後，女拔萃對於創校年份的認定有所變化，至 1930 年代起，這種變化漸為顯著。大抵女仔館後期，岳士列帶入不少混血與歐裔女童，與後來的女拔萃有一定程度的同質性；而男女合校的日字樓孤子院（DHO）雖然建制與女仔館迥異，卻接收了大部分女仔館留下的女童；至於女拔萃的創設，多少是以日字樓孤子院或拔萃書室（DSO）為參照。此外，日字樓孤子院於 1892 年將所有女生移往飛利，成為純男校的拔萃書室；1900 年，飛利又將校內混血和歐裔女童移往新成立的女拔萃，自此專收華籍女童 —— 當然時隔八年，這前後兩批轉學的女生中有相同之人的機率不高。故此，從女性教育的角度觀之，女仔館、日字樓孤子院、飛利女校、女拔萃之間也有一條傳承的脈絡。女拔萃逐漸將校史回溯至女仔館時代，是不難理解的。

一、史及敦、費格遜時期（1900－1925）

女拔萃在玫瑰行成立後，首任校長為來自英國的史及敦女士，至 1921 年退休。繼任的費格遜女士（Catherine A. Ferguson, ?－1925, 1921－1925 在任）掌校雖僅四載，但曾在史及敦領導時擔任地理教師多年。1903 年 12 月 15 日，《南華早報》刊登了拔萃女書院的一則收生廣告，指該校為 "A Church of England School for the Christian training and education of girls of European and mixed parentage."（一所聖公會學校，為歐裔和混血女童提供基督教訓練和教育。）又謂可逕向校長索取招生簡介書（prospectus）。當年的簡介書已不可得，但同版刊出了聖約翰座堂 F. T. Johnson 的一封題為 "Diocesan Girls' School" 的來函，內容介紹更為詳盡，顯然是配合收生廣告而寫：

> With your kind permission, I should like to call the attention of your readers to the advertisement of the above - school which appears in your columns of this issue. It will be remembered that as the result of a public meeting held nearly five years ago a sufficient sum of money was obtained to justify the promoters of the school in securing the lease of a house— Rose Villa, West— in which the work of the School has been

carried on since February, 1900. In November of the Same year a lady superintendent– Miss E. D Skipton, B.A.– and an assistant-Superintendent– Miss M. I. Hawker– arrived in the Colony from England, and under their management the school quickly grew until it was found impossible to increase the number of boarders owing to lack of accommodation. This state of affairs lasted until quite recently, but when within the last few weeks the adjoining house– Rose Villa, East– fell vacant the committee decided that this opportunity of doubling the accommodation should not be missed, and promptly took the house, thus securing the whole block for the purposes of the Diocesan Girls' School. Up to the present committee, Which is largely composed of ladies, and of which the Bishop of Victoria is chairman, have felt that owing to lack of accommodation it was useless to make any great effort to make the existence of the school more widely known; but they now desire to call the attention of the public to the many advantages which this school offers. The first object of the school is to provide a Christian training and education for girls of European and mixed parentage, and the committee are always prepared to consider application for the admission of orphans and children in necessitous circumstances. The education given is an ordinary English elementary education arranged in accordance with the Government grant-in-aid scheme. The girls are also trained in household duties, and are taught to make most of their own clothes and to keep them in order. The fees, including tuition, board, laundry, and clothing for girls under fifteen, are $20 a month; while for tuition only the fees are $3 a month. The vacations are– one month about February, varying with the

Chinese New Year; six weeks in July and August; a few days at Christmas and Easter. Application for admission should be made to the Lady Superintendent, by whom further information will be supplied, at the Diocesan Girls' School, Rose Villas, Bonham Road, Hongkong. [1]

請各位讀者關注本期專欄裡這所學校的招生廣告。據記載，該校約五年前公開募得一筆錢款，用於租賃西玫瑰行。自 1900 年 2 月起，西玫瑰行便作為校舍之用。同年十一月，來自英格蘭的女校長史及敦女士及副手荷嘉女士到任。在兩位女士的管理下，學校迅速擴張，以至無法為學生提供足夠宿位。該問題直到近期才得以解決。過去幾週，鄰近的東玫瑰行開放招租。校董會決定藉此機會擴校，租得東玫瑰行作女拔萃校舍之用。現任校董會中女性居多，由會督擔任主席。過去由於宿位不足，學校認為不必對外大力宣傳招生；但現在公眾應了解在該校就讀的諸多益處。學校的首要目標是為歐裔和混血女童提供基督教訓練和教育，並且十分樂意取錄孤兒和窮苦兒童。學校推行傳統歐式教育，與政府補助計劃相應合。在校女童還會學習家務課程，學會自製和整理衣物。所有費用，包括學費、住宿費、洗衣費和未滿十五歲女童衣物購置費，共計每月 20 元；單獨學費為每月 3 元。假期安排：二月放假一個月，根據農曆新年前後調整；七八月放假六個禮拜；聖誕節和復活節放假幾天。

1   Johnson, F. T., "The Diocesan Girls' School", *South China Morning Post*, December 15th, 1903.

入學申請及詳細信息請聯繫女校長，地址：香港般咸道玫瑰行拔萃女書室。

F. T. Johnson 為聖約翰座堂主持牧師、霍督直系下屬，也曾擔任女拔萃的榮譽秘書。因此他不僅協助女拔萃招生不遺餘力，對這所學校也很了解。女拔萃成立後，學位供不應求，主要原因是當時僅租賃了西玫瑰行，無法為學生提供足夠宿位。直到 1903 年下半年，成功租得東玫瑰行，校園面積擴充一倍，故能大張旗鼓招生 —— 這也是玫瑰行的英文採用複數的原因。Johnson 對該校的成立背景、校園規劃、課程設計、假期安排等都了如指掌，這封信不僅可視為另類的招生簡介書，也無疑顯示了女拔萃當時對自身背景的認知。不過，Johnson 在函中並未提及女仔館。綜合以上論述可見，這個時期的女拔萃雖以女仔館後裔自居，但仍將創校年份定於 1900 年。

　　1906 年 9 月 18 日，霍督與四位學生乘船往屯門佈道途中遇上颱風，史稱「丙午風災」。當時天文臺並無預告，而颱風極為猛烈，導致沉舟。霍督嘗試拯救船上各人，最後全船餘兩位船員生還，會督與四位學生全部罹難。為紀念這位殉道的烈士、女拔萃的創立者，史及敦從此將 9 月 18 日定為 Founder's Day（下詳）。霍督去世後，倫義華會督（Rt. Rev. Gerald Heath Lander, 1861–1934, 1907–1920 在任）繼位。和霍督一樣，倫督對女拔萃的背景也很清楚。1910 年 11 月 18 日《孖剌西報》，就倫督在女拔萃頒獎日的致詞有扼要的報導：

He referred to the observation which had been made that the study of history was as refreshing as a cordial, and allude to the origin of that school, which had its beginning at a meeting held in St. Paul's College on 9th February 1899, when it was resolved that a boarding school for girls was desirable. [2]

> 他認為歷史研究一如甜蘇打水那般沁人心脾,並且提及了該校的起源:1899 年 2 月 9 日,在聖保羅書院舉辦了一場會議,決定為女童創設一所寄宿學校。

可見當時,創設女拔萃的動議始於 1899 年,在當時是記憶猶新的。

1913 年,女拔萃自港島玫瑰行遷往九龍皇囿(King's Park),於 9 月 10 日開幕。當日《南華早報》有如下報導:

The Diocesan Girls' School is a descendant from the Diocesan Native Female School which was in existence at least 50 years ago when a Crown lease of the site of the present Diocesan Boys' School in Bonham Road was granted to the Female School.

In 1866 the name of the School was changed to the Diocesan Female School.

In 1870 the Diocesan Boys' School was started on the same site and the girls were transferred to Fairlea, where a very successful school was carried on by the late Miss Eyre and Miss

---

2   "Diocesan Girls' School: Interesting Speech by Lady Lugard", *Hongkong Daily Press,* November 19th, 1910.

Johnstone and others.

In 1899 under the late Bishop Hoare and Mrs. Hoare it was decided to revive the Diocesan Girls' School as an English school for the education of girls of European and mixed parentage, and to confine Fairlea to Chinese girls. A lease of Rose Villas (opposite to the Boys' School) was obtained... [3]

女仔館（Diocesan Native Female School）創立於至少五十年前，女拔萃是其直系後裔。當時女仔館租得的校舍即今天位於般咸道的男拔萃。

1866 年，女仔館改名 Diocesan Female School。

1870 年，男拔萃於同一地點創立，所有女生轉往飛利。飛利是一所由莊思端女士等人管理的優秀學校。

1899 年，已故霍約瑟會督及夫人決定恢復女拔萃，為歐裔和混血女童提供教育，僅留華籍女童在飛利就讀。學校順利租得玫瑰行（位於男拔萃對面）⋯⋯

這段文字雖是記者報導，但很有可能源自女拔萃的繕稿（甚至九龍校舍開幕典禮的小冊子），代表了史及敦時期對女仔館的記憶。尤其 "revive"（恢復）一詞，更是可圈可點。現存史料中，這大概是女拔萃第一次正式宣稱其女仔館後裔的身份。但是，其資料有幾處需要注意：一、1866 年，女仔館確曾改名，但全名為 Diocesan Female Training and Industrial School。由於前後二名皆有一定長度，又不宜

---

3 "Diocesan Girls' School: To Be Opened To-Day", *South China Morning Post*, September 10th, 1913.

戰前的佐敦道拔萃女書院

以此概彼，因此統稱 Diocesan Female School 或 Female Diocesan School，但這並非正式名稱。二、1870 年，日字樓孤子院成立，報導逕稱 "Diocesan Boys' School"，可見日字樓孤子院與男拔萃為同一建制，不僅男拔萃一直是如此認知，1910 年代的女拔萃亦復相同。三、日字樓女生全部轉往飛利，是 1891 年的事。因報導行文過簡，可能令人誤解為：女仔館於 1870 年變成男校，所有女生於當年轉往飛利。殊不知飛利的創立還在此十餘年後。但整體而言，對於女拔萃與女仔館、日字樓孤子院（男拔萃）、飛利女校之間的關係，這篇報導還是比較清楚的。

此外，1913 年 6 月 7 日，《士蔑報》有一欄題為 "Diocesan Girls' School, Extracts from the Thirteenth Annual Report"

（拔萃女書室第十三期年度報告摘要）。[4] 1918 年 1 月 14
日的《南華早報》，提到 "The eighteenth annual report of
the Diocesan Girls' School and Orphanage, Kowloon, is to
hand."（九龍拔萃女書室第十八期年度報告已出爐。）[5] 1921
年 2 月 5 日《南華早報》也提及「the 21st annual report」（第
廿一期年度報告）。[6] 所謂「十三」「十八」「廿一」，皆是從
創校之年算起。[7] 若將創校年份定於 1900 年，當年的年度
報告才會編號第一期。而 1921 年恰好是史及敦退休之年，
年度報告稱許她："She has seen the school grow from small
beginnings into a well-equipped and efficiently staffed centre
of education."（在她的引領下，學校迅速發展成了資源豐
富、師資充沛的教育中心。）[8] 肯定了這位創校（或復校）校
長的功績。

　　不過，作為「復校」後首位校長的史及敦本人，對於女
仔館的始末、餘緒又有怎樣的歷史記憶呢？1922 年，剛退
休的史及敦撰寫了一篇題為 "The Diocesan Girls' School,
Hong Kong 1900－1921" 的文章，發表在香港聖公會刊物
Outpost 上。此文開首即云：

4　"Diocesan Girls' School, Extracts from the Thirteenth Annual Report", *The Hongkong Telegraph*, June 7th, 1913.

5　"Diocesan Girls' School: A Useful Year's Work", *South China Morning Post*, January 24th, 1918.

6　"Diocesan Girls' School", *South China Morning Post*, February 5th, 1921.

7　按：如費瑟士東校史紀錄男拔萃 1929 年年度報告，稱為第六十期，正是回溯到創校的 1869 年。

8　"Diocesan Girls' School", *South China Morning Post*, February 5th, 1921.

Many years ago now, somewhere in the sixties of the last century, a Diocesan Girls' School was started in Hong Kong. At first they took in little boys: these grew up and it became a co-educational school, until the number of boys so swamped the girls, that — no more girls were taken. Think of the irony of it! And when all the girls had left, it became only and solely a Boys' School — the Diocesan School and Orphanage.

What happened to the girls? Well, in time the Female Education Society workers came to the rescue, and European and semi-European girls were admitted to the Chinese Girls' School (the Baxter School, or Fairlea, as it was called later). This Society came to an end at the close of the nineteenth century, and the work was divided between the C.M.S. and the C.E.Z.M.S. In Hong Kong the C.M.S. took charge.

Fairlea School was becoming too crowded. The C.M.S. wished to confine its activities (as much as possible) to Chinese work, so it was arranged that all Europeans and semi-Europeans wishing an English education should depart. What was to be done for them? Bishop Hoare, backed up by the European community, decided that they must not be neglected, and the Diocesan Girls' School was revived, but the old premises were not given back to them. A fair-sized house was taken — Rose Villa — Mui Kwei Hong, as the Chinese called it, and still call the school. [9]

9   Skipton, E. D., "The Diocesan Girls' School, Hong Kong 1900-1921", *The Outpost*, July - December 1922 Issue, p.18.

距今多年以前，上世紀六十年代的某年，一所教區女子學校在香港開業了。他們最初收錄小男生，隨着這些男生的成長，學校也變成男女合校，直到男生人數多到遮蓋了女生，以致女生不再被取錄。想想有多諷刺！當所有女生離校，學校變成了單一的男校——拔萃書室。

那麼女生怎樣了呢？好吧，那時女教會的工作者及時前來拯救，於是歐裔和混血女生得以入讀華人女校（畢士泰學校，後稱飛利）。女教會在十九世紀末停止運作，負責工作分別由華差會與仁那那差會接手。女教會在香港的工作則由華差會全盤負責。

飛利女校變得非常擁擠。華差會希望該校（盡可能）把活動限定在對華人的工作方面，因此安排之下，所有希望接受英語教育的歐裔與混血女童都要離開。要為他們採取怎樣的舉措呢？霍約瑟會督以歐籍社群為後盾，決定不可忽視這些女童，於是教區女子學校（拔萃女書室）得到恢復，但原來的校舍並未得到歸還。玫瑰行——一所大小適中的房舍獲得選用，華人至今把學校稱為「玫瑰行學校」。

大概限於篇幅，史及敦對於女仔館及日字樓男女館時期的論述非常簡略。她並不確切道出女仔館成立的 1860 年，而是說「上世紀六十年代的某年」，可能是要留下某些轉圜餘地。此外，其言也不無可商榷之處：

其一，所謂「最初收錄小男生」，真實情況是始於 1869 年改建日字樓孤子院，但史及敦行文可能讓讀者誤解為始於前此的女仔館時期。進而言之，「學校變成男女合校」並非因為「這些男生的成長」，而是 1869 年改建後規定兼收男女。但史及敦隻字未提 1869 年之改建，遑論改建原因。史及敦有如此認知，大抵 1900 年以後的女拔萃會在幼稚園收錄小男生之故（如幼年何世禮即是），故有以後規前之訛。

其二，根據中編之表四，1869 至 1878 年間，由於男女生人數皆少，比例並無太大差異。1878 年至 1892 年間，男生比例的確大幅增長，但這是因為校董會在 1878 決定轉型為男校，而女生只限於錄取日校生。換言之，若説女生被「逼走」的原因在於男生人數的增長，似乎過於簡單。而日字樓作出如此決定，要結合當時社會需求，以及女性教育自身的窘況來一併考量。這在中編已有較為充分的論述，茲不贅言。

至於飛利女校與兩所拔萃書院的關係，史及敦所言還是比較準確的，這自然是因為她作為「復校」後首任校長，對「復校」的直接原因比較清楚。此外，讀者不難發現，史及敦在字裡行間是略帶情緒的。筆者以為，這一方面是出於對混血女童長期受到忽視而產生的義憤，另一方面則關於「復校」選址問題。因為女仔館已於 1869 年改建成日字樓孤子院，故而原有校舍也為孤子院以及拔萃書室所繼承。如此情狀為女拔萃的發展帶來不少障礙——不論在 1899 年租用玫瑰行或 1913 年購置佐敦道校舍，女拔萃都出現財政吃緊的狀況。參《南華早報》1913 年 9 月 10 日關於女拔萃佐敦道校舍開幕的報導：

> The question of building funds was then considered by the Committees of the Boys' and Girls' Schools, and in February 1912 the Committee of the Diocesan School and Orphanage, recognizing that the education of girls was as much within its scope as that of boys, decided to contribute $10,000 out of its

reserve fund towards a building fund. In making this contribution
the Committee was influenced by the fact that whilst the Boys'
School had been enjoying the advantage of the land and buildings
originally granted to the Diocesan Female School rent free for
many years, the Girls' School had been handicapped since its
commencement by the payment of a heavy rent. [10]

> 拔萃男校與女校的校董會考慮了建築基金的問題。1912
> 年2月，拔萃男書室認識到女童教育的程度範圍與男童
> 教育等同，決定從儲備中捐獻一萬元撥入建築基金。多
> 年以來，男拔萃一直免租使用原本劃給女仔館的土地校
> 舍，而女拔萃開辦（按：指1900年）以後卻一直因支付
> 高額租金而使校務深受妨礙。男拔萃校董會作出如此捐
> 獻，乃是有感於這樣的事實。

女拔萃於1900年成立時，雖以女仔館的後裔自居而號稱「復
校」，卻近似一個全新的團體，在技術層面而言，無法使用
女仔館留下來的校舍——何況1891年時，日字樓孤子院在
原有基礎上又增建新翼，改名拔萃書室。這種非常罕見的狀
況，再次顯示了兩所拔萃關係的複雜性。不過，報導謂男拔
萃要到1912年才認識到女童教育的重要性，則頗為不然：
在1899年伊始的女拔萃籌建過程中，俾士校長是委員之
一。而俾士乃日字樓孤子院轉型為男校整個過程的執行者、
見證者（俾士自身並非校董會成員），也深刻了解混血女童

10　"Diocesan Girls' School: To Be Opened To-Day", *South China Morning Post*,
September 10th, 1913.

教育的問題。但無論女仔館（1860－1868）或日字樓孤子院（1869－1891）時期，校舍地契都為商界鉅子所有。縱然歷任會督一直關注女子教育問題，但在校董會中的商界鉅子們看來，日字樓孤子院要維持營運，就必須積極回應社會的需求；而立竿見影的方法，與其是培養虔信基督的賢妻良母，毋寧是訓練中英語兼善、能在工商機構擔綱的男性人才——何況在當時，華人女校已為數不少，混血女童只佔適學年齡女童的極少數，又無法與華裔女童一起接受教育，以致資源分配無法優先。雖説教育不應於短淺的利益掛鈎，但在財政短絀的草創時期，會督也不得不屈從於校董會諸人的意見。如此一來，日字樓孤子院在發展至拔萃書室的過程中，日字樓女生先從寄宿生變為日校生，後又紛紛轉校，不遑啟處。可以説十九世紀後期，拔萃男校事業的蒸蒸日上，一定程度上乃建基於混血女童教育之犧牲，此誠不可不辨者。

二、蘇雅、吉賓思時期（1925－1941）

1925 年，費格遜病故，蘇雅接任女拔萃校長。蘇雅在位前期的 1928 年，仿效史及敦在 *The Outpost* 發文介紹女拔萃，關於十九世紀的歷史大抵全襲史及敦之文。[11] 蘇雅此時的校史觀念一仍前任，還在 1930 年 2 月 15 日的《德臣西報》刊出的女拔萃年度報告措辭中有所反映：

11　Sawyer, H. D., "The Diocesan Girls' School, Hong Kong, Kowloon", *The Outpost,* January 1928 Issue, p.7.

This is the 30th report of the present foundation of the Diocesan Girls' School. [12]

|| 此為拔萃女書室現行建校期第三十期年度報告。

仍然採用「三十」字樣,可見繼續把創校年份定為 1900 年。
而 "present foundation"(現行建校期)一語則可圈可點。如
此說法,顯然是仿效男拔萃費瑟士東校史的方式,將女仔館
稱為「第一建校期」,而將女拔萃稱為另一建校期,用以區
隔二者。唯一的不同在於:男拔萃史觀中,兩個建校期在時
間上是銜接的;而女拔萃語境中,女拔萃的創立與「第一建
校期」的女仔館相隔三十多年,其間究竟如何追溯、女拔萃
應算成第幾建校期,不易釐清。因此,"present foundation"
一語可謂避重就輕,但也非常巧妙、合理,如此措辭來自記
者還是女拔萃校方,尚待考證。

不過自此以後,如此陳述逐漸有所變化。如 1935 年 6
月,女拔萃舊生會主席 Ms. Robinson 致詞道:

The School started in Hong Kong, originally in 1860: later
at Rose Villas, Feb 1st 1900. The Head Mistress in 1900 was Miss
Skipton, assisted by Miss Hawker. In 1900 there were 28 boarders
and 8 day scholars. The School moved to Kowloon in 1913. [13]

---

12 "Diocesan Girls' School: Annual Distribution of Prizes", *The China Mail*, February 15th, 1930.

13 "Diocesan Old Girls' Association Hold Reunion Dinner In School Hall", *Hongkong Daily Press*, June 3rd, 1935.

學校最早於 1860 年在港島創立，後於 1990 年 2 月 1 日遷至玫瑰行。時任女校長為史及敦女士，由荷嘉女士擔任副手。當時全校共有 28 名宿生和 8 名走讀生。1913年，學校遷往九龍。

Ms. Robinson 自謂在校時間甚短（1919－1921），對校史不甚理解，所言皆校長蘇雅所告。由此可見，Robinson 似乎僅將 1900 年玫瑰行的開幕視為一次「遷址」，與 1913 年遷往九龍幾無差異。不過，她提到 1900 年全校共有 28 個寄宿生和 8 個走讀生，則是非常重要的資料。參 1936 年 10 月 15日的《南華早報》記載，1900 年時，飛利女校將 24 名學生轉到新開的女拔萃。[14] 由此可見，女拔萃草創伊始，共有三分之二的學生來自飛利。

1937 年，蘇雅在頒獎日的致詞，顯示出女拔萃史觀上的進一步變化：

More than once I have stressed the fact that this school holds a special position in the Colony. It was founded in 1866 (or about that date) for children of mixed parentage, and a certain number of Chinese were eligible for admission provided that they had a sufficient knowledge of English to benefit from the education given. Its full title was the Diocesan Girls' School and Orphanage, and though we have changed and have made progress I hope since the sixties we do still try to uphold some of

---

14 "Fairlea School Celebrations: Next Week's Jubilee Opened as Boarding School in 1886 by Miss Johnstone", *South China Morning Post*, October 15th, 1936.

our traditions. [15]

> 我不止一次強調該校在本殖民地的地位特殊。學校創立
> 於 1866 年（或此前後），面向混血兒童招生。華籍兒童
> 亦可申請入學，前提是他們的英語達到了一定水平，可
> 以從課堂上學到知識。學校全名為拔萃女書室。雖然我
> 們做出了改變、取得了進步，但我希望我們仍力圖秉承
> 創校以來的部分傳統。

蘇雅認為「學校創立於 1866 年（或此前後）」，固然是將史
及敦「上世紀六十年代的某年」之說作出更清晰的表述。但
她進一步提及要將女拔萃的歷史與女仔館相銜接，其因何
在？是否由於當時女拔萃對自身歷史的審視，已逐漸更看重
1860 這個年份？抑或當時某些女生的母輩或祖母輩曾就讀
女仔館、日字樓孤子院等校，對 1860 至 1899 年間這段歷史
的認知與校方有所不同？還是 1930 年費瑟士東出版的校史
將男拔萃創校年份定於 1869 年，故而與女拔萃的某些歷史
記憶與敘述產生分歧？這些如今皆難以得知。無論如何，可
知一種不全同於史及敦時代的新的校史敘事已在逐漸形成。
不過，也許由於時間和篇幅限制，蘇雅言詞中對於女仔館的
認知，依然有含混之處。如前文所言，女仔館於 1860 年成
立時，名為 Diocesan Native Female Training School，職志
係向華籍女生提供英文教育。1864 年底伊頓遇襲後，英文

---

15 "Diocesan Girls' School: Lady Caldecott Distributes Prizes and Certificates", *South China Morning Post*, January 16th, 1937.

教育於焉停止。1866 年岳士列任校長，該校始兼收混血女生。至 1869 年，柯督改建日字樓孤子院，以混血兒童為收生對象，其中包括不少孤兒。而《孖剌西報》1866 及 1868年索引顯示女仔館當年改名 Diocesan Female Training and Industrial School，而 1867 及 1869 年索引則作 Diocesan Female School。至於 Diocesan Girls' School and Orphanage一名，則是 1899 年以後方才出現。對於蘇雅之言，何明華會督在此後的頒獎日致詞中似乎有所對話與商榷。如 1938年關於何督致詞的報導曰：

> He gave a short address on the first years of the school, which he said, was opened by the then Bishop of Hongkong in 1860 (the Very Rev. George Smith), under the imposing name of "Diocesan Native Female Training Institution", which was changed in 1866 to "Diocesan Female School". Some years later it became a combined Boys' and Girls' School, which he believed

何明華（楊震鴻素描）

was the beginning of the present Diocesan Boys' School. [16]

> 他簡要談了談建校早年的情況。據他所說，女仔館
> （Diocesan Native Female Training Institution）於 1860 年由時
> 任會督（施美夫會督）創立，後於 1866 年改名 Diocesan
> Female School；幾年後，學校轉為男女合校，即今天的男
> 拔萃的開端。

何督提及的 1866 年，正與去年蘇雅所提及者相呼應。而他
以為女拔萃可追溯至 1860 年女仔館成立，而此後改建的日
字樓孤子院，則為男拔萃之開端。何督是否提及 1900 年，
未見報導，不得而知。但僅觀如此論述，或許是將女拔萃
與女仔館之創校年份加以等同。但再看何督 1939 年頒獎日
的致詞，又可作為補充。當年蘇雅辭職，轉而主政該校小學
部，校長由吉賓思接任。相關報導云：

> Addressing the gathering, Bishop Hall said that the School
> was first known by the name of "Diocesan Females' Institute",
> and that the School, as it was now organized, would be 40 years
> old next year. "We want a birthday present for our 40th birthday,"
> he said. "We want $40,000. We want to build nine new classes;
> all the plans have been prepared, everything is ready but if we
> cannot get the money given to us we will have to borrow it. In
> any case, we are going to build the class rooms whether we have

---

16   "Diocesan Girls' School Prize Giving", *South China Morning Post*, July 8th, 1938.

to borrow or are given it." [17]

> 何督在講話中提到，學校最早名為「女仔館」，明年即將
> 迎來四十週年校慶。「我們想要一個四十歲生日禮物，」
> 他說道，「我們需要籌得四萬元。學校計劃修建九間新
> 教室；計劃均已完備，一切準備就緒。但如果籌不到錢，
> 就只能去找人借了。不管是用借來的還是籌來的錢，我
> 們一定要建新教室。」

何督所言 "Diocesan Females' Institute" 亦為女仔館的統稱。
他雖將女仔館視為女拔萃的肇端，但顯然也清楚當時的女拔
萃乃是於 1900 年創設，因此所提出的乃是四十週年校慶事
宜。何督的認知雖與蘇雅異同互見，但後來他在 1960 年仍
支持女拔萃慶祝「百年校慶」，似乎隨着時移世易，不再執
着於將 1900 年定為創校年份了。

三、Founder's Day 的名實演變

香港重光後，蘇雅的論述進一步得到傳承。[18] 1946 年，
女拔萃舉行戰後第一次頒獎日，校長夏露（A. W. Hurrell,
1890−1969, 1946−1951 在任）在報告中指出：

---

17   "Scholars Receive Prize: D.G.S. and St. Stephen's", *South China Morning Post*, July 10th, 1939.

18   按：根據西門士於 1956 年 2 月 4 日致何明華會督函所言，她認為 1860 這個年分是由夏露「挖掘」出來的。然實際情況究竟是夏露自行「挖掘」，還是由前任校長蘇雅、乃至時任校董的施玉麒等人告知，尚待考證。

The old houses red, yellow, blue and green have been reformed, and have been given names: Smith's (after the founder of the School, the wife of Bishop Smith), Skipton's, Sawyer's and Gibbins' after former headmistresses. [19]

> 紅、黃、藍、綠四個老社堂經過改組後，以歷任女校長的名字重新命名：施美夫（倡議者施督夫人）、史及敦、蘇雅與吉賓思。

1900 年，史及敦成為女拔萃校長，至 1921 年卸任。接任者依次為費格遜、蘇雅與吉賓思。日治時期，吉賓思被關押在赤柱集中營，戰後辭職返英，由夏露繼任。這時，校方將社堂分別以前校長命名，史及敦、蘇雅和吉賓思皆有幸列名。有趣的是，費格遜可能因年代較早、又或在任較短而未能有此榮幸，反而讓位予女仔館的倡議者施夫人了。[20]

直至 1940 年代末，女拔萃每年 9 月 18 日都被稱為 Founder's Day。[21] 1947 年 Founder's Day，曾有「九十週年校慶」的活動：

> On the eighteenth of September, 1947, our School celebrated the 90th Anniversary of its birth. A few days before the

---

19 "Diocesan Girls' School: Annual Speech Day", *South China Morning Post*, December 14th, 1946.

20 按：夏露於 1951 年離職後，施美夫社旋更名為夏露社。

21 按：此據 Mrs. Ethne Dunbar 演講所言，詳後。筆者發現，*Quest* 稱呼此日為 Founders' Day，皆作複數；而 Mrs. Mathews (Dunbar) 講稿中，則稱 Founder's Day，皆作單數。詳後。為方便行文，本文論述時悉採用單數。

event took place, all preparations were carefully seen to by Miss Hurrell herself, and the students were instructed as to what parts and duties they were to have. [...] The whole School assembled at 9.30 in the Hall for the Commemoration Service which was conducted by Bishop Hall. He gave us a speech, which was followed by one from Mrs. E. Matthews. The latter related the history of the School from the day when it was founded till the present time. [22]

> 1947 年 9 月 18 日，我校迎來九十週年校慶。校慶前幾日，夏露女士親自監督完成所有準備工作，並為參與活動籌辦的學生分配具體崗位。〔……〕全校九點三十分在會堂集合，由何明華會督主持慶祝活動。何督和 Mrs. Matthews 各發表一篇演講，後者主要回顧了學校創立至今的校史。

夏露如此親力親為，足見 Founder's Day 的重要性。而在演講中回顧校史的 Mrs. Matthews，1950—51 年的 *Quest* 有如此介紹： "Mrs. Dunbar is an old girl, an old staff member and, until lately a member of the School Council, who will be remembered by many as Mrs. Matthews." (Mrs. Dunbar 曾就讀於女拔萃，其後留校執教，近期才從校董會離任。她將以 Mrs. Matthews 之名為人們所熟知。) [23] Mrs. Matthews 於

---

22 Ng, Barbara, "Founders' day", *Quest*, 1947, p.27.

23 "A Glimpse of D. G. S.: In the Days Gone By", extract from a Talk by Mrs. Dunbar on Founders' Day 1947, *Quest*, 1950-1951, p.45.

1900 年代入讀女拔萃，其後任教於此，戰後又擔任校董會成員，故對早期校史比較熟悉。不過，她這篇以 "A Glimpse of the DGS: in Days Gone By"（女拔萃校史一窺：回顧往日）為題的講稿，直到三年後才由校刊所登載。關於早期的校史，Mrs. Matthews 是如此陳述的：

> The founding of our School has been attributed to the Rt. Rev. Bishop Hoare: –he and Miss Margaret Johnson [Johnstone], who had worked among the women of the Colony, realized that a school for teaching English, and run on the plans of a School in England, would fill a great need and especially would be beneficial to children of mixed parentage who could then learn of the best of the two civilizations of East and West; so with this object in view, the School started. The Diocesan Boys' School had already been established, so it was natural that the boarding department for girls should find its first home here –the School was then situated in Bonham Road at the junction of Eastern Street, the site occupied by the Teachers' Training College. [24]

> 我校的設立離不開霍約瑟會督和莊思端女士。通過與當地女性接觸，兩人意識到如果建立一所教授英語、提供歐式教育的學校，可以有效滿足當地需求，對混血兒童尤其有益，因為可以幫助他們汲取東西方文明的精華；懷抱這樣的信念，女拔萃成立了。當時男拔萃已經存在，

24　"A Glimpse of D. G. S.: In the Days Gone By", extract from a Talk by Mrs. Dunbar on Founders' Day 1947, *Quest*, 1950-1951, p.45.

所以女寄宿部自然而然選址於此 —— 女拔萃當時座落於般咸道東邊街，即如今師範學院所在地。

大致謂女拔萃由霍約瑟會督和莊思端在般咸道設立，而當時男拔萃已經存在了。至於女仔館的歷史，除了含糊地道出「座落於般咸道東邊街」，似乎並未進一步齒及。Mrs. Matthews 又云：

A year later, I believe in 1898, the school had outgrown the dormitories, and premises across the road were leased from the Granville Sharpe Estate. The Council rented a large residence with extensive grounds, over the walls of which trailed in profusion pink climber roses which gave the name to the house –ROSE VILLA – or its Cantonese equivalent –MUI KWAI HONG –by which name the school was known for years throughout South China and the Coastal Ports. [25]

一年後 —— 應該是在 1898 年 —— 學校寄宿部的宿位不足，於是從霎氏地產處租下了街對面的物業。校董會租得的這座宅第面積很大，牆上爬滿了粉色玫瑰，因此得名「玫瑰行」（粵語讀作 MUI KWAI HONG）。在中國南部及沿海港口一帶，人們多年來都用玫瑰行指代女拔萃。

合兩段而觀之，Mrs. Matthews 似乎認為女拔萃成立的技術

25 "A Glimpse of D. G. S.: In the Days Gone By", extract from a Talk by Mrs. Dunbar on Founders' Day 1947, *Quest*, 1950-1951, p.45.

原因之一，乃是日字樓（或拔萃書室）寄宿部的宿位不足，
導致女生遷出。此說無大問題，但如前所論，日字樓女生是
於 1891 年全數轉至飛利女校，而 1900 年飛利又將混血女生
轉至女拔萃。姑勿論 1900 年飛利轉出的這批女生中是否仍
有八年前轉入者，但日字樓於 1898 年已是男校，應無可能
有任何女生轉往女拔萃。Mrs. Matthews 乃 1900 年後入學，
無緣見證 1890 年代這兩次轉校之舉，加上年久日深，就算
記憶有誤，也很正常。此外，Mrs. Matthews 對於 Founder's
Day 的設立背景有所解釋：

> I saw Miss Skipton when I was in London last October and
> her keen memory and lively interest in the school, her girls and
> the "grandchildren" and "great grandchildren" of the school was
> an amazing revelation of how deep we stood in her affection
> and how much the school figured in her life. I know she will be
> thinking of us on this day as, I think I am correct in saying that
> up to 1941, she never failed yearly to send a contribution for
> Founder's Day observances. This leads me to the day itself —it
> is the anniversary of the passing on to higher service of Bishop
> Hoare who in 1906 was out in a sampan, on a preaching tour, and
> had with him four theological students from St. Paul's College,
> when the Colony was struck by one of the worst typhoons in its
> history. Bishop Hoare and his companions lost their lives. [26]

---

26 "A Glimpse of D. G. S.: In the Days Gone By", extract from a Talk by Mrs. Dunbar
on Founders' Day 1947, *Quest*, 1950-1951, p.46.

去年十月，我在倫敦見到了史及敦女士。她對女拔萃及歷屆學生念念不忘、十分關切，這也彰顯出我們和學校對她而言有多麼重要。我知道今天她一定會想起我們。據我所知，到 1941 年為止，每年的今天她都會捐一筆錢用於舉辦紀念活動。讓我們回顧一下這個日子本身：這天是霍督的忌日。1906 年，霍督與四位聖保羅書院的神學生於佈道途中乘船，不幸遭遇香港歷史上最猛烈的颱風之一。霍督與四位學生全部罹難。

作為霍督所建女拔萃的首任校長，史及敦當時正在任內，於是將其忌日設立為 Founder's Day，以資緬懷。根據戰前報導，退休的史及敦當時會向每年女拔萃捐獻五英鎊。[27] 而 Mrs. Matthews 作為當年親炙史及敦的學生，對 Founder's Day 印象深刻，因此願意在該日講述校史。1950 年 8 月，史及敦在英高齡逝世，其副手荷嘉（M. I. Hawker）也在年前病故。[28] 有趣的是，根據女拔萃校刊中的校曆，該年 9 月 18 日不再稱為 Founder's Day，而是在此日慶祝「九十週年校慶」。[29] 是年頒獎日，校長夏露致詞道：

The 90th Anniversary of the School has been most

27 "Diocesan Girls' School: Lady Caldecott Distributes Prizes And Certificates", *South China Morning Post*, January 16th, 1937. 按：此外，1906 年也是莊思端女士退休之年。故女拔萃後來或將此日以複數形式呈現，蓋有同時紀念霍督與莊思端二人之故。

28 "Miss E. D. Skipton: Former Headmistress of D. G. S. Dead", *South China Morning Post*, August 9th, 1950.

29 *Quest*, 1950-1951, p.25.

appropriately celebrated by the opening to-day of the New Modern Wing. [30]

> 新翼大樓於今日正式投入使用，以此慶祝我校創立九十週年。

於斯可見，此時的女拔萃已不僅以女仔館後裔自居，更視女仔館為校史之一體。不過，夏露對於戰前的校史論述，仍是比較了解的：

> Speech Day is a Day when one looks back and forward and never has it been more appropriate to do so than this year when we celebrate our 90th birthday; for it was in 1860 that Mrs. Smith, wife of the first Bishop of Hong Kong, founded the Diocesan Native Female Training School for Chinese girls in a house in Bonham Road, nine years later to be transformed by Bishop Alford into the Diocesan School and Orphanage for local boys and girls occupying the same Bonham Road site. [...] For a few years in the nineties when co-education was not thought suitable for boys and girls it even ceased to exist; its girls were transferred to Fairlea and the old Bonham Road house left to the boys but the need for a special School for local girls was again felt and Rose Villa was purchased for them in 1898. It is in memory of Miss Skipton who came out from England in 1899 to start the

---

30 "Diocesan Girls School: Annual Speech Day", *South China Morning Post*, December 4th, 1950.

Mui Kwai Hong and, after fourteen years there, brought the School over to its present site in Kowloon in 1913 that we wear our roses to-day. Miss Skipton's death last August and that of her friend and colleague, Miss Rose Hawker, only a few months before, break a long link with the past. [31]

> 演講日是回顧過去、展望未來的日子。值此九十週年校慶之際,我們更應追憶校史。1860 年,首任會督施督的夫人在般咸道創立女仔館,為華籍女童提供教育;九年後,柯爾福會督將學校改建為日字樓孤子院,取錄當地男女學童,校址不變。〔……〕九十年代,校董會認為學校不宜男女合校,甚至一度關停;女生轉去飛利,位於般咸道的老校舍留作男校之用,但校董會認為仍需為當地女童專門建一所學校,便於 1898 年買下玫瑰行設立女校。1899 年,來自英格蘭的史及敦女士就任,十四年後(1913 年)將學校遷至九龍現址。我們今天佩戴玫瑰正是為了紀念這位女士。史及敦女士去年八月逝世,她的好友和同事荷嘉女士也於數月前逝世,一段歷史由此畫上了句號。

對於 1869 年孤子院成立、1890 年代日字樓孤子院女生轉往飛利、1899 年女拔萃在玫瑰行創設與史及敦就任,敘述大抵清晰。不過,這段話從 1860 年成立的女仔館說起,並據

---

31 *Quest*, 1950-1951, pp.20-21. 按:參前文可知,這段話裡有幾個小處值得商榷:一、女仔館 1860 年是在雅彬彌臺成立,1862 年方遷入般咸道校舍。二、玫瑰行並非購入,而是租賃。三、1899 年女拔萃創設時,是由荷嘉代理校長,施及敦於 1900 年方才抵港。四、根據 1913 年 12 月 15 日的《南華早報》,荷嘉的英文名字為 M. I. Hawker。戰後往往稱她為 Rose Hawker,出處待考,或因玫瑰行。

此慶祝九十週年，則顯然不復僅以女仔館之「後裔」自居。而孤子院 1869 至 1891 年的「男女合校」時期，則已然被視為女拔萃校史的一部分。大約限於篇幅，於 1899 年促成創設女拔萃的霍約瑟會督則未見提及。至 1951 年，以霍督為紀念對象的 Founder's Day 已不再見於校刊之校曆。[32]

四、1950 年代以後

如本書楔子所言，張奧偉在 1969 年的法律諮詢文件中提及 1950、1960 年，女拔萃先後編製了兩部簡史。這兩部簡史目前已非常罕見，但大抵都是為了校慶而編纂，可想而知。實際上，在 1950 年慶祝九十週年以前，女拔萃已開始了百週年慶典的規劃。《南華早報》1949 年 7 月 6 日預告將在女拔萃舉行「拔萃百週年基金音樂會」(Diocesan Centenary Fund Concert)，[33] 可見該基金在九十週年慶典以前便已成立。《南華早報》1954 年 12 月 4 日報導，女拔萃在 3 日舉行演講日，邀請即將於翌年卸任的男拔萃校長葛賓夫婦擔任演講及頒獎嘉賓；葛賓演講完畢後，西門士宣讀年度報告：

> On preparations for the D.G.S. centenary in 1960, the report said: "As a result of the 1953 bazaar we contributed \$8,500

---

32 *Quest*, 1951, p.10.

33 "Coming Events: Diocesan Centenary Fund Concert To-Day's Reminders", *South China Morning Post*, July 6th, 1950.

to our building fund for the new block. Part of the proceeds of this year's bazaar will similarly be voted, and though we have not reached the stage of preparing concrete parts for the centenary building, we are conscious of the tremendous task and responsibilities ahead." [34]

> 關於籌備中的 1960 年女拔萃百週年慶典，報告說：「1953 年義賣會中，我們為新大樓的建築基金募捐了 8,500 元。今年義賣會的部分收益也將表決作同樣用途。儘管百週年紀念大樓還沒有來到準備混凝土構件的階段，但我們意識到未來的任務和責任都非常巨大。」

如前章所論，葛賓作為男拔萃校長，保持着定創校年份為 1869 年的傳統。但他對於女拔萃正式宣告將自己的創校年份定在 1860 年，似乎也沒有什麼異議。1955 年演講日，西

1953 年葛賓校長指揮男女拔萃混聲合唱團

34　"Diocesan Girls' School: Freedom And Responsibility Two Goals Of Education, Annual Prize-Giving Day", *South China Morning Post*, December 4th, 1954.

門士再度提及百週年校慶的籌備工作。[35] 而此時的「百週年建築基金」，大概就是夏露時代「百週年基金」的更新版。到1956年演講日，西門士致詞時說道：

On that evening when the Centenary Building Fund was inaugurated, Time stood still for a moment. A hundred or so of us felt ourselves at the crossroads of history. For a moment we thought of all the girls and boys and teachers of the past, there in this building ever since 1913, those in Rose Villa since 1899, those in the Orphanage in 1869, those in the very first building, housed in the Diocesan Female Training School in 1860. We were proud of them. Gone was the doubt of past months, the anxiety and worry cleared up; before us lay the future. In a moment or two the magic was over and we became conscious of only one duty- to help the Centenary Building Fund. [36]

> 百週年建築基金成立的那天晚上，時間停頓了一陣。我們一百多人感到自己處於歷史的十字路口。片刻之間，我們想起了過去的所有女生、男生和老師——1913年以來在這座建築內的，1899年在玫瑰行內的，1869年在孤子院內的，1860年在女仔館第一座校舍內的。我們為他們感到驕傲。過去幾個月的疑慮已蕩然無存，焦灼和

35 "Diocesan Girls' School: Mrs. L.T. Ride Presents Prizes at Speech Day", *South China Morning Post*, December 3rd, 1955.

36 "The Development of Character: Most Important Aim in Education, Mrs. K. C. Yeo's Address at Speech Day of Diocesan Girls' School, Plans for the Centenary", *South China Morning Post*, December 1st, 1956.

擔憂消除了。未來就奠定在我們面前。片刻後魔法消失，我們只意識到一項職責——那就是為百週年建築基金予以助力。

從這段真情流露的表述中，我們不難發現西門士對女拔萃史觀的建構，不僅上溯至女仔館，也涵納了男生部。換言之，此時此刻，兩所拔萃似乎真的打算同時在 1960 年慶祝百年校慶——正是在 1956 年，也就是男拔萃新校長施玉麒上任未幾，該校首次將校曆封面的創校年份由 1869 年改至 1860。然而好景不常，一如楔子所云，到 1959 年，男拔萃的創校年份又變回了 1869。在 1956 至 1959 的兩三年內，西門士、施玉麒與何明華之間到底發生了怎樣的爭論？詳情已難以考知。而實際情況則是：與女拔萃在 1960 年舉行盛大的百週年慶典不同，男拔萃這邊不僅沒有同步，甚至在創校年份變回 1869 年後，也來不及在 1959 年舉行任何與九十週年校慶相關的活動。

女拔萃在 1960 年的百週年校慶節目表中，有 "The Story of the Diocesan Girls' School, 1860－1960"（拔萃女書院的故事，1860－1960）一文，當即張奧偉提到的 1960 年版簡史（下稱 60 版簡史）。何東之女何文姿（Jean Gittins）的回憶錄根據此文，扼要撮寫道：

> The Diocesan Girls' School is a grand-in-aid school. It began its life over a hundred years ago (having celebrated its hundredth birthday in 1960). It had had a chequered beginning. In 1899, however, it had opened at Rose Villa, so called because of the wealth of rambler roses covering its walls, a house in

Bonham Road quite close to *Idlewild*. It was known at that time as the Diocesan School and Orphanage, having been established by the Church Missionary Society for European and Eurasian girls, and Miss Elizabeth Skipton had come from England to be its first headmistress. [37]

> 拔萃女書院一所補助學校。它誕生於一百多年前（在 1960 年慶祝了百歲生日）。它有一個成敗互見的開始。然而，它於 1899 年在玫瑰行開業，如此稱呼是因為校舍牆壁上滿滿覆蓋着玫瑰，玫瑰行位於般咸道，與紅行（按：即何家住處）非常靠近。當時它的名稱是拔萃書室，是由華差會歐裔和混血女童所設。史及敦女士從英國來到此處，成為首任校長。

何文姿對於女拔萃在 1899 年的籌建、玫瑰行的命名、史及敦作為首任校長，所言大致無誤。採用「成敗互見」（chequered）一語來狀述 1899 年以前的歷史，值得玩味。但她似乎以為女拔萃在 1900－1913 年的玫瑰行時期被稱為拔萃書室，則對史實有所混淆。百週年節目表中的原文，筆者目前未得寓目，不知如何敘述歷史。但何文姿的如此混淆，可能來自當時女拔萃舊生的一種集體記憶，那就是日字樓孤子院（DHO）及拔萃書室（DSO）是有女生部的，而這個女生部的存在，便是連接 1899 年肇建之「玫瑰行學校」與 1860 年代女仔館的歷史橋梁。如此集體記憶的存在，當然

---

37 Gittin, Jean, *Eastern Windows-Western Skies,* Hong Kong: South China Morning Post Ltd., 1969, pp.26-27.

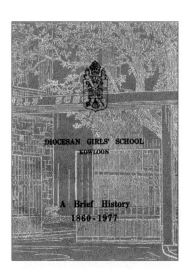

Diocesan Girls' School, Kowloon: A Brief History 1860−1977 **書影**

為戰後的女拔萃將校史上溯至 1860 年提供了民意基礎。其次，何文姿又云：

> By 1904 the school was prospering and is mentioned in the Government Report of that year as one of the five most important Grant-in-Aid schools in the colony. [38]

> 到 1904 年，該校蓬勃發展。當年的政府報告將該校列為殖民地五所最重要的補助學校之一。

這段話也見於 1978 年西門士所編 *Diocesan Girls' School,*

38 Gittin, Jean, *Eastern Windows-Western Skies*, p.27.

Kowloon: A Brief History 1860－1977（《九龍拔萃女書室簡史：1860 年－1977 年》，下稱 78 版簡史），[39] 60 版顯然是 78 版的一種祖文本，故何文姿此語引自〈故事〉無疑。然參考 1905 年的視學官報告中 "Grant Schools"（補助學校）一節 "English Schools, Non-Chinese" 一目，相關文字如下：

There is nothing in particular to report under this heading. The Schools have for the most part readily adopted the changes necessary to bring them under the new Code. The two Diocesan Schools, St. Joseph's, the Italian and French Converts and St. Mary's are the most important of this class. A large proportion of the boys at the Diocesan School and St. Joseph's are Chinese. They are being taught the Written Language; and that is the most important change that has taken place in the curriculum during the year.

St. Mary's at Kowloon was put on the Annual Grant List in the course of the year, and has not yet been reported on.

Some of these schools are still rather old-fashioned in their methods. Taken as a whole I believe them to be up to the standard of similar schools at Home. They differ from the other classes of schools next described, in that they do not require much special modification to suit them to our peculiar local needs. [40]

39　Symons, C. J., *Diocesan Girls' School, Kowloon, A Brief History 1860-1977*, Hong Kong: Hing Yip Printing Co., 1977, p.6.

40　"Report of the Inspector of Schools, for the year 1904", *Hong Kong Government Gazette*, March 9th, 1905, p.528.

本目沒有特別要報告的內容。各學校已經大幅度接受了
必要的更改，以適應新的〔補助〕條例。這類學校中最重
要的是兩所拔萃書室、聖約瑟書院、義大利和法國修院
學校及聖瑪利。拔萃書室和聖約瑟書院的男生，很大一
部分是華籍。他們正在學習書面語；這是本年學校課程
中的最重要變化。

九龍的聖瑪利書院今年才列入補助名單，尚未收到報告。
這類學校中有一些在（教育）方法上仍嫌舊式。總而言
之，我相信他們達到了（英國）國內類似學校的水平。它
們與接下來所講述其他類別的學校不同，因為它們不需
要太多特殊調整就可以滿足我們獨特的本地需求。

簡而言之，據當年視學官報告所列，全香港補助學校至少有
20 所，而 "English Schools, Non-Chinese" 一類共有 9 所，
包括聖約瑟（男）、義大利修院（女）、法國修院（女）、域多
利英文學校（男）、必列者士街學校（女）、聖心（女）、男女
拔萃、聖瑪利（女）等，而不屬於此類的補助學校尚有飛利、
域多利、嘉道理書院（男）、聖士提反中英書院（男）、巴陵
堂（女）等。[41] 上文所引視學官所提及的六所學校（而非五所）
已經涵蓋了這類學校的三分之二，若謂女拔萃在這類學校中
地位重要，方接近視學官所言的本意。此蓋 60 版編輯者在
考辨史料時解讀略有誤差之故。

女拔萃校長西門士編印 78 版簡史，這應該是該校第三
次較為系統性地講述校史。修史的動機，乃是因為 1978 年

41　"Report of the Inspector of Schools, for the year 1904", *Hong Kong Government Gazette*, March 9th, 1905, Appendix E: "Annual Grant List 1904".

1月19日，女拔萃舉辦了一次名為 "Challenge to Challenge" 的展覽，慶祝成為補助學校一百週年，當日更邀得港督麥理浩（Sir Murray McLehose, 1917－2000）夫婦蒞臨。[42] 這部小書大抵參考了前兩部簡史，尤其是對於 1860 至 1900 年間的歷史有較為直接的敘述。不難發現，簡史大量徵引了男拔萃費瑟士東校史的內容。關於女仔館的九年歷史，雖失之過簡，但基本上無可厚非；且在施美夫夫人之外，提及畢士泰、伊頓、岳士列諸人乃至女教會，值得稱許。再者，有關1869年日字樓孤子院的成立、1880年停收女宿生、1891年所有日字樓女生移往飛利、1900年女拔萃成立，簡史皆有講述，整體而言還是客觀的。西門士大約與夏露一樣，認為孤子院的「男女合校」時期也屬於女拔萃校史的一部分，因此才會有慶祝成為補助學校百週年之舉。

78 年版明顯的紕漏有兩處：其一，仍稱 1866 年改名為 Diocesan Female School，不確。然而這是沿襲史及敦、何督等人的成說，不宜苛責。其二，對於畢士泰和伊頓的關係，理解錯誤：

> The first Headmistress, Miss Susan Harriet Sophia Baxter an honorary missionary with the Female Education Society arrived in 1860. She was assisted in the running of the school by several ladies in the colony. Two years later Miss Eaton was sent out by the Female Education Society as Miss Baxter's assistant, later in 1862 Miss Oxlad was also sent out. Miss Baxter had by

---

42　"School History", *Quest*, 1990-1992.

then established four girls' schools in Hong Kong and Yaumati. […] Miss Baxter died in 1865. [43]

> 首任女校長畢士泰於 1860 年到任。她是來自女子教育協
> 進會的一名傳教士，在幾位當地女性的協助下負責管理
> 學校。兩年後，女子教育協進會派伊頓女士來港擔任副
> 手。1862 年，岳士列女士來港。此時畢士泰女士已在香
> 港和油麻地開辦四所女校。〔……〕畢士泰女士於 1865
> 年逝世。

本書上編已討論過，畢士泰抵港後，發現女仔館的宗旨與自
己所期待的不合，於是婉拒校長一職，故韋以信繼續代理，
直至另聘的伊頓履新。而畢士泰開辦其他學校，乃是在她拒
絕擔任女仔館校長以後。至於岳士列來港後，是先擔任畢士
泰的副手，畢士泰去世後接掌她留下的幾所學校，未幾又負
責女仔館事務。換言之，畢士泰從未執掌過女仔館，伊頓也
從未擔任過畢士泰的副手。至於岳士列擔任副手，乃是在畢
士泰諸校，與女仔館無關。再者，關於 1895 年瘟疫的敘述，
謂當年有一所 "Diocesan School for girls"，也有可能產生誤
導，讓不明就裡的讀者可能理解成，1895 年的香港果真存
在着一所拔萃女書院。筆者於中編已有所討論，茲不贅言。

　　78 版誤以畢士泰為女仔館首任校長，對 1980 年代以後
女拔萃對女仔館的歷史記憶產生了不小的錯訛。如女拔萃校
刊 1990－92 期有校史一欄，十九世紀歷任校長名單如下：

43　Symons, C.J., *Diocesan Girls' School, Kowloon A Brief History 1860-1977*, p.1.

1860-1865	Miss Susan Harriet Sophia Baxter
1870	Mr. W. M. B. Arthur and Mrs. Arthur as master and matron of the school
1878	Mr. G. Piercy
1899	Miss Elizabeth Skipton [44]

　　表一名單中出現雅瑟、俾士兩位日字樓孤子院校長，這樣固然顯示了兩所拔萃的共同根源。但是如前所言，畢士泰從未擔任過女仔館的校長，而她在 1865 年去世後至日字樓孤子院成立，其間四年是誰掌校，也並無說明。再者，1892年，日字樓女生轉往飛利，這個列表絲毫未有點出。（此外，史及敦正式就任當在 1900 年或稍後。）復觀女拔萃舊生網，則嘗試就 1893 至 1899 年的歷史作出解答：該條校長列表中，第一位為畢士泰，在位年代正是「1893－1899」，且備註云：

> Miss Baxter was the first headmistress of the school. She first arrived in Hong Kong as a missionary with the Female Education Society in 1860. [45]

畢士泰女士是學校首任女校長。她是來自女子教育協進會的一名傳教士，於 1860 年來港。

44　*Quest*, 1988-1990.

45　http://www.doga.org.hk/index.php/conversations/110-interviews/headmistresses/ 80-headmistresses-of-dgs-and-dgjs.（2020 年 7 月 30 日瀏覽）

維基英文條目所記略同，茲節錄後表列於下：

表二

	Name	Tenure	
1	Susan Baxter	1893-1899	Miss Baxter was the first headmistress of the school. She first arrived in Hong Kong as a missionary with the Female Education Society in 1860. The number of children in the Diocesan Native Female Training School was 30 in 1863. [46]
2	Elizabeth Skipton	1899-1921	

　　姑勿論 1860 至 1893 年間由誰出任校長毫無說明，復如前文所言，畢士泰從未擔任女仔館校長，且於 1865 年去世。[47] 謂其 1890 年代在位，或因其姊 Nona Baxter 一直與女教會保持聯繫，或因其助手岳士列、學生莊思端繼承其遺志，將事業發揚光大，不得而知。然如此敘述，與 1990－92 年度校刊所記又有扞格矣。此外，女仔館時代的韋以信、伊頓及岳士列諸校長，極少出現於戰後女拔萃的敘述中，此蓋施督夫人作為女仔館之倡議者，已成為一「眾芳所在」之箭垛式人物。

　　2009－10 年，女拔萃慶祝 150 週年校慶。當年校刊有校史一欄，其中第一節題為 "1860－1913 The Early Years"，敘述如下：

46　https://en.wikipedia.org/wiki/Diocesan_Girls%27_School.（2020 年 7 月 30 日瀏覽）

47　按：實際上，78 版已清楚列出畢士泰於 1865 年去世。見 Symons, C.J., *Diocesan Girls' School, Kowloon, A Briel History 1860-1977*, p.1。

In 1859, Mrs. Lydia Smith, wife of the First Bishop of Victoria, Bishop George Smith, first came up with this proposition to set up an all-girls' school providing Christian education for female enrollees in the colonial era of Hong Kong. This plan was formally announced by the Female Education Society of London in 1860, and by the following day of March 15th, the Diocesan Native Female Training School was inaugurated with a student-body of nine Hong Kong local girls. The school campus was located at the junction of Bonham Road and Eastern Street, with one temporary teacher, Miss Wilson, and the future Headmistress, Miss Eaton. In 1866, the school was renamed Diocesan Female School and under the headship of Miss Oxlad was further re-established as the Diocesan Home and Orphanage for both boys and girls. Thus began a new page in the history of the diocesan schools with Mr. W. M. B. Arthur as Headmaster in 1870 and Mr. Piercy as his successor in 1878.

1859 年，首任會督施督的夫人率先提議設立女校，為殖民地時期的香港女性提供基督教訓練。該計劃於 1860 年由倫敦女子教育協進會正式提出。次日，即 3 月 15 日，女仔館（Diocesan Native Female Training School）創立，在讀學生為九名香港本地女童。學校位於般咸道東邊街。校內有臨時教師韋以信女士，及未來的女校長伊頓女士。1866 年，學校改名 Diocesan Female School。在岳士列女士領導下，學校改建為日字樓孤子院，對外招收男女學童。自此校史翻開了新的一頁。雅瑟先生和俾士先生分別於 1870 年和 1878 年擔任校長。

這段文字顯然吸納了學界近十餘年來的新發現，提及女教會、韋以信、伊頓、岳士列，且把女仔館改建為日字樓孤子院稱為 "re-establish"，但女仔館為何結業改建，則未有詳言。敘述又云：

> In 1892 the girls were transferred to the campus of Fairlea Girls' School, leaving the Bonham Road School to the boys, and the Diocesan Girls' School and Orphanage was set up under the headship of Miss Johnstone. The school flourished, with Miss Skipton taking over as Headmistress in 1899 and moving the campus to its current location in Jordan, Kowloon in 1913.

> 1892 年，女生轉入飛利女校，般咸道校舍留作男校用。校長莊思端女士創立拔萃女書室，自此學校迅速發展。1899 年，史及敦女士擔任女校長，於 1913 年將學校遷至現址九龍佐敦。

這段文字提到 1892 年，日字樓女生轉入飛利女校，庶無疑問。但是，謂莊思端係女拔萃校長，然後於 1899 年交棒史及敦，卻頗有問題。[48] 文中並未交待，莊思端乃是飛利校長，因為資源有限，無法完全安頓轉來的日字樓女生，因而向政府請求資助。在得不到政府正面回應後，於是協助霍督發起成立女拔萃。可是，女拔萃在 1899 年開設時，以荷嘉為代理校長，次年遂聘請史及敦為正式校長。換言之，莊思

48　按：據馮以浤教授告知，關於莊思端的如此敘述始於女拔萃 2004 年左右的一種新撰校史稿，唯此稿未有正式出版。

端並未擔任過女拔萃校長。如此敘述，或是因為撰稿者與戰前的金文泰總督、費瑟士東校長那般，由於年代漸遠，對於1892—1900年間為時八、九年的空檔期不甚了了。但無論如何，當女拔萃於1900年正式開張時，莊思端女士將飛利英文部的24名混血女生轉入女拔萃，成為這所新學校的學生主體；如此敘述，未嘗不可解讀為對莊思端巨大貢獻的一種致敬。且由此可見，無論是作為港府象徵的金督、來自男拔萃的費牧，抑或女拔萃自身，都形成了一種歷史印象，那就是女拔萃縱然成立（或復校）於十九世紀末期，但其年代卻接續着日字樓女生轉入飛利的那一年；因此，女拔萃的歷史也是可以逐年不斷回溯到日字樓孤子院、乃至女仔館的。

結語

　　1950 年 8 月 1 日，女拔萃創校（或復校）首任校長史及敦去世。八天後，《南華早報》有簡要的報導。也許限於主題與篇幅，女仔館的歷史記憶在這則報導中是缺席的：

> As there was a growing need in the Colony for a school for Chinese girls, it was decided in 1899 to restrict the Church Missionary School "Fairlea" to them, and Bishop Hoare inaugurated a new scheme for the European and Eurasian girls then in the Fairlea which resulted in the establishment of the Diocesan Girls' School and Orphanage at Rose Villas, Bonham Road, under Miss Skipton, assisted by her friend Miss Rose Hawker

(who died only last year).[1]

> 由於當地華籍女童的教育需求日增，1899 年，校方決定
> 華差會管理下的「飛利」專供她們就讀。霍督計劃為歐裔
> 和混血女童另創學校，即日後位於般咸道玫瑰行的拔萃
> 女書室。該校由史及敦女士創立，好友荷嘉女士（於去
> 年逝世）擔任副手。

一個月之後的 Founder's Day（9 月 18 日），女拔萃便將舉行
九十週年校慶活動。但這則有關史及敦於世紀之交在怎樣的
背景下接掌女拔萃的報導，罕有地呈現出帶着 1930 年代以
前印記的校史敘事。這段敘事已隨着史及敦時代的飄遠、當
時舊生的老去，從建校敘事轉化為戰後的復校敘事。

再觀英文版維基百科的「拔萃女書院」條目，是這樣談
及 1878 年的史事的：

> DGS first received government financial assistance in
> 1878 and was placed under the grant-in-aid scheme, officially
> establishing itself as a girls' school. The boys would continue
> their education at the newly founded Diocesan Boys' School.[2]

> 女拔萃最早於 1878 年獲得政府資助，正式成為一所津貼
> 女校。男生將在新設立的男拔萃繼續就讀。

---

1 "Miss E. D. Skipton: Former Headmistress of D. G. S. Dead", *South China Morning Post*, August 9th, 1950.

2 https://en.wikipedia.org/wiki/Diocesan_Girls%27_School.（2020 年 7 月 30 日瀏覽）

據其註腳顯示，如此敘述是來自女拔萃官網。[3] 實際上，日字樓當年並未如包督所願那般變回女校，反是轉化為男校，至 1891 年更將所有女生轉到飛利。但維基百科卻謂日字樓移走所有男生，另外為他們設立一所男拔萃，這不能說不是長期耳食之談所導致誤解。不過，如此傳聞看上去幾乎是真正歷史的鏡像，一方面固然因為十九世紀日字樓孤子院的男女合校性質所導致，另一方面說明戰後男女拔萃開始擁有平起平坐的地位，而女拔萃又一直以 1860 年定為創校年份，於是人們開始幻想兩所學校在十九世紀的歷史也互為鏡像——縱然真相遠非如此。

比對兩所拔萃對女仔館始末及餘緒的歷史記憶，顯而易見，男拔萃的記憶內涵之訛誤遠較女拔萃為少。其原因也不難理解：首先，從第一建校期的女仔館到第二建校期的日字樓孤子院、拔萃書室和拔萃男書院，儘管取錄學生的性別有所變化，但其歷史並未間斷，直至 1941 年香港淪陷前夕，包括女仔館時期在內的舊檔案，都較為完整地留存於男拔萃——費瑟士東牧師於 1930 年出版的校史中，節錄了 1869至 1929 年間的六十份校董會報告，據云要歸功於費牧前任俾士的妥善保存。此外，女仔館營運八、九年間的會議紀錄，當時也仍完整，費牧在校史中有所選刊。戰後，男拔萃喪失了所有原始史料，要傳承、重建歷史記憶，費牧所編的校史便不可或缺。1960 年代，司馬烈奉命重修校史，便曾通讀費瑟士東校史。因此，男拔萃的歷史記憶縱可能因時代

---

3 https://www.dgs.edu.hk/index.php/school-profile/school-history.（2020 年 7 月 30 日瀏覽）

久遠、人事變更而產生誤差，但畢竟有可靠史料以資參考，因而不會有太大錯訛。

然而在男女合校的日字樓孤子院時期，女生數目一直遠低於男生，學校放在女生部的資源自然也低於男生部。所以，無論在該時期的校董會報告還是頒獎日報導中，涉及女生的篇幅頗少。1892－1900 年的空檔期過後，只能另擇拔萃書室附近的玫瑰行開辦（或恢復）女拔萃。因此，即使將女拔萃的歷史上承日字樓、女仔館，但無論師資還是學生都是新聘新收，更無任何舊日的文獻資料，因此鮮有歷史記憶可以傳承。1906 年霍督殉難，史及敦隨即設立 Founder's Day 以資紀念。這個活動一直延續到 1949 年，本是成為女拔萃累積歷史記憶的重要場合。然而，史及敦與其繼任者蘇雅對校史的看法有一處明顯分歧：1900 年到任的史及敦作為首任校長，自然會將霍督尊為建校者，而傾向於將女拔萃視為女仔館的後裔。而 1920 年代來到女拔萃的蘇雅並未經歷過 1900 年的建校（或復校），也未必與霍督有私交；她更傾向於不止把女仔館當成先行者，而是納為女拔萃校史的一環。舊生 Mrs. Matthews 追憶史及敦於 1921 年退休返英後，每年都會捐款贊助 Founder's Day 紀念儀式，直至 1941 年。但史及敦離去後的這二十年間，尤其是蘇雅接任後，Founder's Day 儀式如何呈現歷史記憶，文獻難徵，不得而知。但不難想像，史及敦和蘇雅各自表述了一種歷史記憶，蘇雅則因「後來居上」而令其表述影響較大，這種表述此後更依次得到吉賓思、夏露和西門士所接受。巧合的是 1950 年 8 月，史及敦在英逝世，恰逢夏露主校的女拔萃把該年 9 月 18 日的 Founder's Day 改稱「九十週年校慶」。史及敦對歷史記憶的表述，終於隨着她的辭世而鮮為人知。至 1968 年，兩所拔萃要作為獨立法團立案，向張奧偉作法律諮詢。張氏在考核男拔萃費瑟士東校史及女拔萃 1950、1960 年所編兩部簡史後，依然認為女拔萃當創立於 1899 或 1900 年。可是，張氏所言只是一種牽涉到立案等實際操作的表述，也許並不能體現出女拔萃與女仔館之間的文化傳承關係。

　　然而，正由於女拔萃保存的歷史文獻最早只到 1899 年（這些文獻在淪陷時期同樣遭到毀滅的命運），因此女拔萃在撰述十九世紀史事時不得不主力參考、筆削費瑟士東的校史。如 1978 年西門士撰寫出版的簡史，儘管將女仔館、日字樓孤子院兩個階段直接納為女拔萃校史的一部分，對 1869 年破舊立新之事也有失於輕描淡寫，但畢竟記載了 1891 年日字樓女生轉往飛利、1899 年女拔萃在玫瑰行成立兩個重要里程碑。如其言 1891 年："The girls were transferred to the Fairlea Girls' School, a C. M. S. Boarding school, leaving the Bonham Road school to the boys."（女生轉往飛利女校——華差會管理下的一所寄宿學校，而般咸道校區則留作男校用。）[4] 這比維基百科所言 "The boys would continue their education at the newly founded Diocesan Boys' School"（男生將在新設立的男拔萃繼續就讀）不啻客觀坦誠許多。因此，此書在問世後也一定程度上影響到女拔萃的歷史記憶。可是，此書在 1990 年代以後似乎也流傳不廣，而當時甚至可能認為雅瑟、偉士的男拔萃背

4　Symons, C. J., *Diocesan Girls' School Kowloon, A Brief History 1860-1977*, p.5.

景過於強烈，於是或將之從校長名單剔除；但撰文者又對韋以信、伊頓、岳士列等人幾無所知，於是畢士泰竟被列為十九世紀唯一的校長。直到 2010 年校刊的校史一欄，才首次提及女仔館的這三位女士，而畢士泰也與雅瑟、俾士一樣，不再提及。至於莊思端儼然以女拔萃的復校者甚至復校後首任校長的形象出現，卻似乎是該校歷史敘述中的首次。戰後女拔萃在建構十九世紀歷史的過程中，其敘述一直變動不居，歸根究柢，仍是文獻莫徵之故。

男拔萃將校史分為兩個建校期，的確是站在其自身的角度；而男女合校時期的日字樓孤子院雖然男女比例差異頗大，但畢竟不能抹煞女生部的存在。而女生部的存在，就會為這段歷史引發另一種記憶和敘事——即使現存文獻資料多麼罕見都好。如前所言，十九世紀歷任會督都頗為關心華籍和混血女童的教育問題，因此無論女仔館、日字樓孤子院、飛利女校還是拔萃女書院的創辦，都展示了努力不懈的嘗試，女拔萃的成立則標誌着這種嘗試的最後成功，而成功的原因在於女拔萃與飛利的分工合作。因此，這幾所學校便可構成香港女性教育的一條更大的統緒——儘管這條統緒並不單純只屬於某一所學校，也不可能將其軌跡逐年不斷地連綴成一部編年史。若僅着眼日字樓孤子院，其能成功轉化成日後的男拔萃，對女性教育的犧牲是無可規避的事實。如 1878 年，耆紫薇極力要將日字樓逐步停收女生，令該校得以將資源集中投注於男性教育，便是明證。從女性教育的角度來看，這或許是一種退步。但就當時整體社會環境而言，也出於不得已。

由此可見，在戰後數十年的積澱下，男女拔萃對十九世紀女仔館始末及餘緒的歷史記憶已經產生很大的分歧。在可見的未來，如此分歧大概還會持續。但 2000 年代，馮以泫、陳慕華為拔萃男書院編撰新校史；至 2020 年，陳慕華又為拔萃女書院編撰新校史，與男拔萃校史的研究者們多有交流。兩部校史皆立足於學術，大量使用新發現的材料。如果說歷史只是敘事，真相永遠不可還原，但隨着兩部校史的先後面世，雙方的敘事或許會逐漸拉近差異 —— 縱使不難想像的是，隨着文獻資料的不斷發掘與詮釋，諸種歷史記憶的敘事仍將會在自我修訂的過程中不斷對話下去。

附錄一
女仔館相關紀事

年份	相關紀事	其他
1842		● 8 月 29 日，中英簽署《南京條約》。香港島割讓，成為英殖民地。
1849		● 英國聖公會成立維多利亞教區（Diocese of Victoria），施美夫（Rt. Rev. G. Smith）為第一任會督。
1950		● 清宣宗崩，文宗繼位，詔改明年為咸豐元年。
1851		● 聖保羅書院（St. Paul's College）正式成立。
1858	● 1 月 18 日，施美夫會督夫人（Mrs. L. Smith）在聖保羅書院一間教室中為香港華籍女童開設了一所小型日校，是為女仔館前身。	

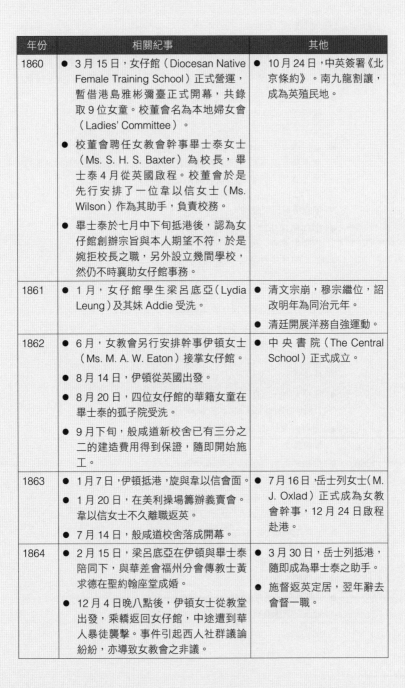

年份	相關紀事	其他
1860	<ul><li>3月15日，女仔館（Diocesan Native Female Training School）正式營運，暫借港島雅彬彌臺正式開幕，共錄取9位女童。校董會名為本地婦女會（Ladies' Committee）。</li><li>校董會聘任女教會幹事畢士泰女士（Ms. S. H. S. Baxter）為校長，畢士泰4月從英國啟程。校董會於是先行安排了一位韋以信女士（Ms. Wilson）作為其助手，負責校務。</li><li>畢士泰於七月中下旬抵港後，認為女仔館創辦宗旨與本人期望不符，於是婉拒校長之職，另外設立幾間學校，然仍不時襄助女仔館事務。</li></ul>	<ul><li>10月24日，中英簽署《北京條約》。南九龍割讓，成為英殖民地。</li></ul>
1861	<ul><li>1月，女仔館學生梁呂底亞（Lydia Leung）及其妹Addie受洗。</li></ul>	<ul><li>清文宗崩，穆宗繼位，詔改明年為同治元年。</li><li>清廷開展洋務自強運動。</li></ul>
1862	<ul><li>6月，女教會另行安排幹事伊頓女士（Ms. M. A. W. Eaton）接掌女仔館。</li><li>8月14日，伊頓從英國出發。</li><li>8月20日，四位女仔館的華籍女童在畢士泰的孤子院受洗。</li><li>9月下旬，般咸道新校舍已有三分之二的建造費用得到保證，隨即開始施工。</li></ul>	<ul><li>中央書院（The Central School）正式成立。</li></ul>
1863	<ul><li>1月7日，伊頓抵港，旋與韋以信會面。</li><li>1月20日，在美利操場籌辦義賣會。韋以信女士不久離職返英。</li><li>7月14日，般咸道校舍落成開幕。</li></ul>	<ul><li>7月16日，岳士列女士（M. J. Oxlad）正式成為女教會幹事，12月24日啟程赴港。</li></ul>
1864	<ul><li>2月15日，梁呂底亞在伊頓與畢士泰陪同下，與華差會福州分會傳教士黃求德在聖約翰座堂成婚。</li><li>12月4日晚八點後，伊頓女士從教堂出發，乘轎返回女仔館，中途遭到華人暴徒襲擊。事件引起西人社群議論紛紛，亦導致女教會之非議。</li></ul>	<ul><li>3月30日，岳士列抵港，隨即成為畢士泰之助手。</li><li>施督返英定居，翌年辭去會督一職。</li></ul>

年份	相關紀事	其他
1865	<ul><li>4月21日，校董會改組，由 Rev. J. J. Irwin 擔任主席。</li><li>5月29日，伊頓致函女教會，謂將與歐德理（E. J. Eitel）成婚，同時正式提出了辭職申請。</li><li>女仔館7月19日的會議紀錄，謂英文不再是必修科。又謂有學生因為學習了英文，被家長以較高價格賣身為婢（如一位阿弘便售得港幣五百元），如此情況已有幾例。</li><li>據歐德理所言，女仔館於1865年被迫暫停辦學，因為幾乎所有在校學習英文的女生畢業後都成為了外國人的外室。</li><li>10月30日，伊頓再次致函女教會，請求在該函發出後半年之內辭職。</li><li>由於伊頓身體狀態難以負責校務，女教會大約在年底前派出了岳士列和蘭德爾（Ms. Rendle）兩位來女仔館主持校務。</li><li>學校大約此時改名為 Diocesan Female Training and Industrial School。</li><li>大約由此年起，該校華籍女童不得再學習英文。</li></ul>	<ul><li>6月30日，畢士泰去世。其助手岳士列女士接掌諸校。</li></ul>
1866	<ul><li>年初，岳士列從畢士泰諸校帶來了一批歐亞混血孤女。</li><li>1月2日，伊頓與歐德理在香港佑寧堂（Union Church）正式成婚。</li><li>1月18日女教會在英會議，答允伊頓請辭。會上，畢士泰之姊 Nona Baxter 提出將女仔館和畢士泰孤子院合併的方案。</li><li>4月2日，請求 Colonel Ley 安排一名警察在夜間負責校園保安工作。</li></ul>	

年份	相關紀事	其他
1867	● 3月21日，女教會在英會議，謂柯爾福會督請求女教會另派一名幹事協助岳士列在女仔館的工作。不果。 ● 5月24日，英軍在海南附近大洲島的海盜船上發現一名女孩；7月1日送入女仔館，女孩被稱為 Tai-Hosa。 ● 6月3日，女仔館針黹教師龐恩愛受洗；另有兩名學生受洗，分別賜名信德和喜樂。 ● 11月，校董會去信柯督求援。15日，柯督回應謂無法提供即時援助。校董會於是決定遣返華籍女童（孤苦女童除外），除非她們每月繳付三元的學費。 ● 此月，蘭德爾被勸退，岳士列全盤掌管女仔館事務。 ● 12月12日，女教會在英會議紀錄謂決定讓岳士列回英倫祖家小休。	● 柯爾福（Rt. Rev. C. R. Alford）成為第二任會督。
1868	● 1月8日，柯督在聖保羅書院召開一次會議，專門討論女仔館的問題，以圖解決窘況。當時校內有華籍女童6名，混血女童11名。會督決定直接掌管該校，並向社會發出募款呼籲。募款和學費共計港幣一千九百元左右，岳士列此年便以這筆微薄的經費繼續運作女仔館。 ● 夏，女仔館關閉，該校剩餘的本地華籍女生全被解散回家。剩下的皆為歐籍和混血孤女，她們也成為 1869 年新校的基本學生。其中 Tai-Hosa、Bessie Rickomartz 後皆擔任曰字樓孤子院的助理教師。	

年份	相關紀事	其他
1869	<ul><li>1月30日，柯督公開發佈一份募款通報，決定在女仔館原址另建一所學校，招收歐裔和其他族群的孤兒，性別不拘，預計在九月份正式開幕。</li><li>2月2日，柯督在聖約翰座堂發表名為 "China and Japan: a Charge" 的演講，更為詳細地談到女仔館的境況。</li><li>3月8日，岳士列致函女教會，謂柯督請求她在新校校長夫婦到任前，仍然負責看守校園。</li><li>8月，來自英軍兵房學校（Garrison School）的雅瑟（W. M. B. Arthur）被委任為新校校長。</li><li>9月，新校正式開張。</li><li>是年底，岳士列返英小休。</li></ul>	
1870	<ul><li>1月30日，新校命名為 Diocesan Orphanage，稍後調整為 Diocesan Home and Orphanage（曰字樓孤子院）。</li><li>7月，雅瑟夫婦正式獲得聘任，當時全校共有男女生23人。其中男性14人，計有混血12人、華裔2人；女性9人，計有混血6人、華裔3人。</li><li>陳啟明（George Tyson）入學。羅絮才（Lucy Rothwell）大約也於此時入學。</li></ul>	
1872		<ul><li>岳士列自英返港。</li></ul>
1873	<ul><li>5月14日會議，決定聯繫前會督遺孀施美夫夫人，與她溝通孤子院之運作及女仔館之創建宗旨等問題。</li></ul>	
1874		<ul><li>包爾騰（Rt. Rev. J. S. Burdon）成為第三任會督。</li><li>莊思端女士（Ms. M. E. Johnstone）成為女教會幹事，被委任為岳士列在畢士泰諸校的助手，不久抵港。</li></ul>
1875		<ul><li>清穆宗崩，德宗繼位，詔改明年為光緒元年。</li></ul>

年份	相關紀事	其他
1877	● 4月19日，曰字樓孤子院獲得政府批准成為補助學校（Grant-in-Aid school）。	● 岳士列轉職日本，莊思端開始執掌畢士泰諸校。
1878	● 3月8日，校長雅瑟因夫人長期勞累、身體虛弱，提出辭職。 ● 3月26日，包爾騰會督提議把曰字樓變回女校，邀請女教會幹事前來主持教務。 ● 7月15日會議，包督宣告女教會願意接掌曰字樓，其決定卻遭到返英而缺席上次會議的校董、怡和洋行大班耆紫薇（W. W. Keswick）強烈反對，包督於是收回成命。 ● 11月1日，中央書院青年教師俾士（G. Piercy）獲得校董會投票通過，接任曰字樓校長。	
1879	● 5月31日，孤子院決定不再招收女宿生，女生只限於日校走讀。同時決定有限度在日校錄取華籍男生。 ● 6月初，俾士與史美路斯女士（Ms. J. Smailes）成婚。	
1880	● Tai-Hosa與林穩（Lam One）在港成婚。	● 莊思端女士在西尾里（West Lane Terrace）成立一所小型女子寄宿學校。
1881	● 身在澳洲的Bessie Rickomartz向女教會申請，到大阪與岳士列會合，成為傳教士教師。惜因體檢不過關，不克成行。Bessie於1870年代離開曰字樓，先後在香港、法國、澳洲育嬰堂工作。	
1882	● 曰字樓中文名稱正式改為拔萃書室。（按：本書為便論述，在1892年以前仍稱之曰字樓孤子院或曰字樓男女館。）	

年份	相關紀事	其他
1883	● 4月13日會議紀錄，校董會榮譽秘書指出，一旦有女生緊急申請入讀曰字樓，畢士泰諸校負責人莊思端女士表示願意為她們在自己的飛利女校提供住宿，並鼓勵她們作為日校學生在曰字樓就讀，直至達到足夠人數後單獨設立一所女校。 ● 臺灣南部的英商 Robert John Hastings 將混血長女 Elizabeth Hastings 送到曰字樓。 ● 包括孫帝象（孫中山）在內的若干內地男生入讀曰字樓，這標誌着曰字樓招收內地及本地華籍學童的開端。	● 約在本年或翌年，莊思端的女子寄宿學校遷往飛利樓，俗稱「飛利女校」。
1884	● 混血兒 John F. Howard 自福建來到曰字樓求學（1894年畢業）。 ● Bessie Rickomartz 逝世於澳洲。	● 12月28日，莊思端致函女教會，迫切希望為混血女童設立學校，而她所在的飛利目前住宿空間充足。建議遭到華差會 Rev. Edmund Davys 的反對。
1885	● 4月28日的會議紀錄：俾士校長提議，十五歲以上男童的入學費用從15元改為18元，因為「這個年紀的華人男生如果學得起英語，那他一定來自富裕家庭，理應全額繳納學費」。	
1886	● 引入劍橋本地考試。不久改為牛津本地考試。	
1887	● 曰字樓孤子院向政府提出擴建計劃。	
1888	● 新成立的維多利亞孤子院隨即錄取了35名華籍女生和9名原來就讀曰字樓日校的混血女生。 ● 混血女童 Annie Benning 與三個幼弟全被送入曰字樓孤子院。Annie 只能當走讀生，同時在維多利亞孤子院住宿。	● 維多利亞孤子院（Victoria Home and Orphanage）成立。

年份	相關紀事	其他
1889		● 歐德理致函史劍域（F. Stewart）函，談及成立中央女書院（後易名庇利羅士女校），並認為隨着時代變化，對華人及混血女性進行英文教育已不足為患。
1890		● 飛利女校添設英文部，含有 12 名女生。全校女生增至 42 名。 ● 中央女子書院成立，後改名庇利羅士女子中學。
1891	● 9 月，曰字樓孤子院增建之新翼啟用，學校擬改名 Diocesan School and Orphanage。 ● 年底，曰字樓女生（包括 Lizzie Hastings 與 Annie Benning）全部轉入飛利，並安置在英文部。飛利英文部女生增至 25 名，而中文部則有 36 名。	
1892	● 6 月 9 日，拔萃書室於定例局立案。	● Lizzie Hastings 在飛利畢業，留校成為助理教師。
1893		● 飛利女校的 Mrs. Eyre 依然指出，若能為混血女童成立一所英文學校，對於香港會有實質好處。
1894		● 中日甲午戰爭。
1895	● 部分曾在曰字樓接受了歐式教育的混血女童，渴望學習護理課程，卻得不到殖民地當局的支持。	● 清廷因甲午戰敗，割讓臺灣。 ● Lizzie Hastings 因母親亡故，辭職返臺料理家務。時值 Annie Benning 畢業，Annie 於是接手助理教師一職。

年份	相關紀事	其他
1898		• 清廷實施戊戌變法。 • 英國租借新界。 • 霍約瑟（Rt. Rev. J. C. Hoare）成為第四任會督。
1899	• 2月9日，霍約瑟會督在聖保羅書院舉行公開會議，商討成立拔萃女書室，為混血女生提供寄宿學校。 • 3月，霍督就女拔萃的創設正式發出通報。 • 聘任史及敦女士（Ms. E. D. Skipton）為女拔萃校長，履新前先由教師荷嘉女士（Ms. M. I. Hawker）負責事務。	• 女教會是年解散，各項工作由華差會接管。
1900	• 莊思端將二十四名混血女生從飛利轉入女拔萃，並負責監管該校傢俱的購置。2月1日，她帶領這些女生搬入女拔萃的新宿舍。 • 2月15日，拔萃女書室於正式在般咸道玫瑰行（Rose Villas）成立，史及敦女士稍後履新。	• 北京發生庚子拳亂、八國聯軍。
1901		• 英女皇維多利亞去世，其子愛德華七世繼位。
1902	• 拔萃書室此年改名拔萃男書室（Diocesan Boys' School and Orphanage）。	
1903	• 何東長女何錦姿入讀女拔萃。	
1905		• Annie Benning 辭去飛利助理教師之職。
1906	• 女拔萃史及敦校長得知霍督9月18日遇溺噩耗，決議將每年此日定為Founder's Day。	• 莊思端女士中風癱瘓，隨即離港返英。 • 1906年9月18日，霍督與與4位神學生在乘船往屯門佈道途中遇上颱風遇溺，史稱丙午風災。會督之位由倫義華（Rt. Rev. G. H. Lander）接掌。

年份	相關紀事	其他
1908		● 清德宗崩，遜帝溥儀繼位，詔改明年為宣統元年。 ● 是年飛利女校關閉英文部。 ● 歐德理（E. J. Eitel）在澳洲去世，年七十。
1909		● 莊思端女士在英去世，年五十八。
1910		● 英皇愛德華七世去世，其子佐治五世繼位。
1912	● 1月27日，曰字樓前校長雅瑟在英去世，年七十二。	● 中華民國成立。
1913	● 9月10日，女拔萃在九龍佐敦道的校舍正式啟用。 ● 費格遜女士（Ms. C. A. Ferguson）是年開始執教女拔萃。	
1914	● 何東之女嫻姿、崎姿入讀女拔萃。 ● 施玉麒（G. S. Zimmern）入讀男拔萃。	● 一戰爆發。
1917	● 2月，何東之女文姿、堯姿入讀女拔萃。 ● 11月，男拔萃董事會接受俾士辭職申請。 ● 12月4日，費瑟士東（Rev. W. T. Featherstone）遴選為新任校長。	
1918	● 1月31日頒獎日，俾士在演講中回顧了該校的歷史。 ● 5月，俾士自拔萃男書室退休，校長一職由費瑟士東接任。	● 一戰結束。
1920		● 杜培義（Rt. Rev. C. R. Duppuy）成為第六任會督。
1921	● 史及敦退休，女拔萃校長一職由教師費格遜接任。是年開始招收華籍女生 ● 施玉麒畢業於男拔萃。	
1922	● 蘇雅女士（Ms. H. D. Sawyer）自印度抵港，負責女拔萃之英文課。	● 岳士列在英去世，年八十二。 ● 香港海員罷工。

年份	相關紀事	其他
1923		● 伊頓在澳洲去世，年八十五。
1925	● 費格遜因病返英醫治，由教師蘇雅代理女拔萃校長。未幾費格遜不幸去世，校長一職由蘇雅接任。	● 省港大罷工，至次年方結束。
1926	● 1月，Joyce Anderson（西門士夫人）入讀女拔萃，時年六歲。 ● 男拔萃自般咸道遷往九龍旺角。	
1927	● 2月，英軍徵用男拔萃校園，學校遷往臨時校舍（今旺角警署）。	
1928	● 2月，英軍清空校舍，男拔萃隨即遷回。 ● 黃星是年入讀女拔萃幼稚園，時年五歲。	
1929	● 11月2日，男拔萃舉行六十週年校慶，主禮嘉賓港督金文泰（Sir C. Clememti）在致詞中回顧了該校歷史。	
1930	● 男拔萃出版校史。	
1931	● 費瑟士東離任。	● 九一八事變。
1932	● 舒展（C. B. R. Sargent）接任男拔萃校長。	● 何明華（Rt Rev. R. O. Hall）成為第七任會督。
1936	● Joyce Anderson自女拔萃畢業，升讀港大。	● 英皇佐治五世去世，其子愛德華八世繼位；旋遜位，由其弟佐治六世繼任。 ● 飛利女校與維多利亞孤子院合併為協恩中學，新校舍在九龍農圃道，首任校長為張陳儀貞。
1937		● 七七事變。
1938	● 舒展離任，男拔萃校長一職隨即由葛賓（G. A. Goodban）接任。	
1939	● 蘇雅辭職，改任女拔萃小學部（在九龍塘）校長。校長一職由吉賓思女士（Ms. E. M. Gibbins）接任。女拔萃是年開設中文科。 ● Joyce Anderson自港大畢業，返回女拔萃任教。	

年份	相關紀事	其他
1940	● 黃星、羅美基自女拔萃畢業。	
1941	● 10月3日，男拔萃前校長俾士在加拿大去世，年八十五。	● 12月7日，日軍偷襲珍珠港，太平洋戰爭全面爆發。 ● 12月25日，香港淪陷。
1943	● 8月8日，男拔萃前校長舒展在福州去世，年三十七。	
1944	● 3月13日，男拔萃前校長費瑟士東在英去世，年五十八。	
1945	● 12月26日，男拔萃教師楊俊成（J. L. Youngsaye）在英軍陪同下巡視校園。	● 二戰勝利，香港重光。
1946	● 女拔萃復校，隨即由夏露女士（Ms. A. W. Hurrell）接任校長。男拔萃部分學生暫時前往女拔萃上課。 ● 3月21日，楊俊成與四名學生從英軍手中接收校園。 ● 3月22日，何督巡視校園，邀請楊俊成代理校長，楊氏因前往女拔萃代理校長而辭去。舊生張奧偉（O. V. Cheung）、教師孟克士（B. J. Monks）先後被任命為代理校長。 ● 4月29日，部分班級復課。 ● 9月11日，男拔萃復校。 ● 11月19日，葛賓校長自英返港。	
1947	● 郭慎墀（S. J. Lowcock）入讀男拔萃。	
1949	● 最遲在此年，女拔萃設立了「百週年基金」。 ● 郭慎墀升讀港大。	● 中華人民共和國成立。
1950	● 8月1日，女拔萃前校長史及敦在英去世。 ● 9月18日，女拔萃慶祝九十週年校慶，並編印簡史。	
1951		● 維多利亞教區改建為港粵教區，仍由何明華擔任會督。

年份	相關紀事	其他
1952		● 英皇佐治六世去世，其女伊利沙伯二世繼位。
1953	● 夏露離任，女拔萃校長一職由西門士夫人（Mrs. C. J. Symons）接任。 ● 郭慎墀返回男拔萃任教。	
1954	● 5 月初，施玉麒赴英修讀為期一年之教育文憑，為接任男拔萃校長作準備。 ● 12 月初，葛賓夫婦受邀擔任女拔萃演講日嘉賓。	
1955	● 4 月，葛賓離任返英。男拔萃校長將由施玉麒繼任。	
1956	● 是年起，男拔萃校曆將創校年份由 1869 年改為 1860 年，至 1959 年 9 月還原為 1869。	
1958		● 協恩校長張陳儀貞榮休，由張盧璞卿繼任。
1960	● 女拔萃慶祝百年校慶，並編印簡史。	
1961	● 施玉麒離任，男拔萃校長一職由教師郭慎墀接任。	
1965	● 4 月 8 日，女拔萃前校長蘇雅在英去世，年八十一。	
1967		● 何明華榮休，白約翰（Rt. Rev. J. H. G. Baker）成為港粵教區第二任會督。 ● 香港發生六七暴動。
1969	● 男女拔萃及拔萃小學各自立案。 ● 3 月，女拔萃前校長夏露在英去世，年六十九。 ● 男拔萃是年慶祝百年校慶，並邀前教師司馬烈（W. J. Smyly）撰寫校史，書稿後未付梓。	
1972	● 西門士休假一年，前校長吉賓思返港代理校長。	
1978	● 女拔萃慶祝成為補助學校一百週年，並印行簡史。	

年份	相關紀事	其他
1979	● 11 月 19 日，男拔萃前校長施玉麒在英去世，年七十五。	● 內地實施改革開放。 ● 協恩校長張盧璞卿榮休，由黎韋潔蓮繼任。
1980	● 女拔萃是年慶祝一百二十週年校慶。	
1983	● 郭慎墀退休，男拔萃校長一職由教師黎澤倫接任。	
1985	● 西門士退休，女拔萃校長一職由劉龐以琳接任。	
1989	● 3 月 21 日，男拔萃前校長葛賓在英去世，年七十八。 ● 男拔萃是年慶祝一百二十週年校慶，並出版簡史《傳》。	
1990	● 女拔萃是年慶祝一百三十週年校慶。	
1992	● 女拔萃前校長吉賓思去世，年八十一。	
1997		● 香港回歸。
1999	● 男拔萃是年慶祝一百三十週年校慶。 ● 劉龐以琳退休，女拔萃校長一職由劉靳麗娟接任。	
2000	● 黎澤倫退休，男拔萃校長一職由張灼祥接任。 ● 女拔萃是年慶祝一百四十週年校慶。	
2002		● 協恩校長黎韋潔蓮榮休，由劉李國建繼任。
2003	● 男拔萃成為直資學校。	
2004	● 6 月 11 日，女拔萃前校長西門士在英去世，年八十五。	
2005	● 女拔萃成為直資學校。	
2009	● 男拔萃是年慶祝一百四十週年校慶，並出版校史《役己道人》。	
2010	● 女拔萃是年慶祝一百五十週年校慶。	
2011		● 協恩校長劉李國建辭職，由李鎮洪繼任。

年份	相關紀事	其他
2012	<ul><li>1 月 26 日，男拔萃前校長郭慎墀在港去世，年八十一。</li><li>張灼祥離任，男拔萃校長一職由鄭基恩接任。</li></ul>	

附錄二
女仔館校董會成員名單
（據費瑟士東校史及《香港索引》）

姓名	60	61[1]	62	63	64	65	66	67	68	69
Lady N. Robinson	P[1]	P		*P*	*P*					
Mrs. Alexander	X	X		*X*	*S*					
Mrs. Hunter	X	X								
Mrs. Irwin	X	X		X						
Mrs. Geo. Maclean	X	X		*T*	T					
Mrs. J. J. MacKenzie	X	X	*T*[2]							
Mrs. Perceval	X	X								
Mrs. Vaucher	X	X								
Mrs. Walkinshaw	X	X								
Mrs. L. Smith	X	X	*S*[3]	X	X					
Mrs. Mercer				X	S					
Mrs. Simpson				*S*	S	X	X	X		
Mrs. Murray				X						
Mrs. Townsend				X	X					
Ms. S. H. S. Baxter				X	X	X				
Rev. J. J. Irwin						AC[4]				
Mrs. Bernard				X	X					

姓名	60	61[1]	62	63	64	65	66	67	68	69
Mrs. M. MacMurdo				X	X					
Mrs. Stringer					X					
Mrs. Hacola					X					
Mrs. Hawke					X					
Mrs. Grey						T				
Mrs. Masson						T	X	X		
Mrs. Warren						S	X	X	X	X
Ms. Firth					X	X	X	X	X	X
Rev. J. Wilson						AC	AC			
Rev. C. F. Warren						AC	AC	AC		
Mr. Wood						X	X			
Col. Lovell						X	X			
Dr. W. Kane						AC	AC	AC		
Mr. Mellish							AC/S	AC/S	AC/S	
Mr. Davies							X	X	X	X
Rev. W. Beach									C[5]/S	C/S
Mrs. Alford									X	X
Bishop Alford								AC	AC	AC
Mrs. Warren						X				

1　本名單以據費史所載為底本（正體標出），以《香港索引》為補充（斜體標出）。然因《索引》係來年之預告，故所反映應為當年之安排，且於來年未必真正實行。《索引》中1861、1862年度並未開列女仔館條目，1866、1868、1869年度僅列校長姓名，不及董事會名單。

2　即 Treasurer（司庫）。

3　即 Secretary（秘書）。

4　即 Acting Chairman（代理主席）。

5　即 Chairman（主席）。

附錄三
女仔館校名及主事
（據政府藍皮書及《香港索引》）

年份	校名（英）	校名（中）	Superintendent[1]	Matron	Teacher
1861	DNFTS				Wilson
1862	DNFTS				Eaton[2]
1863	DNFTS				Eaton
1864	DNFTS				Eaton
1865	DNFTS	女仔館			Eaton
1866	DFTIS	女仔館		Randle	Oxlad
1867	DFS	女書館		Randle	Oxlad
1868	DFTIS	女仔館	Randle[3]		Oxlad

1　按：縱然後來許多記載將伊頓稱為 superintendent，但政府藍皮書僅稱其為 Schoolmistress，而《香港索引》更稱其為 Teacher 而已。此蓋與當時學校規模有關。

2　此據《香港索引》。伊頓至 1863 年初方才抵港，1862 年仍是韋以信主政。

3　此據《香港索引》。蘭德爾於 1867 年 11 月遭勸退，故 1868 年已不在校。

附錄四
女仔館師生小考

施美夫夫人（Mrs. Lydia Smith, née Brandram, 1819–1904）

維多利亞教區首任會督之夫人。其父班德林（Rev. Andrew Brandram, 1790–1850）是一位著名的牧師，任職碧根咸（Beckenham）教區長（rector）、英國及海外聖經公會（British and Foreign Bible Society）秘書。施夫人出嫁前，曾在碧根咸擔任其父的「助理」（curate），參與過教育工作。1849 年，施氏夫婦成婚，11 月初聯袂來港，在香港努力推廣女性教育，以協助會督宣教事務。當時聖保羅書院直屬教區，由會督擔任校長，以培養信仰基督的華籍男性為宗旨。由於這些畢業生往往在婚配方面遇到困難，（施夫人認為「有必要訓練女性基督徒，確保我們培養出來的年輕男性不會受到『外教』妻子的負面影響」。而創立女仔館的主要目的，便在於向華籍女童講授英文、《聖經》等課程，以訓練女性教師、傳教士以及「基督徒妻室」（Christian wives）。1858 年 1 月 18 日，施夫人為香港華籍女童開設了一所日校，此即女仔館（Diocesan Native Female Training School）之先驅。與此同時，施督不僅奔走募款請援，並向港府爭取把即將成立的女仔館列為「補助學校」（儘管稍後「補助條例」宗旨的變易，令女仔館無法得到補助），而暫時租借的雅彬彌臺（Albany Terrace）校舍，也獲港府免租。1860 年3 月，女仔館在雅彬彌臺正式開幕，共錄取 9 位女童，董事會係由在港歐籍婦女界領袖組成的婦女委員會（Ladies' Committee），港督夫人羅便臣夫人（Lady Nea Robinson）擔任名譽主席，師夫人曾擔任秘書。女仔館收生以中上階層家庭的華籍女童為對象，而當時正值第二次鴉片戰爭，華人社會一般對英國印象不佳，也無意於讓子女接受西式教育。由於中上階層背景之女童入學者甚少，校方不得不降低門檻，兼收貧苦女童。然而，貧苦女童學習英文後，便出現遭家人賣身為婢或成為洋人外室的亂象。如此情況遭到華洋社會反感抨擊，而女仔館之營運也難以為繼。縱然女仔館在 1865 年起改組，以求亡羊補牢，然影響所及，經費緊絀，最終於 1868 年結業，原址另建曰字樓孤子院。1864 年，施督攜眷返英，後於 1871 年辭世。然孀居的施夫人依然關心香港教務。1873 年，孤子院校方便曾與施夫人聯繫，諮詢意見。1878 年，包爾騰會督打算將曰字樓孤子院變回女校，再交女教會營運，並致函邀請施夫人由女兒陪同返港主持復校事宜。然因曰字樓校董祁士域極力反對，導致包督收回成命，施夫人母女終不果行。

畢士泰（Susan Harriet Sophia Baxter, 1828－1865）

一譯白士打、白思德，女教會幹事，香港畢士泰諸校創辦人。其父Robert Baxter 為律師，信仰虔誠。在施美夫人感召下，畢士泰來港成為傳教士。1860 年左右，維多利亞教區施美夫會督夫人計劃成立女仔館（Diocesan Native Female Training School），畢士泰毅然應徵，於 1860 年 4 月啟程赴港。抵港後，她認為女仔館創辦宗旨與自身理想不盡相合，於是婉拒聘書，另外成立了幾所學校，包括：一、摩羅廟街英童學校，專收歐裔軍人子弟及及孤兒，二、史丹頓街華籍女童日校，三、般咸道女童寄宿學校，兼收男童為日校生，合稱畢士泰諸校。對於女仔館事務，也時時參與。由於畢士泰在港粵兩地積極投入社會服務，救濟貧苦，因此深得華洋社群愛戴。1865 年 6 月中旬，畢士泰偶感風寒，病情轉劇，月底不幸辭世，年僅三十六。此後二十餘年，其父及姊 Nona 仍繼續支持女教會在香港之女性教育事業。畢士泰葬於港島跑馬地墳場。

韋以信（Ms. Wilson）

女仔館代理校長（1860–1862），名不詳，生卒年待考。1860 年 4 月，畢士泰從英國啟程，大約 7 月中下旬才會抵港。校董會於是先行安排韋以信為其助手，代為主持校務，以畢士泰上任。畢士泰抵達後婉拒受聘，女教會又聘任伊頓為校長，並暫命韋以信繼續掌校。由於勤勞公事，韋以信健康狀況轉差，深得本地捐助者同情。1862 年初，伊頓抵港，韋以信計劃返英。1 月 20 日，女仔館在美利操場舉辦義賣會，一來為般咸道新校舍建築基金募款，二來替韋以信籌募回國旅費。

伊頓（Mary Anne Winifred Eaton, 1838–1923）

女仔館校長（1863–1865）。伊頓為女教會幹事，在畢士泰婉拒聘書後，女教會於 1862 年 6 月安排伊頓接任女仔館校長。伊頓於當年 8 月中旬啟程，翌年 1 月初抵港，不久從代理校長韋以信（Ms. Wilson）手中接掌校政。當年 7 月 14 日，般咸道校舍落成開幕。1864 年 12 月 4 日晚，伊頓在返回女仔館的中途遭到華人暴徒襲擊。事件引起西人社群議論紛紛，亦導致女教會之非議。此後，該校華籍女童不得再學習英文。伊頓身心大受打擊，無法正常主持校務，幾度致函女教會請辭。1866 年 1 月 2 日，伊頓與德國傳教士歐德理（E. J. Eitel）在香港佑寧堂（Union Church）成婚，稍後女教會正式接受其辭呈。不久，伊頓隨夫至惠州博羅為貧苦女童創辦福音學校。1875 年起，歐德理先後擔任港府中文研究主任、視學官及軒尼詩總督中文秘書。1897年歐德理退休，伊頓隨夫移居澳洲阿德萊（Adelaide），夫婦逝世於彼。

蘭德爾（Ms. Rendle）

女仔館校長（1865－1867），姓氏或作 Randle、Randall，名不詳，生卒年亦待考。伊頓遇襲後，校董會委任蘭德爾擔任校長，岳士列則擔任教師及女舍監。因二人背景不同，政出多門，因而時有齟齬。1867年，蘭德爾因財政困難遭校董會勸退，由岳士列全面接掌校政。

岳士列（Mary Jane Oxlad, 1840－1922）

畢士泰諸校（1865－1877）、女仔館（1867－1868）、日本永生學校校長。岳士列於1863年7月成為女教會幹事，12月底啟程赴港。翌年3月底抵港，隨即成為畢士泰之助手，在畢士泰諸校任教。1865年6月，畢士泰猝逝，岳士列於是接掌畢士泰諸校。由於伊頓遇襲後，身體狀態難以主持女仔館，校董會遂委任蘭德爾（Ms. Rendle）到女仔館主持校務，而由岳士列擔任教師。岳士列將畢士泰諸校的一批歐亞混血孤女帶到女仔館，以便照顧，此即女仔館（及其後身之曰字樓、拔萃等）接受混血學童之始。女仔館此時改名為 Diocesan Female Training and Industrial School，然財政緊絀，人手嚴重不足，岳士列終日勞碌，且與蘭德爾時有摩擦，健康情況轉差。1867年11月，蘭德爾遭勸退，岳士列全盤掌管女仔館事務。1868年，柯爾福會督直接掌管女仔館，隨即將之解散，於1869年在原址重建曰字樓孤子院（Diocesan Home and Orphanage）。柯督請求岳士列在新校校長夫婦8月到任前，仍然負責看守校園。是年底，岳士列方才返英小休。岳士列回港後，依然主持畢士泰諸校。1876年夏，岳士列轉職日本，翌年啟程。抵日後，在大阪創立永生學校。二十世紀初，岳士列退休返英，1922 年逝世。

龐恩愛（1838−？）

女仔館針黹教師。龐氏是一位纏足的華籍孀婦，知書達禮，夫家環境優渥。其夫婚後未幾便死於外地，龐氏不得不返回娘家。因為戰亂，龐氏來到香港教授針黹。1864 年 3 月，岳士列抵港執教畢士泰學校不久，龐氏也遷至同一地址。她與岳士列成為鄰居，一見如故，岳士列更透過《聖經》和字典向她學習中文，兩人亦師亦友。因此，龐氏兼任畢士泰學校的針黹教師。岳士列職掌女仔館後，龐氏也一起前來。1867 年復活節，龐氏決志受洗，教名恩愛。

梁呂底亞（約 1846−1916 後）姊妹

梁呂底亞，婚姻紀錄紙作梁呂氏亞，與其妹 Addie 皆為女仔館最早期的學生。中文文獻顯示，梁呂底亞為首位華籍傳教士梁發（1789−1855）之梁亞沾，梁呂底亞後人亦如此表述，然頗有疑問。英文文獻則謂其父為香港某官校教師，信仰基督。從梁呂底亞纏足的事實來看，此似非基督教家庭之取向，然亦可見其非自幼生活於基層家庭者。且梁呂底亞出生之際，梁發已年近六旬；竊疑梁呂底亞姊妹或為梁發兄弟或堂兄弟之女，待考。1861 年，梁呂底亞姊妹決志，翌年 1 月受洗梁呂底亞年齡較其他同學為長，故擔任班長，積極協助校務，對年幼學妹多有照料。又因家學淵源，隨施美夫會督夫婦學習基督教義，態度積極，領悟力強。1864 年 2 月 15 日，梁呂底亞與華差會福州分會傳教士黃求德成婚。婚後，梁呂底亞隨夫移居福州，長期從事傳教工作，曾於靈光盲女校任職，年屆古稀方才退休。其子孫亦多有參與教會事業者。

阿琴（約 1848 – ？）

阿琴（Okum）與梁呂底亞姊妹同時入學，父親也是官校教師，但並未皈依基督。阿琴也殷切希望入教，其父並未反對她，而是懇求她先想看清楚。據畢士泰信件所言，1862 年 8 月 20 日受洗的四位曰字樓女生中有一位 Akam，或即阿琴。如果屬實，則阿琴受洗比梁呂底亞姊妹晚了一年半。

阿健（周夫人）

阿健娘家當為尹姓，父母也是基督徒。根據女教會 1883 年年度報告所言，她曾在女仔館好幾年，之後和伊頓女士一起，後者對她幫助很多；報告又云阿健的學校裡有 28 個女孩，幾乎全都紮足，其夫為華差會學校教師。對照 1883 年政府藍皮書，華差會旗下的荷李活道女校校長 Mrs. Chau Kin 當即阿健，而其夫蓋是東邊街男校校長 Chau Ching Tsün（周清泉）。大約 1881 年起，阿健開始主持這所女校，直至 1887 年左右。此外，1862 年 8 月 20 日的洗禮中，有一位 Akin 受洗後取名 Martha（瑪大）。然其隸屬於瑪嘉芙女士的學校，不知是否同一人，待考。

友尼基、阿琴、安妮、阿女

畢士泰主持的一所孤子院，聘用了一位名為阿姑（A-ku）的華籍女舍監（Matron）。阿姑本在廣州醫院擔任英軍護士，1861 年 10 月獲薦來港任職。阿姑個性開朗，來港後積極學習基督教義。其女則在女仔館求學。1862 年 8 月 20 日舉行的那次洗禮，受洗者包括阿姑及四位女仔館學生。阿姑受洗後取名 Lois（羅以）。其女取名 Eunice（友尼基）。阿琴取名 Martha（瑪大），同校十五歲的安妮取名為 Mary（馬利亞），阿女取名 Ruth（路得）。阿琴被畢士泰稱為女仔館最優秀的學生，與前此施夫人所提及殷切希望入教的 Okum 似有所呼應，疑即同一人。又畢士泰把阿女稱為「我的阿女」，大約這位女孩幼年時先在孤子院，後因年齡漸長才轉入女仔館。

阿弘

據女仔館 1865 年 7 月 19 日會議紀錄，英語課不再列為必修。如此安排，乃是有鑑於好幾位女生因習得英文後遭到（家人）高價販賣，其中一位阿弘（A. Wung），便售得港幣五百元。

張梅

華倫牧師記載，1866 年 5 月 4 日參加過一場婚禮，新郎曾肄業於聖保羅書院，新娘曾肄業於女仔館。施其樂指出新郎名為譚天德（Tam Tin-tak Thomas），新娘名為張梅（Cheung Mui Mary），兩人皆為基督徒。譚天德在港務處擔任辦公室助理。當年 10 月 1 日，譚天德被控竊取兩張「票據」而遭警方拘留。

某氏

據《德臣西報》1867 年 8 月 2 日報導，一位女仔館學生因婚嫁問題引起風波。一位外籍警官想迎娶這位女生，希望得到對方同意，但被拒絕。女生之父支持她的決定，其母親卻打算把她嫁給警官，竟大鬧學校，不斷威脅要接回女兒。女生在三年多以前由其父送入女仔館，而其母自稱為貧苦人家。法官判決指出，儘管母親不斷威脅要接回女兒，着其成婚，但她沒有如此權力 —— 當初是父親送女兒入學，也只有父親能接走女兒。況且女兒年紀尚輕，又熱愛學校生活，為人母者不應強迫女兒結婚，更不應騷擾學校。其母最後接受判決，風波才告平息。

Rickomartz 姊妹

施美夫夫人在 1862 年 8 月 30 日的信件中指出，當時女仔館第一級別有五名學生，包括一名日裔孤女；第二級別有七名學生，包括之前提到的日裔孤女的姐妹。這對日裔孤女當即 Rickomartz 姊妹，分別名為 Louisa 和 Bessie。她們還有一個名叫 Edward 的幼弟。Rickomartz 當為日文陸松（Rikumatsu）的歐化拼寫形式。其父為早期信奉基督教的日本人，母親 Henrietta 來自英國，兩夫婦於 1860 年雙雙病故。成為孤女的小姐妹被迫分離，輾轉由幾位婦女收養。1862 年的女仔館以招收華籍女生為宗旨，Rickomartz 姊妹也在校內，當為權宜之計。其後，畢士泰讓兩姐妹入讀自己開辦的學校。畢士泰 1865 年去世後，諸校由岳士列接管。稍後岳士列兼掌女仔館，Rickomartz 姐妹也再度轉入。當時，Bessie 幾乎取代了已離校的梁呂底亞的地位，協助教會工作，照料生病學妹，並主動參與主日學。1868 年女仔館結業，岳士列離職。Bessie 留在於原址另外設立的曰字樓孤子院，成為助理教師。Louisa 則協助管理畢士泰諸校。Bessie 於 1870 年代離開曰字樓，先後在香港、法國、澳洲育嬰堂工作。1881 年，身在澳洲的 Bessie Rickomartz 向女教會申請，到大阪與岳士列會合，成為傳教士教師。惜因體檢不過關，不克成行。1884 年，Bessie 在澳洲病逝。

春梅（約 1858－？）

春梅生於內地，大約是棄嬰或遭人拐賣，1862 年左右由畢士泰在廣州贖得。一直接受來自西方（包括唐加士打聖雅各堂學校）的特殊資助。同樣在 1862 年 8 月 20 日的儀式中，春梅接受嬰兒洗禮，取名約亞拿（Johanna）。畢士泰去世後，春梅隨岳士列來到女仔館，成為該校學生。1868 年女仔館結業，春梅並未留在新成立的曰字樓孤子院，而是轉至德國傳教士辦的巴陵女書院（German Foundling Institution），直至婚配年齡。其後，春梅與一個美籍華人基督徒成婚。

Pretitull 姊妹

如女仔館 1866 年 8 月 6 日會議紀錄云，擔任某部門監工的 Mr. Pretitull 的兩個女兒入讀該校，每月學費 8 元。

信德（約 1851－？）、喜樂（約 1852－？）

據華倫牧師的信件記載，龐恩愛於 1867 年復活節受洗的同時，還有兩位分別十六歲和十五歲的女仔館學生一起決志受洗，取名信德（Sun Tak）和喜樂（Hi Lok）。

Tai-Hosa

Tai-Hosa 本名不詳，在越南交趾一帶被誘拐轉賣，落入海盜之手。1867 年 5 月 24 日，英軍 Janus 號砲艦從海南附近大洲島（Tinhosa）外的海盜船上將她營救。同年 7 月 1 日，女童被送入女仔館，取名 Tai-Hosa，當為 Tinhosa 的華化拼音。女仔館結業後，Tai-Hosa 留在新成立的曰字樓孤子院，可能參與負責華裔女童事務。1880 年，在包爾騰會督主持下，Tai-Hosa 與長期在西印度群島工作的華人基督徒林穩（Lam One）於聖保羅書院成婚。

附錄五
日字樓孤子院女生註冊表
（1873－1891）

1 所標示之年份為入學時間。
2 據費史所言，1878 年以前離校之女生並無紀錄。
3 本表共有 61 人次註冊，然有重複註冊者，計有 Helen Orley 兩次（1879、1886），Emma Orley 兩次（1882、1886），Elizabeth Hastings 兩次（1884、1887），Mamie Andrews 三次（1884、1887、1889），Flora Mather 兩次（1886、1890）。
4 據費史所言，1873 年以前之註冊紀錄已遺失。如此觀之，1867 年入學 Tai-Hosa 之名當為費氏別處材料所補。除去 Tai-Hosa 及重複註冊者，1873－1891 年間共收錄女生 54 人。

1867
Tai-Hosa

1873
Möller, Anna
May, E. Maud
Hazeland, Dora
Hazeland, Winifred D.

1874
Sunshing Lumina

1876
Leyser, Ingeborg
Kirchmann, Caroline

1878
May, Florence

1879
Lamont, Isabella
Cameron, Martha
Dodd, Ellen
Armstrong, Mabel
Whitehead, Eliza
Orley, Helen
Smith, Jessie
Smith, Gracie

1881
Humby, Margaret

1882
Orley, Emma

1883
Gidley, Rose

1884
Orley, Polly
Hatcher, Alice
Humby, Mary Ann
Ackers, Edith
Ackers, Florence
Andrews, Mamie
Hastings, Lizzie

1886
Mather, M. E.
Mather, Flora
Orley, Helen
Orley, Emma

1887
Aitken, Mary
Aitken, Bessie
Hastings, Elizabeth
Seier, Georgina
Andrews, Mamie

1888
Howard, Mary

Waller, Ada
Edwards, Jessie
Scudder, Lizzie
Logan, Catherine
Benning, Annie
Zwarg, Elizabeth
Gidley, Venita May

1889
Olson, Elizabeth A.
Olson, Hannah M.
Ham Sü Adelaide
Dilworth, Madeline
Hun-Yip, Ethel
Scudder, Eliza
Hun-Yip, Rose
Andrews, Mamie
Tandberg, Emma
Phillips, Minnie

1890
Wanderleach, Susan
Wanderleach, Mary
Mather, Flora K.
Mather, Daisy M.

1891
Gibley, Eva. M.
Simmons, Sarah
Simmons, Mary

附錄六
歷任會督簡介

施美夫（Rt. Rev. George Smith, 1815－1871）

香港聖公會首任會督（1849－1865）。1837 年獲牛津大學學士學位，1839 年按立為會吏，次年按立為牧師。不久加入聖公會海外傳道會（Church Missionary Society），成為傳教士。1844 年前往中國傳教，至 1846 年 10 月因病返英，結束了原來的傳教計劃。1847年 1 月，施美夫致函殖民地大臣格雷伯爵（Henry Grey, 3rd Earl Grey, 1802－1894），提議在香港為當地男童成立一所官校。稍後主持港府教育委員會（Board of Education），一方面積極籌劃成立男子官校（亦即後來的中央書院），另一方面則籌劃在海外傳道會名下成立一所男校（亦即聖保羅書院）。1849 年獲委任為新設立之維多利亞教區會督，負責中國、日本傳教事業。1850 年 3 月抵港，致力傳教與教育工作，擔任聖保羅書院校長。曾於 1850 年代出埠前往印度、錫蘭、爪哇、新加坡等地，考察傳教及教育狀況。1860 年左右，支持夫人 Lydia 成立女仔館，並負責籌募經費。1864 年返英定居，次年辭去會督職位，1871 年病逝，年五十六。

柯爾福（Rt. Rev. Charles Richard Alford, 1816－1898）

維多利亞教區第二任會督（1867－1874）。生於牧師家庭，早年就讀於劍橋大學。1846 年成為唐卡斯特教會牧師，後在海布里培訓學院（Highbury Training College）擔任校長十年。1867 年赴港，成為維多利亞教區會督。對於女仔館的營運，柯爾福先以支持為主，後見事不可為，乃改建為曰字樓孤子院。1874 年辭職回國，至 1881 年退休。1898 年去世，年八十一。

包爾騰（Rt. Rev. John Shaw Burdon, 1826－1907）

維多利亞教區第三任會督（1874－1897）。1849 年入讀進入聖公會傳教學院，1853 年被派往中國上海，翌年由施美夫會督按立為牧師。1862 年調往北京，同年 6 月 11 日，獲同文館聘為英文教師。包爾騰曾訪問太平天國，就兩次鴉片戰爭，都對英國持反對態度。1874 年返英，被祝聖為維多利亞教區主教，當年 12 月抵港就任。包督對於香港女性—尤其是華籍及混血女童—的教育問題十分關注，於 1878 年曾建議將曰字樓孤子院改回女仔館，卻因遭到以睿紫薇為首的校董反對而不果。此後曰字樓計劃擴建，包督於 1887 年致函政府，提出由於現有校舍空間不足，校董會希望新建一翼，為女生提供住所。然當新翼於 1891 年落成時，曰字樓卻徹底轉化成男校。1897 年，包督辭任。1907 年在英去世，年八十一。

霍約瑟（Rt. Rev. Joseph Charles Hoare, D.D., 1851－1906）

維多利亞教區第四任會督（1887－1906）。霍約瑟出生於牧師家庭，曾就讀於劍橋大學。1875 年，任敦必治（Tonbridge）聖三一教堂任牧師。1878 年起，在寧波華差會培訓學院擔任校長達二十年。1897 年，接任維多利亞教區會督。1899 年，主持成立拔萃女書室。1906 年 9 月 18 日，霍約瑟與四位神學生乘船往屯門佈道途中遇上颱風，全部罹難。女拔萃自此將 9 月 18 日定為 Founder's Day（直至 1949 年）。

倫義華（Rt. Rev. Gerald Heath Lander, 1861－1934）

維多利亞教區第四任會督（1887－1906）。早年畢業於劍橋大學，1885 年按立為牧師。1907 年，被任命第維多利亞教區會督，至 1920 年辭職返英。1933 年退休，翌年去世，年七十三。

杜培義（Rt. Rev. Charles Ridley Duppuy, 1881－1944）

維多利亞教區第五任會督（1920－1932）。早年畢業於牛津大學，後在布拉福基督堂（Christchurch, Bradford）擔任牧師。1918 年初，調至英軍為臨時牧師。1920 年，受委任為維多利亞教區主教。在任期間，杜培義與男拔萃校長費瑟士東過從甚密，然後因遷校之事意見相左，導致費瑟士東於 1931 年遭到解聘。1932 年，杜培義辭職返英，其後擔任伍斯特大主教（Archdeacon of Worcester）。1944 年去世，年六十三。

何明華（Rt. Rev. Ronald Owen Hall, 1895－1975）

維多利亞教區第六任會督（1932－1951）、中華聖公會港粵教區首任會督（1951－1967）。中學畢業時恰逢一戰爆發，赴法國服役，因軍功獲十字勳章及上校軍銜。戰後入讀牛津大學修讀短期神學課程。1921 年按立為副牧師，1922 年首度赴華，參加北京舉行之學生基督運動會議。1925 年，任中華基督教青年會幹事。1932 年，成為維多利亞教區會督。何明華就職後，認為教區幅員廣大，應促進華人教會的自治，加強中外教友的溝通。他非常注重照顧內地農村，賑濟貧民。在香港則在施玉麒協助下露宿者之家、小童群益會等機構。抗戰爆發，何明華領導教會進行捐獻，救濟難民。1941年香港淪陷，前往昆明繼續傳道。戰後返港恢復會督工作，擴展教務，為多所禮拜堂奠基，又委任施玉麒先後建立數十間中、小學，創辦香港房屋協會等多所福利機構，為戰後的香港作出極大貢獻。1956年，何明華出訪北京，與新成立的中國政府關係甚佳，被譽為「粉紅會督」。1965年，香港大學授予他名譽神學博士學位。與男女拔萃歷任校長，何明華都保持良好溝通。1966年，何明華退休返英，1975年逝世，年八十。

附錄七
男拔萃相關人物簡介

耆紫薇（William W. Keswick, 1834－1912）

一名祁士域，怡和洋行大班。耆紫薇係怡和創辦人渣甸（Dr. W. Jardine）外甥女之子，1855 年前往中國，曾任上海公共租界董事會總董。1869 年曰字樓孤子院的成立，頗得益於耆紫薇等人的贊助。1869 至 1886 年間，耆紫薇三度出任曰字樓孤子院校董會司庫一職。1878 年，反對包爾騰會督將曰字樓交回女教會營運，自此奠定轉型男校之基礎。1874 至 1886 年間任怡和大班，並曾任匯豐銀行主席、香港總商會主席、香港定例局議員等職。其後返英，任常務董事。1898 年，任薩里郡（Surrey）行政司法長官。1899 年，任艾普森（Epsom）國會議員。1912 年逝世。

雅瑟（William Monarch Burnside Arthur, JP, 1839－1912）

曰字樓孤子院首任校長（1869－1878）。1861 年，於諾域治

（Norwich, Norfolk）擔任校長。1863 年，轉任德文港（Devonport）軍校校長。同年 7 月 14 日，與汪瑪麗女士（Mary Annie Vaughan）成婚。翌年派任為第 75 軍團校長，駐紮阿迪索營（Aldershot Camp）。1868 年抵港，續任皇家陸軍兵房學校（H.M.'s Army Garrison School）第 75 軍團校長。次年第 75 團解散，半遣新加坡、半遣南非，雅瑟決意留港，8 月接任曰字樓孤子院代理校長，夫人擔任女舍監（Matron），一年後轉正。1878 年，曰字樓孤子院成為政府補助學校。同年因夫人健康欠佳，辭去校長一職，轉任中央書院副校長。其後歷任裁判處文員長、警官學校校長，活躍於共濟會。1896 年，獲委任為太平紳士（Justice of the Peace）。1900年退休返英，1912 年逝世，年七十二。1918 年，拔萃男書院設立雅瑟獎學金，1949 年又成立雅瑟社（綠社），以資銘念。

俾士（George Piercy, Jr., 1856－1941）

曰字樓孤子院（1878－1891）、拔萃書室（1891－1902）、拔萃男書室（1902－1918）校長。俾士為俾士牧師（The Rev. George Piercy, 1829－1913）次子，因與其父同名，早年又稱「小俾士」。1856 年秋生於廣州。幼年體弱，後因小兒麻痺症跛一足，終生未癒。童年在廣州接受教育，1864 年負笈英倫。1874 年後擔任廣州同文館英文教習，1876 年赴日本短期進修。1877 年，任香港中央書院教師。1878 年 11 月 1 日，獲任為曰字樓孤子院校長。1879 年起，該校不再取錄女童為宿生，謹限於走讀，同時開始招收華籍男童為日校生。1882 年，中文名稱改為拔萃書室。1891 年，曰字樓新翼落成，更名為 Diocesan School and Orphanage。同年，校內女生全數轉入飛利女校，拔萃書室成為一所純男校。1892 年，定例局通過「拔萃書室條例」（The Ordinance of Diocesan School and Orphanage）。1900 年，拔萃女書室於般咸道玫瑰行開張。1902 年，拔萃書室更名為拔萃男書室（Diocesan Boys' School and Orphanage）。1918 年，俾士退休，攜眷定居加拿大域多利城

（Victoria B. C.），1941 年去世，年八十五。1949 年，拔萃男書院成立俾士社（深藍社），以資銘念。

費瑟士東（Rev. William Thornton Featherstone, 1886-1944）

舊譯花打士頓、花士東。拔萃男書院第三任校長（1918-1931）。早年畢業於牛津大學，後任職於香港西營盤聖彼得教堂（St. Peter Seamen's Church），並於聖保羅書院代理校長一職。1914 年起，於男拔萃任教聖經科，至 1918 年獲任為校長。費瑟士東在任期間，多所改革，倡議將般咸道原址賣出，在九龍覓地建設新校舍。1926 年，舉校遷往九龍。因省港大罷工之故，舊校舍買主破產，以致男拔萃陷入財政困境。費瑟士東亦於 1931 年離職。同年，費瑟士東擔任英國胡克市（Hook of Surrey）座堂牧師，至 1944 年去世，年五十七。1949 年，拔萃男書院成立費瑟士東社（黃社），以資銘念。

舒展（Rt. Rev. Christopher Birdwood Roussel Sargent, 1906-1943）

拔萃男書院第四任校長（1932-1938）。父德紀立（Rev. Douglas H. G. Sargent）為著名牧師，舅父湯姆遜男爵（Christopher Birdwood Thomson）曾任英國空軍大臣。舒展早年畢業於劍橋大學物理系，1928 年任桑赫斯特惠靈頓書院（Wellington College, Sandhurst）物理教師，晉升助理校長。1932 年 7 月，接任男拔萃校長。時男拔萃因校舍買賣問題陷入財政困境，舒展上任後迅速解決了債務。1934 年，受命為會吏（Deacon），又獲港府聘為教育部員。1937 年抗戰爆發，在舒展的支持下，拔萃學生成立「擦鞋團」，每週課餘至港九各校為國軍擦鞋募款。1938 年，受命為聖公會福建教區會督；同年 11 月 23 日，自男拔萃辭職。1943 年，於福州染患時疫，8 月 8 日去世，年僅三十七歲。1949 年，拔萃男書院成立舒展社

（紅社），以資銘念。

葛賓（Gerald Archer Goodban, 1911－1989）

拔萃男書院第五任校長（1938－1955）。早年肄業於牛津大學，修讀經典課程（Greats）。畢業後擔任學生基督教運動秘書。1938年11月，接任拔萃男書院校長職務。1940年，發起成立校際音樂及戲劇協會。1941年太平洋戰爭爆發，加入香港義勇軍（HKVDC）。同年12月香港淪陷，入囚深水埗集中營。1945年香港重光，暫時返英休養，翌年11月返港重掌校政。1951年，籌辦首屆校際音樂節。1953年請辭，至1955年4月去職離港。返英後任教於多間學校，至1959年接任英皇書院（King's School）校長，1972年退休。1989年去世，年七十八。葛賓離港後，男拔萃成立葛賓社（淺藍社），以資銘念。

施玉麒（Rev. George Samuel Zimmern, JP, 1904－1979）

又稱 Canon George She，拔萃男書院第六任校長（1955－1961）。施玉麒生於一歐亞混血家庭，1921年畢業於拔萃男書室。1928年，負笈英國聖奧古斯丁學院（St. Augustine's College, Canterbury）攻讀神學，兩年後轉往牛津攻讀 Modern Greats（即哲學、政治及經濟之綜合學位）。1933年參加普通神職受任試（General Ordination Examination），居榜首。翌年於倫敦考得大律師資格。返港後，擔任何東爵士法律顧問、機要秘書，執大律師業。1930年代，協助何明華會督，創辦香港露宿救濟會、小童群益會（BGCA）等慈善機構多間。1939年，任香港大學聖約翰堂（今聖約翰學院前身）舍監，直至1952年。淪陷時期，以英諜嫌疑入禁於域多利監獄，備遭日軍拷問折磨。出獄後，獲准從事房屋交付等民事法工作。1942年，曾因抗拒日本憲兵佔據港大宿舍而再遭監禁八星期。香港重光，先後受任為聖約翰座堂會吏及牧師，參與重建座堂，並恢復因日戰結業的中小學多間。同時兼任男女拔萃校董。又負責重組裁判法院，任裁判司。鑑於大陸內戰及易幟，乃協助何明華創設香港房屋協會及旺角勞工子弟學校，以舒緩來港難民的居住及教育困境。1955 年，任男拔萃校長，積極向社會中下階層招生，強調中華文化教育，於 1955 年首次舉辦賣物會（School Fete），為清貧學生募款。1961 年，聖約翰座堂頒以榮譽法政牧師名銜。同年自拔萃男書院辭任，移居英國布里斯托，執教於布里斯托文法學校，至 1969 年退休。同時擔任市內聖伊文基督堂主任牧師，直至 1979 年逝世。2011 年，男拔萃成立施玉麒社（橘社），以資銘念。

郭慎墀（Sydney James Lowcock, MBE, JP, 1930－2012）

拔萃男書院第七任校長（1961－1983）、香港業餘田徑總會副贊助人、香港學界體育聯會永遠名譽會長、宏光國樂團永遠名譽顧問。郭慎墀之曾祖父羅郭（Henry Lowcock）為旅港蘇格蘭商人、定例局非官守議員、拔萃書室早期校董之一（1874－1880 在任）。祖父佐治（George Lowcock）為太平紳士。父亨利（Henry Lowcock）亦從事商業活動，陣亡於二戰。郭慎墀少時隨父輾轉於內地，曾遭日軍監禁。後移居卡拉奇（Karachi，今屬巴基斯坦）。1947 年插班入讀男拔萃，兩年後考入香港大學物理系。1953 年返回男拔萃執教，任物理科教師及田徑隊顧問。1961 年，接任校長。1969 年，獲委任為非官守太平紳士；1976 年，又獲得大英帝國員佐勳章（MBE）。郭慎墀擔任拔萃男書院校長期間，強調自由學風，大力發展體育及音樂活動。1983 年退休；2001 年獲香港業餘田徑總會頒發「長期服務獎」及「傑出表現獎」金獎。2002 年，拔萃男書院成立郭慎墀社（紫社），以資銘念。2012 年，郭慎墀在香港逝世，年八十一。

附錄八
女拔萃相關人物簡介

莊思端（Margaret Elizabeth Johnstone, 1851－1909）

畢士泰諸女校及飛利女校（1880－1906）校長。莊思端之父為一鰥
居的愛爾蘭軍人，她於 1864 年隨父駐守香港，獲得畢士泰的英童
學校取錄。在校期間，莊思端親炙畢士泰、岳士列，深受影響。後
來，莊思端隨父返英。父親病故後，莊思端申請加入女教會，接受
培訓，於 1873 年正式成為幹事。翌年 3 月赴港，被委任為岳士列
助手。1877 年岳士列赴日本後，莊思端接掌畢士泰諸女校。1880
年，莊思端在般咸道西尾里創辦一小型女子寄宿學校，至 1883－
84 年間遷往附近飛利樓，故稱飛利女校。該校主要為華籍信徒的女
兒提供基督教育，兼收貧苦女童及孤女。同時，該校也負責訓練日
校教師，並兼有傳教所功能。1890 年，飛利開設英文部，收錄混血
女生。1891 年，曰字樓孤子院轉化成男校，所有混血女生皆轉往飛
利。然限於飛利之資源與體量，無法長期中英兩部。1899 年，霍
約瑟會督倡議設立拔萃女書室，莊思端便為推手之一。是年女教會
是年解散，各項工作由華差會接管，飛利亦改繫華差會名下。1900

年，女拔萃成立，飛利即將英文部 24 名女生轉入女拔萃。1906年，莊思端因中風而半身不遂，返英療養，至 1909 年辭世。1911年，莊思端在港門生故友於聖約翰大教堂為她樹碑，以表景仰。

史及敦（Edith D. Skipton, ?－1950）

拔萃女書室（Diocesan Girls' School and Orphanage）「重建」後首任校長（1900－1921）。早年畢業於倫敦大學。1899 年，霍約瑟會督動議成立女拔萃，以混血及歐裔女童為取錄對象。史及敦受聘為校長，先以荷嘉女士（Ms. M. I. Hawker）代理，至 1900 年抵港履新。1906 年 9 月 18 日，霍督於丙午風災罹難，史及敦得知噩耗，決議將每年此日定為 Founder's Day。1913 年，女拔萃由般咸道玫瑰行遷往九龍皇囿（King's Park），開始招收華籍女童，校務蒸蒸日上。1921 年，史及敦退休返英，由教師費格遜女士（Ms. C. A. Ferguson）接任校長。史及敦晚年在英，仍心繫女拔萃，每年Founder's Day 必有捐獻；但凡英倫有教員派往該校，必預先會面。1950 年 8 月去世，年八十餘。前此 1946 年，女拔萃設立史及敦社（藍社），以致敬意。

蘇雅（H. D. Sawyer, 1884－1965）

拔萃女書院「重建」後第三任校長（1925－1939）。蘇雅早年執教於印度，1922 年獲聘為女拔萃教師。1925 年，費格遜校長猝逝，蘇雅繼任。蘇雅在位期間，女拔萃得到進一步發展，聲譽日盛。1939 年，蘇雅辭去校長一職，改任小學部校長。稍後返英。1960年，與吉賓思、夏露兩位前校長返港參加女拔萃百週年校慶。1965年 4 月在英去世，年八十一。前此 1946 年，女拔萃設立蘇雅社（綠社），以致敬意。

吉賓思（E. M. Gibbins, 1911－1992）

拔萃女書院「重建」後第四任校長（1939－1946）。吉賓思早年畢業於倫敦大學歷史系，獲一級榮譽。後任教於布里斯托的聖布蘭頓中學（St. Brandon's School）。1938 年獲聘為女拔萃校長，1939年履新。上任後，隨即開設中文科，為女拔萃該科設置之始。1941年香港淪陷，吉賓思遭關押於赤柱集中營。1945 年香港重光，吉賓思出營後重開女拔萃，隨即辭職返英。1960 年，返港參加百年校慶。1972 年，時任女拔萃校長的西門士夫人休假一年，吉賓思應邀代理校長。1992 年在英去世，年八十一。前此 1946 年，女拔萃設立吉賓思社（黃社），以致敬意。

夏露（A. W. Hurrell, 1890－1969）

拔萃女書院「重建」後第五任校長（1946－1951）。早年畢業於倫敦大學，主修英文及法文，又赴法國進修，且獲得神學證書。先後執教於多所學校，曾任布拉克努（Bracknell）的倫拿剌女校（Girls' Side Ranelagh School）校長，及理定大學（Reading University）教育系講師。1946 年 3 月接任女拔萃校長，於該校在戰後之復興多有擘畫。1950 年，籌辦九十週年校慶。1951 年退休返英。1953年，又應何明華會督之邀返港，先後執教於聖士提反女校及崇基學院，為時兩年。1960 年，返港參加百年校慶。1969 年，夏露在英去世，年七十九。夏露離校後，女拔萃將紅社更名夏露社，以致敬意。

西門士（C. J. Symons, JP, 1918－2004）

拔萃女書院「重建」後第六任校長（1953－1985）。1918 年生於上海一混血家庭，本姓 Anderson（中文一般對應為洪氏），三歲舉家遷港。1926 年入讀女拔萃，1936 年畢業，升讀港大，主修英文與地理。1939 年大學畢業後，返回女拔萃任教。香港重光，吉賓思重開女拔萃後便辭職返英，命其代理校長。此時與 Robert Symons 成婚，代理校長一職由楊俊成（J. L. Youngsaye）接手。1953 年，成為女拔萃校長，建樹極多，始該校成為頂尖學府之一。先後獲得太平紳士、大英帝國官佐勳章、港大法學博士等榮譽。1972－76 年間擔任行政局議員，1977 年成為廉正公署監督委員。1985 年退休後移居英國，著有回憶錄 *Looking at the stars: Memoirs of Catherine Joyce Symons*。2004 年在英去世，年八十五。西門士離校後，女拔萃設立西門士社（粉紅社），以致敬意。

拔乎其萃 —— 開埠以來 香港女性雙語教育的 艱難進路

演講：陳煒舜
撰文：張豔玲
拍攝：李麥、李家明、邱梓彬
剪接：邱梓彬

　　【橙訊】香港曾有一所學校名曰「女仔館」，今日大家恐怕不知所指，但提起其英文全名 Diocesan Native Female Training School，則不會太陌生 —— 著名中學拔萃男書院和拔萃女書院，這兩所學校與女仔館的關係千絲萬縷，前者視其為先驅，後者曾自視為其後裔。女仔館這所在香港歷史上存在了僅僅九年（1860－1868）的學校，對香港後來的教育模式產生了不可低估的影響，但因年代久遠、史料匱乏而長期不為世人所知，甚至產生誤解。

　　香港中文大學中國語言及文學系副教授陳煒舜博士與數學系講師方潁聰博士，長期研究開埠以來香港女性雙語教育的發展，是次演講題目名為「拔乎其萃：開埠以來香港女性雙語教育的艱難進路」，由陳煒舜博士重點述說女仔館之興衰、拔萃書室向男校的轉型以及女拔萃的成立，具體而微地探析十九世紀香港女性雙語教育及混血兒教育之一頁。

一、引言

大家好，我是香港中文大學的陳煒舜，今天很高興有機會和大家分享我們的小小研究成果。大家看這個題目，裡面有三個關鍵字：一個「女」字，一個「拔」字，一個「萃」字，是不是講女拔萃呢？對，但我不僅僅講女拔萃，還要談男拔萃、協恩中學，以及這幾間學校的前身，一個大家比較陌生的名字 —— 女仔館。

二、女仔館：香港開埠初期的女性教育先驅

女仔館原來就是男、女拔萃書院（乃至協恩中學）的前身，成立於 1860 年，距今已有一百六十年。所以關於它的資料、傳聞，真真假假，若存若亡，人們都不是很清楚；但研究女仔館和它對於後世的影響，包括對香港的雙語教育、女性教育和混血兒教育的影響，卻十分重要。

大家要認識女仔館的故事，首先看看它的名稱。在 1860 年代的《香港索引》（*Hong Kong Directory*）—— 類似現在的黃頁，已有女仔館這個名稱；但它有時又叫做女書館，可見中文名稱不是很正式。那它的英文名稱是什麼呢？原來叫作 Diocesan Native Female Training School，今天或將之譯成「拔萃本地女子訓練學校」。這個英文名稱維持了幾年，到了大約 1865 年，有人將 Native 一詞拿掉，變成 Diocesan Female Training and Industrial School。這兩個名字都很長，當時的人也未必記得住，所以那時候上至主教，下至普通洋人，都用一個很簡單的名稱來叫它 —— Female Diocesan School，這反而跟中文名稱女仔館更能對應。

當時香港的女性沒有什麼機會讀書，幸好有一些有心人 —— 尤其是教會中人，他們成立女校，教導這些貧苦女孩基督教教義和基本知識。到了 1860 年，女仔館在今天香港島的雅彬彌臺（Albany）成立，主持女仔館的施美夫會督夫人（Mrs. Lydia Smith），認為香港已有一些貧苦女校，她便將學校的定位設成專收中上階層的華籍女孩。

若要進一步探究女仔館成立的原因，其實與當時的聖保羅書院（St. Paul's College）也大有關係。大家都知道，香港開埠後沒幾年便成立了維多利亞教區，當時首任主教是施美夫會督（Bishop George Smith）。他除了主持教區事務，還在 1851 年開設了一間學校，即今日的聖保羅書院。

聖保羅書院主要教導香港的華人男孩基督教教義、英語以及其他知識。這些男孩畢業後，能當上基督教傳教士固然最好，即使他們不做傳教士，而是到政府或商行去工作，由於本身已是比較虔誠的基督徒，這樣仍可增加基督教（特別是聖公會）對於華人社區的影響力。然而，這些男孩畢業後要面對另一問題 —— 婚配的問題，通俗一點說，也就是難以娶妻。

要談這些男生的娶妻困難，我們可先看看聖保羅書院著名校友伍廷芳的故事。伍廷芳是香港首位華人立法局議員，他當過律師，還當過外交官。他和太太何妙齡同為華人，也同為虔誠基督徒，可說是天作之合。但是，像伍何妙齡這樣的女子，當時是非常少見的。

那時香港女性人口中，信仰基督教的為數極少，要找合適的女子結婚並不容易。也許大家會問：娶華人女子可以嗎？可是聖公會認為不行。為什麼不行呢？當時華人女子多數沒受過教育，更非基督徒，要先「齊家」才可「治國平天下」，如果聖保羅書院的男孩娶了外教女孩，只怕家無寧日，影響男孩的修行就不妙了。因此聖公會不贊成他們迎娶本地華人女子。但婚配問題畢竟需要解決，因此英國人特別建立一所女校，專門訓練華人的女傳教士、女教師，以及基督教妻室。

其實這個主意並非突然出現的，步入十九世紀以後，西方國家已越來越關注女性教育的問題，在英國更成立了一個女子教育協進會，在遠東、中東、印度等地區開設了許多貧苦學校，所收女生幾乎都是原本賣身為妓女、奴婢、妾侍的女孩。這些學校將她們贖出來，為她們提供教育機會，讓她們信奉基督教，成為女性傳教士、教師、基督徒妻室。之前提過的主持女仔館的施美夫會督夫人，她知道當時香港已有一些收錄貧苦女孩的學校，所以希望建立一所專收中上階層華人女孩的學校，於是邀請英國的女子教育協進會派幹事到香港來負責實際工作，女仔館因而成立了。現代學者施其樂（Carl T. Smith）認為，女仔館的成立多少是成功的，其中有若干對聖保羅的男孩和女仔館的女孩便在畢業後成婚，他們都是虔誠的基督徒。

可是，女仔館發展沒有那麼順利，在1864年便發生了一件大事。12月的一天，當時女仔館的校長伊頓女士（Ms. M. A. W. Eaton）在聖約翰座堂晚禱結束後，乘轎返回般咸道女仔館的校舍，途中竟被華人暴徒襲擊。經此一事，伊頓身心大受打擊，因而辭去校長一職。華人暴徒為何會襲擊伊頓呢？一些香港研究者指出，當時部分華人認為女仔館的女學生學會英文後可和洋人溝通，能溝通便容易發生感情；而在那個時代，華洋通婚不被鼓勵，異國情緣幾乎都是地下進行的。當時華人社區更有一種觀念，認為女孩學了英語就會變壞，所以不情願送她們去學英語。教導華籍女孩英語的女仔館校長伊頓受襲，便是這個原因。

前幾年我到新加坡考察，發現原因可能不止這麼簡單。新加坡有一所女校——聖瑪格烈中學（St. Margaret's School），成立於1840年，比女仔館更早。聖瑪格烈中學成立之初專收孤苦女孩，而當時的校長格蘭特女士（Ms. Grant）身邊經常有手持武器的侍衛。為什麼校長需要貼身保鑣？原來學校的女學生都是校長贖出來的，買主知道這些女孩被學校救了，深感不憤，於是可能襲擊格蘭特以洩憤，乃至校長要聘請保鑣。如果以新加坡的聖瑪格烈中學這個例子來對照香港的女仔館的情況，華人暴徒襲擊伊頓，是否也可能是買主出於洩憤呢？目前並無資料證明，女仔館的學生中有救贖出來的女童，但新加坡方面的情況，也許可供我們略作參考。

講到這裡，大家或許會提出疑問：之前不是說女仔館要收錄中上階層的女孩嗎？家庭既屬於中上階層，又怎麼會去當別人的情婦？沒錯，問題就在這裡。大家都知道1860年第二次鴉片戰爭結束不久，香港華人對英國極為反感，父母連男孩都不想讓他們接受西方教育，更何況女孩？英國人所辦的女仔館要收錄中上層家庭的女孩，其實相當困難：除非女孩來自虔誠基督徒家庭，否則不容易找到生源。可是學校的名額又那麼多，怎麼辦呢？所以學校的收生目

拔乎其萃——開埠以來香港女性雙語教育的艱難進路

標後來只好改變了 —— 不得不重新招收貧苦女孩到校讀書。

被華人暴徒襲擊的伊頓離開女仔館後，由同樣是女子教育協進會幹事的岳士列女士（Ms. M. J. Oxlad）接管學校。當時女仔館財務緊絀，人手不足，岳士列便把她主持的其中一所專收混血（又稱半唐番）孤女的學校中的女學生帶到女仔館。女仔館的規模因此變大，亦即同一屋簷下有兩個分校，一個分校是原本的華籍女孩，年紀大一點，按照學校的設計，她們再學習幾年便會出嫁或工作；另一邊廂則是因兩校合併而來的混血孤女，她們年紀比較小，用英文學習。這也是新校名要拿掉 Native 一詞的原因：半唐番即使在香港出生，當時也不會視為本地人。在岳士列掌政的兩三年間，女仔館運作尚算暢順，但畢竟之前的醜聞影響很大，社會人士不再願意捐錢給這所學校，女仔館財政更形緊絀，過了沒多久，女仔館便再也經營不下去了。

三、曰字樓孤子院轉型為男拔萃：混血女性教育的延緩

女仔館關門大吉後，第二任主教柯爾福會督（Bishop C. R. Alford）於般咸道原址創建了另一所學校 —— Diocesan Home and Orphanage，中文名稱也是非正式的，叫做曰字樓孤子院。這個名稱從何而來？可能當時校舍十分方正，像「子曰」的「曰」字，因而取名曰字樓。

會督當時將女仔館的華人女生全部遣散回家，這些女孩本身是香港人，都有家人的；但那些混血孤女卻無家可歸，所以會督把她們留下來。等到曰字樓孤子院開幕時，這些混血孤女便成為曰字樓孤子院女生部的基本班底。

曰字樓孤子院當然也收男生，主要招收半唐番的男性孤兒，也就是說同一所學校有男有女，這樣的情況是不是如同今天的男女合校、混合教育？其實根本不是這樣子：在一百六十年前，男女二性有各自的社會分工，兩者的學習內容因而所有不同，男女決不可能一起上課。香港那些所謂傳統名校多數為單性別學校，就是這個原因。

直至 1879 年，曰字樓孤子院開始取錄華籍男生，可能因此覺得不宜再用曰字樓孤子院這個「不大體面」的名稱，於是中文名稱在 1882 年變成了拔萃書室。再之後連英文名稱也改了，叫作 Diocesan School and Orphanage。到 1892 年，校內所有女孩轉到飛利女校，因此從這一年起，拔萃書室就變成純男校了。1900 年，拔萃女書室（即後來的拔萃女書院）正式成立，同樣設在般咸道。1902 年，由於有了拔萃女書室，拔萃書室為了和它有所區分，遂改名為拔萃男書室。

　　其實早在 1878 年，第三任主教包爾騰會督（Bishop J. S. Burdon）曾提出一個建議：將曰字樓孤子院交給女子教育協進會經營，讓學校變回一所女校。這幾任主教的心腸都很好，他們一直認為香港的女孩沒有太多條件接受教育，所以都積極辦學，向她們提供受教機會。誰料到曰字樓孤子院校董會裡有一人極力反對 —— 他就是怡和洋行的大班耆紫薇（Mr. William Keswick，現在的耆紫薇家族仍是怡和洋行很顯赫的家族）。

　　為什麼耆紫薇反對將曰字樓孤子院轉回女校呢？原來在十九世紀時的男性教育比女性教育容易，規模經濟（economy of scale）會更大。為什麼？因為當時香港社會的華籍女孩一般已不鼓勵學英文，半唐番或歐裔女孩又沒有學中文的必要，兩者不可能混在一起受教。曰字樓雖說只收半唐番和歐裔女孩，但女生部最多的時候也只有二十幾人，又不能像男生部那樣擴招華籍生。即使擴招，假使同一屋簷下的十幾個女孩還要分好幾個課程架構來教授，這豈不是很麻煩？何況當時，女生的社會角色大抵都在家庭，女性教育可說是慈善事業性質遠甚於投資。

　　如果學校是男校，不管學生為華人、洋人抑或半唐番，一個課程架構就解決了。大家可能會問，怎麼歐裔男孩也學中文？為什麼不學呢？那時候香港緊靠着清朝，跟清朝做生意，只靠一點點日常中文，難道就能跟清朝人有效溝通嗎？所以洋人也不妨學一些中文。總之，如果將學校變成男校，課程架構比較簡單劃一，設計會更完善，學生將來升讀英國的大學也相對容易一些。而且這些男生的中文和英文能力皆好，畢業後固然可以當傳教士，即使是進洋行、銀行、律師行或政府工作，也都前途無量。所以大家便會明白，何以耆紫薇不僅不讓主教將曰字樓孤子院變回女校，還要轉成男校。

但無論如何，我們不得不說：自從曰字樓孤子院轉成男校，它當然變得越來越成功，但它的成功，卻是以延緩和犧牲混血女性教育為代價的。

四、飛利女校：在關鍵節點上踐行歷史任務

如前所述，曰字樓孤子院轉成一所男校後，名字也改了，叫做拔萃書室。那麼我們同時便要了解與曰字樓孤子院位置最靠近的飛利女校，它如何接收曰字樓孤子院的女學生。

1879 年，曰字樓孤子院決定不再收女孩做寄宿生，只讓她們走讀，該校女生的住宿頓成問題。幸好在 1880 年，一所小型華人女校在般咸道西尾臺成立，向曰字樓女生提供住宿。如此，這些曰字樓女生白天在曰字樓讀書，晚上則到這所華人女校休息。1883 至 1884 年間，華人女校搬到飛利樓（Fairlea House），大家因此稱它為飛利女校，這個名稱現在或許還有人聽說過，其實它就是今天協恩中學的前身之一。

飛利女校由莊思端女士（Ms. M. E. Johnstone）創辦，她是女仔館校長岳士列的學生。在開始接收曰字樓孤子院的女孩做宿生時，她知道曰字樓即將變成男校，遂萌生一個念頭：「將飛利女校擴充！」然而這個想法遭到當時的教會中人反對，為什麼呢？還是老理由，而且這個理由在我們現在聽起來可能會覺得很荒謬 —— 飛利本身的女生全是華籍，曰字樓女生大多為半唐番，而這些混血女孩幾乎都是非婚生的，按當時的說法就是「不道德的產品」，如果讓這些混血女孩和華籍女孩一起上課，互相交流，她們可能會帶壞華籍女孩。

到了 1890 年，隨着中央女書院（後來的庇利羅士女校）成立，不同國籍的女生共同接受教育已經不再是大問題。加上曰字樓孤子

院即將變成男校，而飛利女校是最靠近它的一所學校，所以收留這些混血女孩，對飛利女校而言是義不容辭的。因此政府和教會也姑且答應，讓學校在 1890 年開設女子英文部，讓這些混血女孩繼續求學。到了 1900 年，拔萃女書室成立，飛利女校便將校內英文部的混血女孩全部送到拔萃女書室。後來英文部也取消了，飛利女校遂變回一所華籍女生學校。由此我們可以看到，拔萃女書室的成立，分擔了飛利女校的負擔，兩者之間開始分工合作，拔萃女書室教半唐番和歐裔女孩，飛利女校教華籍女孩。從 1860 年到 1900 年，經歷了四十年的艱辛，香港的女子教育才慢慢步上軌道。（當然，聖心、聖方濟、庇利羅士、聖士提反等女校也非常重要，但不在我們今天的討論範圍。）

五、結語

香港現代女性教育與西方教會的關係非常密切，女仔館的董事們（包括會督夫人）一時錯判，令女仔館經營九年而慘澹收場。在此之後的三十年，香港的華人與洋人對女性教育雖仍有很大分歧，然而在「不可以教華人女子英語」這一點上卻達成共識，因此在 1869 年至 1899 年這三十年間於香港成立的許多女校，特別是華人女校，是不教學生英語的。

到 1900 年，拔萃女書室開張，由於學校主要只收半唐番和歐裔女孩，所以當時並未開設中文科。1913 年，校舍從香港島般咸道搬到九龍京士柏，逐漸開始招收華籍女孩，但仍不教授中文，這種情形甚至連何東夫人也曾表示不滿──她的幾個女兒都是女拔萃學生。到了 1939 年，女拔萃才正式開設中文科。

戰前的幾十年，從 1900 年到 1941 年，拔萃女書室和飛利女校，還有其後身協恩中學，彼此的性質越來越接近。因為拔萃女書室終於開設中文科，而協恩中學本來想轉回華人女校，但還是開設英文科，後來甚至變成一間英文中學。為何會有這樣的發展呢？原來到了二十世紀初，香港不論混血兒還是華人，生活環境都頗有改善，循正常途徑接受教育的機會也越來越多，因此像以往那樣硬將華籍和混血女孩分開學習已經沒什麼意義。

最後呼應開首所講，雖然女仔館、男拔萃、女拔萃、協恩，只不過是香港芸芸學校其中幾個個案，但因為它們成立時間早，不論在雙語教育、女性教育、混血兒乃至於華人教育上的歷程發展都甚具代表性。我們看到的是冰山水面的一角，但仍可想像水底下是怎樣的情形。各位如果有興趣，不妨一起來研究。

按： 本文係根據陳煒舜教授 2020 年 7 月 31 日之演講錄影整理而成，於同年 9 月
    26 日登載於橙新聞之「分貝」欄目，茲再行修訂文字，納入本書。

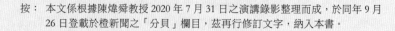

參考書目

檔案文獻

- "An appeal for donations and subscriptions", attached in a letter from Reverend Charles Warren to his colleagues in the Church Missionary Society, dated 1865.

- "Diocesan Girls' School and Orphanage: under the Patronage of Her Excellency Lady Blake", March 1899.

- Alford, Bishop C. R., "Appeal for subscription regarding the establishment of an orphanage for destitute European and other children in Hong Kong", 1869.

- Archives of the Council for World Mission, China, South China, Incoming letters, Box 6, Folder 5, Jacket B.

- Cheung, O. V., "History Of The Diocesan Boys' School And Diocesan Girls" School And The Question Of Incorporation", appended in the manuscript of *A History of Diocesan Boys' School* by W. J. Smyly, 1969.

- Eitel, E. J., "Materials for a History of Education", *China Review, or Notes and Queries on the Far East*, Volume XIX (March-April 1892 and May-June 1892), pp. 361–395. CO129/254.

- CO129 (1842–1951), Great Britain, Colonial Office, Original

Correspondence: Hong Kong, compiled by Dr. Elizabeth Sinn.

- Reverend Warren's Journal; various dates.

- Stewart, Frederick, *Inspector of Schools' Report for 1873*.

- *The Annual Report of the Female Education Society*, various years.

- The Church Missionary Society Archives.

- *Hong Kong Government Gazette*, various years.

- *The Hong Kong Government Blue Book*, various years.

- The Minutes of the Committee of the Female Education Society, various years.

專書

- Alford, Bishop C.R., *China and Japan: a Charge, Delivered in the Cathedral Church of St. John, Victorica, Hong Kong, February 2nd, 1869*, Hong Kong: London: Noronha & Sons; Seeleys, 1869.

- Barker, Kathleen E., *Change and Continuity: A History of St. Stephen's Girls' College, Hong Kong, 1906-1996*, Hong Kong: St. Stephen's Girls' College, 1996.

- Bickley, Gillian, *The Development of Education in Hong Kong 1841-1897: As Revealed by the Early Education Reports of the Hong Kong Government 1848-1896*, Hong Kong : Proverse Hong Kong, 2002.

- Cheng, Irene, *Clara Ho Tung: A Hong Kong Lady, Her Family and Her Times*, Hong Kong: The Chinese University of Hong Kong, 1976.

- Cheng, Irene, *Intercultural Reminiscences*, Hong Kong: Hong Kong Baptist University, 1997.

- Chiu, Patricia Pok-kwan, *Promoting All-Round Education for Girls: A History of Heep Yunn School, Hong Kong*, Hong Kong: Hong Kong University Press, 2020.

- Duckworth, Jeannie, *Fagin's Children: Criminal Children in Victorian England*, London: Bloomsbury Publishing, 2002.

- Featherstone, W. T., *The Diocesan Boys School and Orphanage, Hong Kong: The History and Records 1869–1929*, Hong Kong: Ye Olde

Printerie Ltd, 1930.

■ Fung, Yee Wang, and Chan-Yeung, Mo Wah Moira, *To Serve and to Lead: A History of the Diocesan Boys' School, Hong Kong*, Hong Kong: The Hong Kong University Press, 2009.

■ Gittin, Jean, *Eastern Windows-Western Skies*, Hong Kong: South China Morning Post Ltd., 1969.

■ Hall, Peter, *In the Web*, Birkenhead: Appin Press, 2012.

■ Headland, Emily, *The Right Rev. George Smith, D. D.., Bishop of Victoria, Hong Kong; C.M.S. Missionary from 1844 to 1849*, London: James Nisbet & Co., 189?.

■ Ho, Eric Peter, *Tracing My Children's Lineage*, Hong Kong: The Hong Kong University Press, 2010.

■ Lee, Vicky, *Being Eurasian: Memories Across Racial Divides*, Hong Kong: Hong Kong University Press, 2004.

■ Lee, Yoke Meng, *Great is thy faithfulness: The Story of St Margaret's School in Singapore*, Singapore: St. Margaret's School, 2002.

■ Lobscheid, Wilhelm, *A few Notices on the Extent of Chinese Education, and the Government Schools of Hong Kong with Remarks on the History and Religious Notions of the Inhabitants of this Island*, Hong Kong: China Mail Office, 1859.

■ Pettitt, George A., *The Tinnevelly uission of the Church Missionary Society*, London: Seeley, 1851.

■ Smith, Carl T., *Chinese Christians: Elites, Middlemen, and the Church in Hong Kong*, Hong Kong: Hong Kong University Press, 2005.

■ Smith, George (au.), Bickley Gillian (ed.), *Journeys with a Mission: Travel Journals of the Right Revd. George Smith (1815-1871), first Bishop of Victoria (Hong Kong)(1849-1865)*, Hong Kong: Proverse Hong Kong, 2018.

■ Stokes, Gwen and John, *Queen's College: Its History*, Hong Kong : Queen's College Old Boys' Association, 1987.

■ Hoe, Susanna: *The Private Life of Old Hong Kong*, Hong Kong; New York: Oxford University Press, 1991.

■ Sweeting, Anthony, *Education in Hong Kong, pre-1841 to 1941*, Hong Kong: Hong Kong University Press, 1990.

- Symons, C. J., *Diocesan Girls' School, Kowloon, A Brief History 1860-1977*, Hong Kong: Hing Yip Printing Co., 1977.

- Symons, C. J., *Looking at the Stars: Memoirs of Catherine Joyce Symons*, Hong Kong: Pegasus Books, 1996.

- Tse Liu, Frances, *Ho Kom-Tong: A Man for All Seasons*, Hong Kong: Compradore House Ltd, 2003.

- Wickeri, Philip L. (ed.), *Christian Encounters with Chinese Culture: Essays on Anglican and Episcopal History in China*, Hong Kong: Hong Kong University Press, 2015.

- Wong, Frances, *China Bound and Unbound: History in the Making — An Early Returnee's Account*, Hong Kong: Hong Kong University Press, 2009.

- Wong, Frances, *The Lost Schools*, Hong Kong, 2019.

- Wood, Winifred A., *A Brief History of Hong Kong*, Hong Kong: South China Morning Post, 1940.

- 區建群等編：《東蓮覺苑辦學七十週年紀念特刊》，香港：香港高級科技有限公司，2002。

- 陳煒舜、方頴聰、鍾宏安：《拔萃山人誌：拔萃男書院校史文集》卷一《樂道安常》，香港：拔萃男書院，2019。

- 梁雄姬：《中西融和：羅何錦姿》，香港：三聯書店，2013。

- 梁景海：《梁發（1788 年－1855 年）與中國基督教》，香港：香港中國近代史研究公司，2003。

- 鄭宏泰、黃紹倫：《何家女子：三代婦女傳奇》，香港：三聯書店，2010。

- 龔李夢哲著、徐雨村譯：《福爾摩沙的洋人家族：希士頓的故事》，高雄：高雄文化局，2019。

報刊及專刊

- *Quest*, various years.

- *Steps*, various years.

- *Sunday Morning*, various years.

- *The Calendar of the Diocesan Boys' School*, various years.

- *The China Mail*, various years.

- *Female Missionary Intelligencer*, various years.

- *Hongkong Daily Press,* various years.

- *The Hong Kong Directory*, various years.

- *Hong Kong Sunday Herald*, various years.

- *The Hong Kong Telegraph*, various years.

- *The Outpost*, various years.

- *South China Morning Post*, various years.

- Class 1955, *Footprints*, Hong Kong: Diocesan Boys' School, 1957.

- DBS: *Perpetuation*, Hong Kong: Diocesan Boys' School, 1989.

- DSOBA, *DBS 135th Anniversary*, Hong Kong: DSOBA, 2004.

期刊及報紙文章

- Baker, A. M., "In School at Hong Kong", *The Round World*, February 1st, 1901.

- Chiu, Patricia Pok-kwan, "*A position of usefulness: gendering history of girls' education in colonial Hong Kong (1850s–1890s)*", *History of Education: Journal of the History of Education Society*, 37:6 (2008).

- Colonial, "Old Hongkong: The First Diocesan Orphanage", *South China Morning Post*, December 20th, 1932.

- Colonial, "Old Hongkong", *South China Morning Post*, August 22nd, 1933.

- Smith, George, "The Krishnagurh and Tinnevelly Missions", *Church Missionary Intelligencer*, Vol.5 of 1854, pp.9-24.

- 吳述塵:〈隱藏的臉孔 —— 梁發的妻子黎氏〉,《傳書雙月刊》2009 年 8 月號(第 17 卷·第 4 期·總第 100 期)。

- 張秀蓉:〈1893 年香港〈保良局立案法團條例〉與何啟〉,《臺大歷史學報》第 22 期(1998),頁 37—40。

- 梁景海:《梁發(1788 年—1855 年)與中國基督教》,香港:香港中國近代史研究公司，2003。

- 陳煒舜：〈男拔萃的混血校長們〉，《大公報》，2014年6月30日。

網路資料

- "The First Annual Report of the Victoria Home and Orphanage, 1888-89", contained in "Hong Kong Memory Project", https://www.hkmemory.hk/MHK/collections/education/All_Items/PreWarEdu_Prints/201303/t20130311_57554.html?f=classinfo&cp=%E5%A0%B1%E5%91%8A&ep=Report&path=http://www.hkmemory.hk/collections/education/All_Items/./8178/8844/8854/8857/index.html.（2020年7月30日瀏覽）

- "Interview with Mrs. Cicely Kotewall Zimmern - A Recollection of Memories of DGS in the 1930's", http://www.doga.org.hk/index.php/conversations/112-interviews/old-girls-profiles/144-mrs-cicely-kotewall-zimmern.（2020年7月30日瀏覽）

- "The Fentons: One Family Unbroken -Across Three Generations", http://www.doga.org.hk/index.php/112-interviews/old-girls-profiles/136-the-fentons.（2020年7月30日瀏覽）

- "Diocesan Girls' School", https://en.wikipedia.org/wiki/Diocesan_Girls%27_School.（2020年7月30日瀏覽）

- "Hidden Lives Revealed: A Virtual Archive- Children in Care 1881–1981", https://www.hiddenlives.org.uk/articles/raggedschool.html.（2020年12月1日瀏覽）

- 「《宣教士》內容選摘：上帝最好的選擇 —— 選自第一集《叩門》」，https://www.chinasoul.org/zh_TW/-/--9-63.（2020年7月30日瀏覽）

後記

    1992 年，香港業餘歷史學家 Peter Hall 在他關於香港混血社群史的著作 *In The Web* 的跋語中提及，他在撰稿過程中向遠親近戚查詢資料，多半杳無回音，有人回覆說：" It's too embarrassing."（太令人尷尬了。）甚至還有更不友善的反響。可見當時不少本地混血兒對自身歷史的諱莫如深。但步入廿一世紀，混血家族後裔的相關著作，如何鴻鑾（Eric P. Ho）的 *Tracing My Children's Lineage*、謝瑛華（Frances Tse Liu）的 *Ho Kom Tong: A Man For All Seasons*、洪承禧（John T. Hung）的 *Master of None: How a Hong Kong high-flyer overcame the devastating experience of imprisonment*、陳肇基（Bruce A. Chan）的 *Forbidden Merchandise* 等，終於能調整「為親者諱」的心態，向世人展現家族史中的一些不起眼卻又意義重大的角落。如此態度是固然令人欽佩，也可見隨着時光的流逝，人們學會了懂得怎樣以更加坦然的態度面對過去。

    女仔館、兩所拔萃書院乃至飛利女校（協恩中學的前身）在早期以負責混血兒之教育為己任，在香港教育史上有着不可忽視的地位。其歷史既不乏壯闊波瀾，卻也間有不堪回首之處。這些記憶往往被遺忘、文飾乃至篩汰，不僅有待於人們平心靜氣地坦然面對，也亟須學者重新審視、考辨其史料，還原歷史現場。訖至今日，馮以浤、陳慕華（Dr. Moira Chan-Yeung）合著的《役己道人：拔萃男書院歷史》（*To Serve and to Lead: A History of the Diocesan Boys' School Hong Kong*, 2009）、招璞君（Dr. Patricia P. K. Chiu）的《香港協恩中學的歷史》（*Promoting All-Round Education for Girls: A History of Heep Yunn School, Hong Kong*, 2020），以及陳慕華主筆的《拔萃女書院校史》（即將出版），都成功展現了回應如此社會與學術需求的嘗試。而方穎聰博士和我這本《女仔館興衰：香港拔萃書室的史前史（1860–1869）》則希望在各位前輩的研究基礎上，略收拾遺補闕之效。

《女仔館興衰》的撰寫，既在意料之外，也在意料之內。先說「意料之外」。穎聰和我自 2004 年便開始就女仔館（Female Diocesan School）的論題搜集了不少史料，穎聰於此用力尤勤、收穫尤多。但一來史料內容零碎散亂，二來教研事務繁劇，兩人縱使就相關內容時有辨析、討論，卻一直未有動筆。直到 2018 年初，新加坡南洋理工大學的曲景毅兄獲得資助，計劃於當年 8 月 17 日舉辦「文化遺產與教育體制：東南亞華校國際學術論壇」，邀我與會，希望我談談香港方面的相關情況，我遂將此會資訊轉告穎聰。

穎聰是理科出身，又熱愛史學，思辨嚴謹。《書》云「后克艱厥后，臣克艱厥臣」—— 做君主的要覺得做君主是難事（能重視做君主的道理），做臣下的也要覺得做臣下是難事（能夠重視做臣下的職務）。穎聰則是「學克艱厥學」，向不輕易著述。我則秉持「知難行易」之理，於是拿定主意，依據所搜集的資料，完成〈興衰女書館：香港雙語教育史的一隅〉，至 7 月 11 日將文檔電郵傳給景毅兄。正式宣讀時，與會學者們對拙文的內容頗感興趣，深蒙謬許。會後，林仰章先生帶我拜訪新加坡聖瑪格烈中學校史館，獲益良多。此後，景毅兄又代當地《華人研究國際學報》邀稿。我以為拙文篇幅雖已達三萬字，不少議題卻仍乏空間開展；因此與穎聰商量後，我將該文拆成三篇相對獨立的文稿，先將第二篇加以擴寫，題為〈女仔館餘緒：香港早期女性教育的進程〉。承蒙曾亞駿先生的細心編輯，此文順利刊登於《華人研究國際學報》2018 年 12 月號。

實際上，2018 年 8 月是我為期一年的研修假期的開端。但等到手中各項庶務告一段落，已是 9 月中旬；我此時才終於自港啟程前往臺北中研院文哲所，展開訪學活動。這一年內，我初步完成了幾種書稿（主要可歸結為文學研究與創作兩個方向），而女仔館的研究，則有以下進展：第一，拆開後的第一篇、第三篇皆已擴寫完畢，分別題為〈女仔館始末：香港早期雙語教育史的一隅〉和〈女仔館記憶：兩所拔萃書院的早期歷史敘事〉。第三篇刊登於《華人文化研究》2019 年 6 月號，第一篇則邀請黃鈺螢博士（Dr. Sonia Y. Y. Wong）翻譯成英文。此時這三篇合計已近六萬字，比新加坡宣讀的版本多出一倍篇幅，大抵可編成一本三章架構的小書。

此外，我又先後就相關課題作了兩場演講。第一場是應香港新亞研究所劉楚華所長和黎敬嫻女士之邀，在 2018 年 11 月 10 日下午舉行，題為〈女仔館滄桑：被遺忘的一頁香港早期教育史〉。當時拔萃黎澤倫校長（Mr. Jacland Lai）、協恩黎韋潔蓮校長（Mrs. Minnie Lai）、招璞君教授、中學同學呂秉權、師弟黃柏年、劉致滔夫婦等皆蒞臨支持。此外，甚至還有皇仁書院校史館的朋友前來交流。第二場是應臺北漢珍數位圖書朱小瑄董事長和蕭錦鴻兄之邀，在 2019 年 6 月 14 日的「ProQuest 人文社會學資料庫教學研究研討會」上發表，題為〈出於其類：從女仔館的始末看香港早期女性教育〉。在座有朋友對我說：「這個題目對臺灣人來說有點冷門，但以前聽過您的講座，像說書一樣精彩。因此這次我們準備好了茶點，一邊聽您講故事，一邊輕鬆學習！」兩場講座都反響熱烈，令人動容。

2019 年 5 月左右，我與香港中和出版的張俊峰師弟聯繫，初步確定該書出版事宜。與此同時，我又致電馮以浤老師，相邀作序。當年暑假返港後，教研事務頗多；兼以災禍相尋，心情甚惡。年底前，馮老師寄來序文，我們卻一直未能進一步收拾書稿。直到 2020 年春夏之際，穎聰才從頭審閱書稿，前後標示了二百多個註釋，由我一一修訂。這時我發現三篇之中，各節的長度多已超過一萬字，不得不「出附庸而為大國」，於是易目為節、易節為章、易章為編，門庭驟顯恢宏。與此同時，為了增添閱讀趣味、方便讀者參照，我一方面增補了〈楔子：往復於 1860 與 1869〉和幾種附錄，另一方面又勞煩上海李聞昱同學將大量英文引文翻譯成中文（我再稍作潤色），如此一來，書稿竟已達二十八萬字之鉅。

同年 7 月上旬，「橙新聞」編輯張豔玲女士邀我就女仔館的主題作一次演講 —— 因為這個講題的內容比較「近代」、且與今日香港生活的關係更大一點，並謂演講內容會攝錄、剪輯。7 月 31 日，我前往荔枝角饒宗頤文化館進行拍攝，題目定為〈拔乎其萃：開埠以來香港女性雙語教育的艱難進路〉。由於已是第三次就該主題作演講，雖不敢謂「駕輕就熟」，但對史料的掌握與鋪敘顯然優於前兩次。9 月 26 日，影片（由梓彬剪接）及文字稿（由豔玲整理）正式發佈，在兩所拔萃書院及協恩中學的師生、校友群內廣為分享（甚至有女拔萃校友將文稿翻譯成英文），一時之間引起了不小的正面反響，「女仔館」一名也重新為港人所認識 —— 人們此前一般都不知道該校在 1860 年代的「正式」中文名稱。後來，我徵得豔玲同意，對文稿再行修訂潤色，納入本書附錄，蓋此文不到六千字，可視為述要，最宜讀者持以輕鬆了解全書內容。（另外，此文亦應陳躬芳女士之邀，收錄於其主編之《百般未央：般咸道官立小學二十週年校慶暨孫中山銅像復修基金》紀念特刊。）

影片發佈的同時，我將大幅擴充後的第一篇（或云〈上編〉）進行補譯，投給《香港皇家亞洲學會報》（*the Journal of the Royal Asiatic Society Hong Kong*），經匿名評審後接受刊登，過程中得到 Tony Banham、Colin Day 二位會報編輯以及中學同窗鍾宏安君（Edmon Chung）的大力協助。〈楔子〉則刊載於《華人文化研究》2020 年 12 月號。此外，承蒙招璞君教授厚愛，在百忙中抽空將全稿仔細批閱，給予大量寶貴的專業意見，我們誠然不可或忘。招教授這些年來研究香港早期女子教育史，成果豐碩；新近出版的協恩校史，我們更得以及時捧讀、徵引，獲益匪淺。

以上所言，就是全書撰寫過程的梗概。我和穎聰身為男拔萃校友，對校史長期抱持着興趣。但我們一人任職中文系，一人任職數學系，皆非歷史專業，各自有許多教研任務。從前的一些零碎發現，我們多以中短篇散文形式呈現（現已將四十餘篇文章結集為《拔萃山人誌》卷一《樂道安常》）。然而，女仔館的歷史涉及姊妹學校拔萃女書院，因此我們縱使搜集了不少史料，卻迄未輕易形諸筆墨。若非新加坡曲景毅兄創造契機，多年來堆積盈寸的史料恐怕依然只是史料而已。說這本《女仔館興衰》的撰寫純屬意外，洵非虛言。

至於解釋如何「在意料之內」，可謂既「簡單」又「複雜」。「簡單」而言，身為學者，理應對身邊的一切都感到興趣，並在自己的能力範圍以內加以研究。「複雜」而言，我們畢業多年，一向僅與母校保持着若即若離的關係；我們要做的並非錦上添花，而是保持客觀冷靜乃至抽離的態度，將歲月的雲霧煙塵撥開，將「層累地造成」的傳聞摧陷廓清，盡可能展現歷史真相（哪怕後現代主義歷史學認為，歷史只遺下敘述而無法重構真相）。穎聰和我就讀男拔萃時，都知道兩所拔萃書院標舉的創校年份相差了九年（1860 與 1869），卻不知其所以然。就我自身而言，除了高中時代辯論賽和預科時代牧歌隊（madrigal）的機緣，與女拔萃的接觸實在少之又少。而其校史亦僅能從幾期校刊 *Quest* 中略知鱗爪，雖察覺內容與男校的版本互有異同，卻詢問無門。後來我發現，這種疏離感並非我一己的偏見：有資深老師表示，他們對於女拔萃如何講述校史也一樣不了解。從郭慎墀校長（Mr. S. J. Lowcock）和黎澤倫校長那裡，我進一步得悉了兩校疏離的某些原由，但仍覺得這些都還算不上肇因。2004年起，對於兩校校史敘述的差異、乃至兩校親疏關係的追尋，使我們得以走進一個前所未知的世界，此書的問題意識也由此底定。

2007 年前後，馮以浤老師和女拔萃校友、港大陳慕華教授接受張灼祥校長的邀請，開始撰寫《役己道人》。穎聰和我從旁協助，也提供了當時所搜集關於女仔館歷史的材料。只是《役己道人》着眼於 1869 年以後的歷史，對於女仔館的論述雖然簡明扼要，卻也難以展開。2020 年春夏之際與陳慕華教授聯繫，得悉她以八旬高齡毅然應邀擔任女拔萃校史主筆，十分感念，自是與她開始了數十封電郵的通訊。由於慕華教授遠在加拿大，資料查閱不便，我於是幫忙檢核了若干資料，且將穎聰和我的書稿及一些最新發現的史料與之分享。慕華教授也投桃報李，賜寄了一些難得的女拔萃史料（不過為免掠美之嫌，我們最終並未引用於書稿）。此時我向慕華教授表示，由於兩所拔萃在校史論述方面長期缺乏對話，導致內容頗有扞

格，並表達了自己的顧慮。慕華教授對此展現了和善開通而積極的
態度，令我深受鼓舞。在隨後的電郵中，我和慕華教授就女仔館成
立經過、1892 年曰字樓轉型男校、1900 年女拔萃之成立（或「重
建」）、女拔萃 Founder's Day 的沿革、女拔萃百週年基金的運作乃
至施玉麒與西門士夫人（Dr. C. J. Symons）之間的爭執等問題，皆
作了較深入的討論，並在很大程度上達成了共識。稍後，慕華教授
又傳來她所撰寫女拔萃校史的前五章書稿，徵詢我的意見，令我汗
顏不已。此等經驗，可謂異常珍貴。

與慕華教授、以浤老師、璞君教授互動良好，為「橙新聞」所
作的演講也普遍得到兩所拔萃及協恩師生、校友的正面反響，這些
都加強了我們對《女仔館興衰》一書的信心。我們認為，此書的性
質並非一本單純的「校史」，而是從更宏觀的角度就早期香港的混血
社群、女子教育、中英雙語教育、傳教活動、華洋文化融合等議題
加以討論，因此對象讀者也遠不囿於兩所拔萃及協恩的師生、校友
群體。正因如此，我們才膽敢拋磚引玉，獻曝於大方之家。

最後，我們還要藉此機會對前文未暇言及的以下機構、家族及
個人表達謝意：拔萃男書院雅瑟校長家族、俾士校長家族、葛賓校
長家族、施玉麒校長家族、郭慎墀校長家族，多謝諸位校長的後人
賜示相關史料；男拔萃現任校長鄭基恩先生、校史館劉致滔先生，
多謝他們支持並幫忙檢索資料；香港聖士提反女子中學校長周維珠
女士、Chris Nelson 先生、臺灣龔李夢哲遺孀龔敏如女士、佛光
大學田運良教授，多謝他們協助提供珍貴照片或文稿；新加坡聖瑪
格烈中學及林仰章先生，感謝贈予珍貴校史資料；香港中文大學李
小妮女士、鄒靈璞先生、陸晨婕女士，多謝他們協助研究與編輯工
作。本書之前期編輯、翻譯工作經費得到中學校友江樹衡律師、溫
韶文律師的贊助，多謝兩位老同學慷慨解囊！此外，中和出版的張
俊峰師弟及其團隊的鼎力支持、也令我們感激不盡。至於本書採用
之插圖，若未特別標註，皆來自男拔萃校史館及施玉麒牧師（Canon
George Zimmern）臉書專頁，謹此一併說明、致謝。茲以昔年所作
〈曰字樓女館紀事詩六首〉作結云：

其一 · 畢士泰女士（S. H. S. Baxter）

　　傳經瘦骨粵洋濱。至道從來不遠人。

　　曰字樓頭休誤認，勞心與我本殊倫。

其二 · 韋以信女士（Ms. Wilson）

　　天恩底事學鮮卑。和鬻度針須及笄。

　　內助賢良斯保祿，莘莘且待雅賓彌。

其三 · 伊頓女士（Ms. M. A. W. Eaton）

　　只因待價善為沽。學得鮮卑鬻作奴。

　　況復堪羞皆外室，昏黃莫怪遇狂且。

其四 · 蘭德爾女士（Ms. Rendle）

　　救美拔刀知出群。偏生覓得好郎君。

　　蘭心蕙質憑交付，風雨飄搖又一春。

其五 · 岳士列女士（Ms. M. J. Oxlad）

　　韶華玉貌每蹉跎。慘淡經營無奈何。

　　九載匆匆成夢幻，東瀛遺恨百年多。

其六 · 莊思端女士（Ms. M. E. Johnstone）

　　兼顧曰樓非偶然。思文厥德復思端。

　　美陂都隱芳蹤盡，長憶純陽辛卯年。

陳煒舜

謹識於壹言齋

歲在辛丑小滿之夕

責任編輯	張俊峰
書籍設計	霍明志
排　　版	肖　霞
印　　務	馮政光

書　　名	女仔館興衰：香港拔萃書室的史前史（1860－1869） A Brief History of The "Female Diocesan School", Hong Kong, 1860-1869 And Beyond
作　　者	陳煒舜　方穎聰
出　　版	香港中和出版有限公司 Hong Kong Open Page Publishing Co., Ltd. 香港北角英皇道 499 號北角工業大廈 18 樓 http://www.hkopenpage.com http://www.facebook.com/hkopenpage http://weibo.com/hkopenpage Email: info@hkopenpage.com
香港發行	香港聯合書刊物流有限公司 香港新界荃灣德士古道 220-248 號荃灣工業中心 16 樓
印　　刷	美雅印刷製本有限公司 香港九龍官塘榮業街 6 號海濱工業大廈 4 字樓
版　　次	2021 年 7 月香港第 1 版第 1 次印刷
規　　格	32 開（148mm×210mm）424 面
國際書號	ISBN 978-988-8694-99-0 © 2021 Hong Kong Open Page Publishing Co., Ltd. Published in Hong Kong